銀行業務検定試験

信託実務3級の あらまし

◆ **「信託実務3級」とは**

　「信託実務3級」は，信託業務の担当者等に必要とされる基本的な実務知識について，その習得程度を判定するものです。

＊　CBT方式による試験実施については(3)頁参照。

◆ **2023年（第155回）「信託実務3級」試験結果**

　2023年（第155回）の「信託実務3級」試験の結果は，下表のとおりです。

業態別成績一覧表（年齢・勤続年数は，受験者の平均です。）

	都銀特銀	地銀	信託	第二地銀	信金	信組	信連農協	労金	生保損保	証券	郵政	他団体個人	全体
応募者数	6	142	50	8	70	0	25	0	0	0	0	144	445
応募比率	1.35	31.91	11.24	1.80	15.73	0.00	5.62	0.00	0.00	0.00	0.00	32.36	100.00
受験者数	5	118	45	7	58	0	22	0	0	0	0	89	344
受験率	83.33	83.10	90.00	87.50	82.86	0.00	88.00	0.00	0.00	0.00	0.00	61.81	77.30
合格者数	4	53	32	1	23	0	6	0	0	0	0	47	166
合格率	80.00	44.92	71.11	14.29	39.66	0.00	27.27	0.00	0.00	0.00	0.00	52.81	48.26
平均点	66.40	56.27	67.60	44.86	50.14	0.00	48.64	0.00	0.00	0.00	0.00	58.29	56.67
年齢	23.4	36.3	30.8	35.7	41.5	0.0	43.9	0.0	0.0	0.0	0.0	40.1	37.7
勤続年数	1.0	13.1	5.4	13.0	17.6	0.0	18.0	0.0	0.0	0.0	0.0	14.1	13.4

第158回　銀行業務検定試験
「信託実務3級」実施要項

　2024年（第158回）銀行業務検定試験「信託実務3級」の実施および内容等の概要は，次のとおりです。詳しくは銀行業務検定協会にお問合せください。

■試験事務全般に関わるもの
　検定試験運営センター　　　　　（平日9：30〜17：00／TEL：03-3267-4821）
■試験の内容に関わるもの
　検　定　部　　　　　　　　　　（平日9：30〜17：00／TEL：03-3267-4820）
■ホームページ【https://www.kenteishiken.gr.jp/】

試　験　日		2024年6月2日(日)
試　験　時　間		10：00〜12：00（120分） （試験開始後30分までは入室が認められますが，試験終了時間の延長はありません。なお，試験開始後60分間および終了前10分間は退室禁止です）
受　付　期　間		**2024年4月1日(月)〜4月17日(水)必着** 個人申込の方は，協会のホームページからのお申込が可能です。
受　験　料		5,500円（税込）
持　込　品		受験票，筆記用具（HB程度の鉛筆・シャープペンシル，消しゴム）
試験内容	出題形式	五答択一式（マークシート）
	科目構成出題数	信託の基礎　　　　　　　　　15問 定型的な金銭の信託　　　　　5問 従業員福祉に関する信託　　　7問 証券に関する信託　　　　　　8問　　合計50問 資産流動化に関する信託　　　4問 動産・不動産に関する信託　　4問 その他の信託・併営業務　　　7問
	配　点	1問2点（合計100点）
合　格　基　準		100点満点中60点以上 （試験委員会にて最終決定します）
正　解　発　表		試験実施3日後（原則として17：00以降）に上記ホームページで公表します。
成　績　通　知		試験実施約4週間後から成績通知書と，合格された方には合格証書をお送りします（解答用紙は返却いたしません）。

※適用される法令等は，原則として試験実施日現在のものです。
※正解・合否について，銀行業務検定協会への電話でのお問合せはいっさいお断りしていますので，ご了承ください。

CBT方式　銀行業務検定試験
「CBT信託実務3級」実施要項

　CBT方式による銀行業務検定試験の実施につき，本種目の概要は，次のとおりです。

※CBT方式銀行業務検定試験は，株式会社CBTソリューションズの試験システムおよびテストセンターにて実施いたします。

■試験の内容についてのお問合せ
銀行業務検定協会（経済法令研究会　検定試験運営センター）
HP：https://www.kenteishiken.gr.jp/　TEL：03-3267-4821（平日 9 :30～17:00）
お問合せフォーム：https://www.khk.co.jp/contact/
■試験の申込方法や当日についてのお問合せ
株式会社CBTソリューションズ　受験サポートセンター
TEL：03-5209-0553（ 8 :30～17:30　※年末年始を除く）

実施日程	2024年 5 月 1 日(水)～2025年 3 月31日(月)
申込日程	2024年 4 月28日(日)～2025年 3 月28日(金) ※株式会社CBTソリューションズのホームページからお申込ください。 　https://cbt-s.com/examinee/
申込方法	＜個人申込＞ インターネット受付のみ ＜団体申込＞ 検定試験運営センターCBT試験担当(03-3267-4821) までお問合せください。
受 験 料	5,500円（税込）
会　　場	全国の共通会場（テストセンター）にて実施
出題形式	CBT五答択一式　120分
科目構成 出 題 数	信託の基礎　　　　　　　　　15問 ⎫ 定型的な金銭の信託　　　　　 5 問 ⎪ 従業員福祉に関する信託　　　 7 問 ⎪ 証券に関する信託　　　　　　 8 問 ⎬合計50問 資産流動化に関する信託　　　 4 問 ⎪ 動産・不動産に関する信託　　 4 問 ⎪ その他の信託・併営業務　　　 7 問 ⎭
出題範囲	銀行業務検定試験（紙試験）と同様
合格基準	100点満点中60点以上
結果発表	即時判定。 試験終了後に，スコアレポート・出題項目一覧が配付されます。 受験日の翌日以降，合格者はマイページから合格証書をダウンロードしてください。

※2024年度は，原則として2024年 4 月 1 日現在で施行されている法令等にもとづいて出題されます。

信託実務3級　出題範囲

I　信託の基礎
信託の歴史／信託の法制度／信託の意義／信託の種類・分類／信託の設定／信託行為／信託目的／委託者／受託者／受益者・信託管理人／信託財産／信託の公示／信託の終了・解除／信託税制他

II　定型的な金銭の信託
合同運用指定金銭信託／後見制度支援信託／単独運用指定金銭信託／貸付信託／教育資金贈与信託　他

III　従業員福祉に関する信託
確定給付企業年金制度／国民年金基金制度／確定拠出年金制度／一般財形／財形年金／財形住宅　他

IV　証券に関する信託
有価証券の信託／管理有価証券信託／運用有価証券信託／特定金銭信託／ファンドトラスト／証券投資信託の分類／証券投資信託の仕組み／証券投資信託の税制／投資法人の仕組み　他

V　資産流動化に関する信託
資産流動化における信託の意義／資産流動化の対象資産／信託受益権の種類と対象資産　他

VI　動産・不動産に関する信託
動産信託／動産設備信託／不動産信託／土地信託／土地信託の税制　他

VII　その他の信託・併営業務
公益信託／特定公益信託／遺言信託／特定贈与信託／不動産業務／証券代行業務／遺言執行業務　他

信託実務3級　目次

2020年 6 月（第146回）「信託実務 3 級」試験は，新型コロナウイルスの感染拡大防止のため中止となり，本問題解説集に収載していません。
　2020年10月に特別実施した第147回「信託実務 3 級」を本問題解説集に収載しています。

信託実務3級　出題項目一覧

分　　野		出題項目	年	回	問
信託の基礎	共通事項	信託の歴史	2023	155	1
			2021	149	1
			2020	147	1
		民法上の代理と信託との比較	2023	155	3
		信託の種類	2022	152	2
			2021	149	2
		信託に関連する法律	2023	155	2
			2022	152	1
			2020	147	2
		財産管理制度としての信託	2022	152	3
			2021	149	5
	信託の設定	信託の設定	2023	155	4
			2021	149	3
			2020	147	4
		目的信託	2020	147	3
		受益証券発行信託	2023	155	5
			2021	149	4
		遺言代用の信託	2022	152	13
			2021	149	14
	委託者	信託行為に別段の定めがない場合の委託者の地位等	2022	152	7
		委託者の権利等	2023	155	8
	受託者・信託契約代理店	受託者の義務等	2023	155	6
			2022	152	5
			2020	147	5
			2020	147	7
		信託銀行の利益相反取引の禁止	2023	155	7
			2021	149	6
		信託銀行の説明義務等	2020	147	6
		受託者の信託事務処理	2022	152	4
		共同受託	2021	149	8

	分野	出題項目	年	回	問
信託の基礎	受託者・信託契約代理店	信託事務処理の委託	2022	152	6
			2021	149	7
		信託契約代理店	2022	152	8
			2020	147	8
	受益者・信託管理人	受益権の譲渡	2021	149	12
		受益権の取得・放棄	2023	155	12
			2021	149	13
		受益者代理人	2023	155	13
			2022	152	12
		信託管理人	2020	147	13
	信託財産	受託可能財産	2023	155	9
			2021	149	9
			2020	147	9
		信託財産責任負担債務	2021	149	10
		信託の公示（対抗要件）	2023	155	11
			2022	152	11
			2020	147	12
		信託財産の独立性	2023	155	10
		信託財産への強制執行等	2020	147	10
		相殺の制限	2022	152	10
			2020	147	11
		信託の登記	2021	149	11
		受託者の破産手続等と信託財産との関係	2022	152	9
	信託の終了・解除	信託の変更	2022	152	14
		信託の終了	2023	155	14
			2020	147	14
	信託の税制	信託税制	2022	152	15
			2020	147	15
		受益者等課税信託	2023	155	15
		法人課税信託	2021	149	15
金銭の信託 定型的な	合同運用指定金銭信託（指定合同）	合同運用指定金銭信託（一般口）	2023	155	16
			2022	152	16

分　　野	出題項目	年	回	問
定型的な金銭の信託	合同運用指定金銭信託（一般口）	2021	149	16
		2020	147	16
合同運用指定金銭信託（指定合同）	合同運用指定金銭信託（一般口以外）	2023	155	18
		2022	152	18
		2021	149	18
		2020	147	18
	後見制度支援信託	2023	155	19
		2022	152	19
		2021	149	19
		2020	147	19
単独運用指定金銭信託（指定単）	単独運用指定金銭信託（指定単）	2023	155	20
		2022	152	20
		2021	149	20
		2020	147	20
教育資金贈与信託	教育資金贈与信託	2023	155	17
		2022	152	17
		2021	149	17
		2020	147	17
従業員福祉に関する信託	国民年金基金制度	2023	155	25
		2022	152	25
		2021	149	25
		2020	147	25
企業年金信託	確定給付企業年金制度	2023	155	21
		2023	155	22
		2022	152	21
		2022	152	22
		2021	149	21
		2021	149	22
		2020	147	21
		2020	147	22
	確定拠出年金制度	2023	155	23
		2023	155	24

分　　野		出題項目	年	回	問
従業員福祉に関する信託	企業年金信託	確定拠出年金制度	2022	152	23
			2022	152	24
			2021	149	23
			2021	149	24
			2020	147	23
			2020	147	24
	財産形成信託	一般財形信託	2021	149	27
			2020	147	27
		住宅財形信託	2023	155	27
		財形年金信託	2022	152	27
	税制・その他	年金税制	2023	155	26
			2022	152	26
			2021	149	26
			2020	147	26
証券に関する信託	有価証券の信託	有価証券の信託	2023	155	28
			2022	152	28
			2021	149	28
			2020	147	28
		管理有価証券信託	2023	155	29
			2021	149	29
			2020	147	29
		運用有価証券信託	2020	147	30
		管理有価証券信託・運用有価証券信託・処分有価証券信託	2022	152	29
		顧客分別金信託	2022	152	30
		有価証券信託商品	2021	149	30
	証券運用の金銭の信託	特定金銭信託	2023	155	31
			2022	152	32
			2021	149	32
			2020	147	32
		ファンドトラスト	2023	155	30
			2022	152	31
			2021	149	31

分　　野		出題項目	年	回	問
証券に関する信託	証券運用の金銭の信託	ファンドトラスト	2020	147	31
	証券投資信託	証券投資信託	2023	155	32
			2023	155	33
			2022	152	33
			2021	149	33
			2020	147	33
		証券投資信託の委託者	2023	155	34
			2022	152	34
			2021	149	34
			2020	147	34
		証券投資信託の受託者	2023	155	35
			2022	152	35
			2021	149	35
			2020	147	35
資産流動化に関する信託	共通事項	資産流動化における信託の意義	2023	155	36
			2022	152	37
			2021	149	36
			2020	147	36
	信託受益権の種類と対象資産	金銭債権の信託	2023	155	38
			2022	152	39
			2021	149	39
			2020	147	38
		資産流動化の信託の対象資産	2023	155	37
			2022	152	36
			2021	149	37
			2020	147	37
		売掛債権信託	2023	155	39
			2021	149	38
			2020	147	39
		貸付債権信託	2022	152	38
動産・不動産に関する信託	動産の信託	動産の信託	2023	155	40
			2021	149	40

分　野		出題項目	年	回	問
動産・不動産に関する信託	動産の信託	動産の信託	2020	147	40
		動産設備信託（即時処分型)	2022	152	40
	不動産の信託	不動産管理処分信託の仕組み	2023	155	42
			2022	152	41
			2020	147	43
	土地信託	土地信託の仕組み	2023	155	41
			2022	152	43
			2021	149	42
			2020	147	41
		賃貸型土地信託の仕組み	2021	149	43
	税制・その他	不動産の信託の税制上の取扱い	2023	155	43
			2022	152	42
			2021	149	41
			2020	147	42
その他の信託・併営業務	公益信託	公益信託の特色	2023	155	44
			2022	152	44
			2021	149	44
			2020	147	44
		特定公益信託	2023	155	45
			2022	152	45
			2021	149	45
			2020	147	45
	遺言信託	遺言によって設定される信託（遺言信託)	2023	155	46
			2022	152	46
			2021	149	46
			2020	147	46
	特定贈与信託	特定贈与信託	2023	155	47
			2022	152	47
			2021	149	47
			2020	147	47
	遺言執行業務	遺言執行業務	2023	155	48
			2022	152	48

分　野		出題項目	年	回	問
その他の信託・併営業務	遺言執行業務	遺言執行業務	2021	149	48
			2020	147	48
	不動産業務	不動産業務	2023	155	49
			2022	152	49
			2021	149	49
			2020	147	49
	証券代行業務	証券代行業務	2023	155	50
			2022	152	50
			2021	149	50
			2020	147	50

学習のポイント

1. 学習方法について

(1) 法規を学習する

　信託業務は，その付随業務を含めると，信託法規のほか，多数の法令と密接にかかわっています。これらの関連法規を理解しなければ，信託業務あるいは信託商品をマスターしたことにはなりません。

　① 信託制度を理解する

　信託法は，わが国の信託制度の根幹をなす法規であり，営業および非営業のすべての信託行為を規制しています。営業信託では，必ずしも全条項がそのまま適用されるわけではありませんが，信託の基礎的な知識を理解するためには，その主要条項の習得が必須となります。

　営業信託については，2004（平成16）年12月に施行された**改正信託業法**によって，金融機関以外の株式会社が信託会社を設立し，信託業務に参入することができるようになっています。

　また，現在，信託業の主な担い手である信託銀行は，銀行法による普通銀行であって，**「金融機関の信託業務の兼営等に関する法律」**により，信託業務を兼営しています。具体的な業務運営は，この法律により一部準用されている信託業法と**「金融機関の信託業務の兼営等に関する法律施行規則」**によって規定されています。これらの法令は，現在の信託業務を営む基盤として最も重要であり，正確な理解が求められます。

　② その他の信託法規も重要

　信託業務を規制する法律には，「貸付信託法」「投資信託及び投資信託法人に関する法律」および「担保付社債信託法」があります。貸付信託法は，主として貸付に運用する指定合同運用金銭信託を定めています。投資信託及び

投資法人に関する法律は，有価証券や不動産等を運用対象とする集団投資スキームを定めるもので，証券投資信託や不動産投資信託などの運用商品を規律しています。担保付社債信託法は，担保付社債の信託事業に関する規制について定めるもので，銀行法等により営業を認められた業務であり，担保の受託業務を規律しています。

　③　信託関連法規にも目を通しておく

　信託にかかわる法規は，多岐にわたっています。関連法規のうち，とくに重要なものは次のとおりです。本種目で試験問題としてとり上げられている関連法規の重要な条項には一通りあたっておくことが望まれます。

- ・厚生年金保険法
- ・国民年金法
- ・確定給付企業年金法
- ・確定拠出年金法
- ・勤労者財産形成促進法
- ・金融商品取引法
- ・資産の流動化に関する法律
- ・所得税法（信託財産にかかる収支の帰属ほか）
- ・法人税法（収支の帰属，年金信託関連）
- ・相続税法

　④　信託関連通達などの法規外の規制にも注意する

　信託業務運営にあたって法令がない条項，あるいは法令と異なった取扱い等については，これらを補完・修正するために，行政上の通達・事務ガイドラインおよび信託業界の自主的な取扱基準等があり，さらに信託銀行や信託会社ごとに信託契約・約款で制約を設けています。信託商品を理解するうえでは，これらの内容も理解しておくことが必要です。その一例としては，「金銭信託の最低引受期間・最低引受金額の設定」があります。

　法令上の規定がないものについては，自行・自社の「**業務の種類及び方法書**」を一読するのも参考になります。

⑤　信託に関する税制について

　信託に関する税制は，実質課税の原則を維持しつつ，課税方法に関しては発生課税，受領時課税，法人課税の区分が整備されています。

(2)　商品知識は正確に

　信託商品の種類は多く，付随業務を含めすべてに精通することは容易ではありませんが，一通りの主要商品の基礎知識をマスターしておくことが重要です。基礎的な商品性でも，試験問題としてあらためて問われると，正確に理解できていないことがありますので，この機会に再確認してください。

　とくに「金銭の信託」は，信託業界で受託している財産の大部分を占めており，種類が多く，それぞれに特性があることから，その商品性について正確に知識を習得することが望まれます。

(3)　信託契約・約款を理解する

　信託の商品知識を学習するうえで，各商品の信託契約書または信託約款にあたっておくことが大切です。

　個別性の強い信託の場合，信託契約は無数にあるといえますが，多数の顧客を対象とした信託商品には，定型化された標準約款が定められており（たとえば，貸付信託約款は内閣総理大臣の承認を受けた１個の信託約款で，これにより信託契約を締結します），これを理解することが必要です。また，標準約款であっても，信託目的に従って特約条項を付加できるものがあり，特約のできる範囲，あるいは定型化されている特約条項も把握しておくことが望まれます。

2．試験問題に臨んで

　試験問題は，五答択一式であり，正確な知識を求めるものから，判断力を試すものまで広い範囲にわたっています。従来の解答状況をみても，知識があいまいであるため正解の選択肢に迷ったり，問題を勘違いしたりしていると思われるものが見受けられます。解答にあたって，注意すべき点は次のとおりです。

(1) **問題文を正確に読み取る**

たとえば，金銭の信託・金銭信託・指定金銭信託・合同運用指定金銭信託は，いずれも内包する範囲が異なります。

(2) **常識のみで判断すると間違えることがある**

たとえば，受託者は，委託者から財産権の移転を受けますが，受託者の管理義務は「自己の財産に対するのと同一の注意」か「善良なる管理者の注意」かのいずれであるかなどがあります。

(3) **法令と信託約款が抵触する場合，法令違反のない限り約款が優先**

たとえば，貸付信託の受託者による受益権の取得が可能となる経過期間について，貸付信託法で「受益証券が発行の日から1年以上を経過している」場合と，貸付信託標準約款で「信託契約取扱期間終了の日から1年以上経過した受益証券」の場合などがあります。

3．信託関連法令の改正に伴う留意事項

2004（平成16）年12月の信託業法の改正により，信託銀行のほかに信託会社が受託者となる道が設けられました。

その結果，信託契約にあたり元本補てん・利益補足については，信託兼営金融機関である信託銀行は行うことができますが（金融機関の信託業務の兼営等に関する法律6条），信託会社一般はできない（信託業法24条1項4号）など，誰が受託者となるかによって，取扱いに相違が生じます。

本書の利用にあたっては，受託者一般についてあてはまることなのか，受託者のうち信託銀行についてのみに規定されていることなのかについて，十分に留意のうえ学習を進めてください。

2023年（第155回）
試験問題・解答ポイント・正解

1．信託の基礎
2．定型的な金銭の信託
3．従業員福祉に関する信託
4．証券に関する信託
5．資産流動化に関する信託
6．動産・不動産に関する信託
7．その他の信託・併営業務

※問題および各問題についての解答ポイント・正解は，原則として
試験実施日におけるものです。
※問題文中の「信託銀行」は，当該設問にかかる信託業務または併
営業務を営むことが認められている金融機関を総称するものとし
ます。

1. 信託の基礎

 信託の歴史

日本の信託の歴史について，正しいものは次のうちどれですか。

(1) 1905（明治38）年に制定された担保付社債信託法は，日本で初めて信託のしくみを用いた法律である。

(2) 1922（大正11）年に信託法，信託業法が制定され，信託会社の数は拡大した。

(3) 日本の信託業は，2004（平成16）年の信託業法改正により，新規参入が改正前よりも厳しく制限された。

(4) 2006（平成18）年の信託法改正は，信託業の担い手を拡大することが趣旨の１つであった。

(5) 日本の信託法は，大陸法体系にて発展したものを明治時代以降に導入している。

解答ポイント＆正解

日本で初めて「信託」という言葉は，1900（明治33）年制定の日本興業銀行法で初めて使われたが，現在のような信託を定めたものではなかった。信託制度が初めて利用された法律は，1905（明治38）年に制定された担保付社債信託法である。したがって，(1)は正しく，これが本問の正解である。

日本では，1922（大正11）年に旧信託法と旧信託業法が制定される以前は，「信託」はあいまいな意味で使われ，信託業という名の下に，不動産仲介，貸金，株式売買，訴訟代行などの業務が行われていた。その中には資力や信用力に乏しいものもあり，その整理・取締という社会的要請のもとに，信託法・信託業法は制定された。そのため，両法の制定後，信託会社の数は減少した。したがって，(2)は誤りである。

2004（平成16）年に改正された信託業法は，信託業の担い手を拡大することと受託可能財産の拡大が改正の主なポイントであった。したがって，(3)は誤りである。

2006（平成18）年に改正された信託法は，民法の特別法であって業者の規制法ではない。したがって，(4)は誤りである。

日本においても織田信長が京都の商人に金銀を預け，皇室のために運用させたという例があるように，古くから信託類似の考え方はあったが，現在の近代的法制度としての信託法は，英米で発展した法体系を採り入れたものである。したがって，大陸法体系で発展したとする(5)は誤りである。

正解：(1)　正解率：27.62%

 問一2　信託に関連する法律　☑☐☐☐☐

信託に関連する法律について，誤っているものは次のうちどれですか。

(1) 金融サービスの提供に関する法律は，信託財産の運用方法が特定されている金銭の信託の契約締結に適用されない。

(2) 信託の受益権は，有価証券とみなされて金融商品取引法が適用される。

(3) 金融商品取引法の行為規制は，信託業法や兼営法で投資性の強い信託の契約締結を行う場合に準用されている。

(4) 自己信託についても，一定の場合には信託業法が適用される。

(5) 銀行は，信託業法の免許にもとづいてのみ信託業務を営むことができる。

▶ **解答ポイント＆正解**

金融サービスの提供に関する法律は，信託銀行・信託会社を含む金融商品販売業者等が顧客に金融商品を販売する際の勧誘方針を定めることを義務付

けるなどにより，適正に勧誘させ，さらに説明の不備により顧客に生じた損害の賠償責任を定めている。この法律の対象となる信託契約の締結は，信託財産の運用方法が特定されていないなどの要件を満たす金銭の信託の契約の締結である（信託財産の運用方法が特定されている信託は対象ではない）。したがって，(1)は正しい。

金融商品取引法は，有価証券の発行と金融商品等の取引を公正にすることを目的の一つとしている。信託の受益権もその目的の対象であるため，有価証券とみなされて金融商品取引法が適用される（金融商品取引法2条2項1号）。したがって，(2)は正しい。

信託のうち，特定信託契約（金利，通貨の価格，金融商品市場における相場その他の指標にかかる変動により信託の元本について損失が生ずるおそれがある信託契約）は，有価証券と類似したリスクをもつ金融商品であるため，その引受には，金融商品取引法の行為規制が信託業法や兼営法で準用される（信託業法24条の2，同施行規則30条の2，兼営法2条の2）。したがって，(3)は正しい。

自己信託についても，受益者の数が50人以上となる場合など，一定の場合には，受託者は信託業法で登録を要するなどの規制対象となる（信託業法50条の2）。したがって，(4)は正しい。

銀行その他の金融機関は，兼営法により，内閣総理大臣の認可を受けて信託業務を営むので，信託業法の免許により営むものではない。信託銀行は，銀行法と兼営法を信託業務を行うための根拠法としている（兼営法1条）。そのうえで，信託銀行は兼営法が準用する信託業法の定めに従うことになる。したがって，(5)は誤りであり，これが本問の正解である。

正解：(5)　正解率：71.51%

(注)　「金融サービスの提供に関する法律」は，2023（令和5）年11月29日公布，2024（令和6）年2月1日に施行された法改正により，題名を「金融サービスの提供及び利用環境の整備等に関する法律」に改められている。

問-3 民法上の代理と信託との比較

民法上の代理と信託との比較について，誤っているものは次のうちどれですか。

(1) 代理権の授与により代理人は財産の管理・処分をするとは限らないが，信託の設定により受託者は財産を保有して管理・処分をする。

(2) 代理人の行為の効果は直接本人に帰属するが，受託者の管理・処分の効果は信託財産に帰属する。

(3) 代理では代理人に財産の管理・処分権限が与えられると本人は管理・処分権限を行使できないが，信託では受託者に管理・処分権限があり受益者にはない。

(4) 本人の死亡により代理は終了するが，受益者の死亡により信託は終了しない。

(5) 代理は代理人の破産手続開始の決定により終了するが，信託は受託者の破産手続開始の決定により終了しない。

解答ポイント＆正解

　信託の特徴は，財産が受託者に帰属し，受託者は財産を管理・処分する権限を有することである。代理の場合，代理権が授与されたからといって本人の財産を管理・処分するとは限らない。したがって，(1)は正しい。

　代理人の法律行為の効果は，直接かつ全面的に本人に帰属する。これに対して，信託では，財産が受託者に帰属しているので，受託者の行った行為の効果は受託者と信託財産に帰属し，受益者には直接及ばない。したがって，(2)は正しい。

　民法上の代理では，本人が財産を所有するなどして財産権を行使できるため，代理人に財産の管理・処分権限を与えた場合でも，本人が管理・処分権限を行使できる。信託では財産権が受託者にあるため，管理・処分権限は受託者のみにあって，委託者や受益者にはない。したがって，(3)は誤りであり，これが本問の正解である。

2023年（第155回）

本人の死亡は，代理権の消滅事由とされており（民法111条1項1号），代理関係は終了する。一方，信託法は，委託者や受益者の死亡を信託の終了事由としていない。そのため，信託行為に別段の定めがない限り，委託者や受益者が死亡しても信託は終了しない。したがって，(4)は正しい。

代理権は，代理人の破産手続開始の決定により消滅し（民法111条1項2号），信託の受託者は破産手続開始の決定により任務が終了する（信託法56条1項3号）が，信託は終了せず新しい受託者が選任される。したがって，(5)は正しい。

正解：(3)　**正解率：34.30%**

 問一4　**信託の設定**　

わが国における信託の設定について，誤っているものは次のうちどれですか。

(1) 委託者と受託者が同一の信託を契約により設定できる。

(2) 他益信託の契約は，委託者と受託者の二者で締結する。

(3) いったん締結された信託契約も，委託者の意思表示に重要な錯誤があれば，取り消すことができる。

(4) 信託法上，信託契約は口頭でも締結することができるが，信託業法では原則として受託者は契約締結時に委託者への書面交付を行うこととされている。

(5) 遺言によって信託を設定する場合は，民法の定める遺言の方式によらなければならない。

▶ **解答ポイント＆正解**

信託法は，信託の設定について，①委託者と受託者による信託契約，②信託をする旨の委託者による遺言（遺言信託），③自己を受託者とする信託をする旨の公正証書等による意思表示（自己信託）の3つの方式を認めている

（信託法3条）。委託者と受託者が同一の信託は③の自己信託であるため，契約では設定できない。したがって，(1)は誤りであり，これが本問の正解である。

　信託契約の当事者は委託者と受託者であるため，委託者と受託者によって信託契約は締結される。受益者は信託契約の締結に参加しなくても，当然に受益権を取得するのが原則である（信託法88条）。したがって，(2)は正しい。

　信託契約も，契約の原則に従い，契約の当事者に重要な錯誤があれば取り消すことができる（民法95条）。したがって，(3)は正しい。

　信託法は，信託契約について一定の要式（書面等）を求めていないため，口頭での契約も有効である。しかしながら，信託業法では，顧客の保護を図るため，信託契約の締結時に一定の項目を記載した書面を委託者に交付することを原則としている（信託業法26条）。したがって，(4)は正しい。

　遺言についての一般法は民法であるため，遺言は民法の定める方式によらなければならない。前述の②の遺言信託においても，信託法では遺言の方式についてとくに定めていないため，原則どおり民法の定める遺言の方式に従う必要があり，遺言信託の効力発生も民法の定める遺言の効力の発生時（つまり，遺言者である委託者の死亡時：民法985条）である。したがって，(5)は正しい。

正解：(1)　**正解率：26.16%**

受益証券発行信託

受益証券発行信託について，誤っているものは次のうちどれですか。

(1)　受益証券発行信託の受益証券が発行された受益権の譲渡は，当該受益権にかかる受益証券を交付しなければ，その効力を生じない。

(2)　受益証券発行信託においては，受託者は，信託債権者と責任財産限定特約を締結しなくても，信託財産責任負担債務について固有財産を

もって履行する責任を負わない。

(3)　受益証券発行信託の受益証券は，金融商品取引法上の有価証券である。

(4)　証券取引所に上場されている受益証券発行信託（JDR〈Japanese Depositary Receipt〉など）は，社債，株式等の振替に関する法律により，受益証券が発行されない受益証券発行信託である。

(5)　受益証券発行信託の受益証券の発行に関して，登記制度はない。

解答ポイント＆正解

　受益証券発行信託とは，信託行為に受益証券を発行する旨を定めることにより，受益権を表示する証券を有価証券として流通させることができる信託である（信託法185条以下）。受益証券が発行された受益権の譲渡は，当該受益権にかかる受益証券を交付しなければ，その効力を生じない（信託法194条）。したがって，(1)は正しい。

　受託者は，原則として，信託債権者と責任財産限定特約を締結しなければ，信託財産責任負担債務について固有財産をもって履行する責任を負う。ただし，信託法216条以下の限定責任信託の特例に従い，信託行為に限定責任の定めを行い，登記をすることによって，受託者が信託財産のみをもって信託財産責任負担債務を履行する責任を負う信託とすることができる。責任財産限定特約を締結する必要があるのは受益証券発行信託についても同様であり，信託法248条以下には受益証券発行限定責任信託の特例の定めが置かれている。したがって，(2)は誤りであり，これが本問の正解である。

　受益証券発行信託の受益証券は，金融商品取引法上の有価証券である（金融商品取引法2条1項14号）。したがって，(3)は正しい。

　東京証券取引所に上場されている受益証券発行信託として，JDR（Japanese Depositary Receipt）や内国商品現物型ETFがあるが，これらは社債，株式等振替法により受益証券が発行されないこととされており，他の上場有価証券と同様に，証券保管振替機構の振替制度で管理されている。したがって，(4)は正しい。

登記の制度があるのは限定責任信託で，受益証券発行信託に登記の制度はない。したがって，(5)は正しい。

正解：(2) 正解率：61.34%

 問―6 **受託者の報告義務，帳簿等の作成義務**

受託者の報告義務，帳簿等の作成義務について，誤っているものは次のうちどれですか。

(1) 受託者は，帳簿を原則として10年間保存しなければならない。

(2) 受益者は，受託者に対し帳簿の閲覧または謄写を求めることができるが，委託者はできない。

(3) 受託者は，貸借対照表，損益計算書その他の法務省令で定める書類または電磁的記録を作成し，その内容について受益者に報告しなければならない。

(4) 信託財産にかかる債権者は，受託者に対して信託の貸借対照表，損益計算書の閲覧・謄写を請求できる。

(5) 受益者は，信託事務の処理の状況につき受託者に報告を求めることができるが，委託者はできない。

解答ポイント＆正解

受託者は，信託事務に関する計算ならびに信託財産に属する財産および信託財産責任負担債務の状況を明らかにするため，信託財産にかかる帳簿その他の書類または電磁的記録を作成しなければならない（信託法37条1項）。帳簿その他の書類または電磁的記録については，原則として10年間の保存義務を負う（信託法37条4項）。したがって，(1)は正しい。

委託者は，受益者ほど信託に対する利害が直接的でないため，信託行為に定めない限り，帳簿その他の書類または電磁的記録を閲覧・謄写する権利はない（信託法38条）。したがって，(2)は正しい。

受託者は，貸借対照表，損益計算書その他の法務省令で定める書類または電磁的記録を作成しなければならない（信託法37条2項）。また，その内容について受益者に報告しなければならない（同法37条3項）。したがって，(3)は正しい。

委託者や信託債権者は，利害関係人として貸借対照表，損益計算書等のみを閲覧・謄写することが認められている（信託法38条6項）。したがって，(4)は正しい。

受益者だけでなく委託者も，受託者に対して信託事務の処理の状況ならびに信託財産に属する財産および信託財産責任負担債務の状況の報告を求めることができる（信託法36条）。したがって，(5)は誤りであり，これが本問の正解である。

正解：(5) 正解率：56.10%

 忠実義務と信託銀行の利益相反取引の禁止

忠実義務と信託銀行の利益相反取引の禁止に関する以下の文章の空欄①～③に入る語句の組合せとして，正しいものは次のうちどれですか。

　忠実義務とは，受託者は（　①　）のために忠実に信託事務処理その他の行為をしなければならないことをいう。

　忠実義務の代表例として，利益相反行為の禁止があり，信託銀行は，信託法31条に加えて，信託業法29条の利益相反取引の禁止の規定を遵守しなければならない。すなわち，自己または利害関係人と信託財産との取引，および信託財産間の取引は，利益相反取引として禁止されている。

　ただし，信託行為に利益相反取引を行う旨とその取引の概要につ

いての定めがあるか，または，利益相反取引に関する重要な事実を開示して受益者から（　②　）を得ている場合で，かつ受益者の保護に支障が生ずることがない場合として内閣府令に定められた場合を満たせば，利益相反取引を行ってもよい。

　その場合でも，原則として，（　③　）利益相反取引の状況について受益者に開示しなければならない。

（1）　①委託者および受益者　　②事前承諾　　③計算期間ごとに

（2）　①委託者および受益者　　②事前承諾
　　　③利益相反取引の後，すみやかに

（3）　①委託者および受益者　　②書面等による事前承諾
　　　③計算期間ごとに

（4）　①受益者　　②書面等による事前承諾　　③計算期間ごとに

（5）　①受益者　　②事前承諾　　③利益相反取引の後，すみやかに

解答ポイント＆正解

　忠実義務とは，受託者は受益者のために忠実に，信託事務の処理その他の行為をしなければならないことをいう（信託法30条，信託業法28条１項）。忠実義務の対象は受益者であって委託者ではない。したがって，①には「受益者」が入る。

　信託銀行は，民法の特別法である信託法に加えて，行政法規である信託業法と兼営法の規制を受ける。利益相反取引については，兼営法が信託業法を準用しているため，信託銀行は信託業法29条の定めを遵守しなければならない。信託法31条で明示されている自己と信託財産との取引，信託財産間の取引の禁止に加え，信託業法29条では，受託者の利害関係人（受託者と親子関係にある法人や関連法人等）と信託財産との取引も明文で原則として禁止している。

　また，例外的に利益相反取引を認める条件も，信託業法は信託法よりも厳しい。重要な事実を開示して受益者に利益相反取引を承諾してもらう場合

に，信託業法は書面等での承諾を求めている。したがって，②には「書面等による事前承諾」が入る。

　利益相反取引の状況を受益者に開示する方法についても，信託業法は，計算期ごとの書面交付という形式を定めている。したがって，③には「計算期間ごとに」が入る。

　以上により，(4)が正しく，これが本問の正解である。

正解：(4)　正解率：42.15%

 問—8　**委託者の権利等**　

　委託者について，正しいものは次のうちどれですか。なお，信託行為には別段の定めがないものとします。

(1)　信託財産に対する不法な強制執行に対して，異議を主張する権利をもつこと

(2)　受託者に対して，信託違反による損失てん補を請求する権利をもつこと

(3)　受託者の辞任の申出に対して，単独で承諾を与える権利をもつこと

(4)　遺言による信託の委託者が死亡した場合，委託者に認められている信託法上の権利が，その相続人に承継されないこと

(5)　破産手続開始の決定前に委託者が行った信託行為は，否認権の対象外であること

解答ポイント＆正解

　委託者は，信託行為の当事者であるが，信託から利益を享受するものではない。信託法では，受託者を監督するために委託者の権利をいくつか定めている。

　信託財産に対して不法な強制執行がなされた場合に異議を主張する権利（信託法23条5項）や受託者に対して信託違反による損失てん補を請求する

権利（同法40条）は，信託法では原則として受託者または受益者にのみ認められる権利であり，委託者が行使するためには信託行為に別段の定めをすることが必要になる。したがって，(1)，(2)は誤りである。

受託者が辞任をする場合には，委託者および受益者の同意を得て辞任することができる（信託法57条）。そのため，委託者の単独の権利ではない。したがって，(3)は誤りである。

信託契約や自己信託（公正証書等による信託設定の意思表示）により設定した信託の委託者が死亡した場合，委託者に認められていた権利は相続人に承継されるのが原則である。一方で，遺言によって設定された信託の委託者が死亡した場合は，信託行為に別段の定めがなければ委託者の地位は相続人に承継されない（信託法147条）。したがって，(4)は正しく，これが本問の正解である。

破産手続開始の決定前になされた行為で，債権者を害することを知ってなされた行為等，一定の要件を満たすものは破産管財人によって否認され，その行為がなかったように取り扱われる可能性がある（破産法160条以下）。信託設定についてもこの例外ではない。したがって，(5)は誤りである。

正解：(4) **正解率：59.30%**

 問―9 **信託財産の範囲**

信託財産の範囲について，誤っているものは次のうちどれですか。

(1) 受託者が信託のために行った借入によって負担した借入債務は，信託財産ではなく信託財産責任負担債務となる。

(2) 受託者が信託のために権限なくして信託財産に属する土地を第三者に売却して取得した売買代金債権は，信託財産に属する。

(3) 受託者がその任務を怠ったことにより信託財産について生じた損失についててん補した金銭は，信託財産に属する。

(4) 受託者において，信託財産に属する動産と受託者の固有財産に属する同種の動産が混在して識別不能の状態になった場合には，全体が信託財産に属するものとされる。

(5) 受託者が自らの利益を図るために権限なくして信託財産に属する土地を賃貸して取得した賃料債権は，信託財産に属する。

　信託の対象となる財産は，金銭的価値に見積もることができる財産とされ，具体的な名称で呼ばれるほどに成熟した財産権である必要はない。たとえば，特許権だけでなく，特許を受ける権利も信託財産となる。一方，委託者の生命，身体，名誉等の人格権は，信託財産とはならない。

　信託財産について，信託法は「受託者に属する財産であって，信託により管理または処分すべき一切の財産をいう」（信託法2条3項）と定め，積極財産だけが信託財産になるとする。借入債務などの消極財産は信託財産には含まれないが，受託者が信託のために行った借入にかかる債務は信託財産が引当てとなる信託財産責任負担債務となる。したがって，(1)は正しい。

　信託財産の範囲について，「信託行為において信託財産に属すべきものと定められた財産」のほか，「信託財産に属する財産の管理，処分，滅失，損傷その他の事由により受託者が得た財産」は信託財産となると定めている（信託法16条）。これは，信託財産が他の財産に形を変えても，その新たな財産が信託財産を構成するという信託財産の物上代位性を認めたものとされる。受託者が信託行為に違反して信託財産を売却，賃貸など処分して取得した対価（財産）は信託財産の代替物であり，たとえそれが信託行為に違反する処分行為であっても，その効果はいったん信託財産に及ぶことになるので，その対価は信託財産となる。したがって，(2)，(5)は正しい。

　受託者がその任務を怠ったことにより，信託財産について生じた損失をてん補した金銭（信託法40条）は，信託財産の滅失や損傷等によって信託財産に帰属することとなった財産である。したがって，(3)は正しい。

　信託財産に属する動産と受託者の固有財産に属する動産が混在して，識別

不能となった場合，すなわち複数の同種の財産がそれぞれ物理的には別の物であることがわかるものの，その帰属関係が不明になった場合には，信託法では各財産の共有持分が信託財産と固有財産とに属するものとみなし，その共有持分の割合は，その識別することができなくなった当時における各財産の価格の割合に応ずることとされている（信託法18条）。したがって，(4)は誤りであり，これが本問の正解である。

正解：(4)　正解率：64.24%

 問─10　**信託財産の独立性**

信託財産の独立性について，誤っているものは次のうちどれですか。

(1) 受託者個人の債権者（受託者の固有財産のみをもって履行すべき債務にかかる債権者）は，原則として，その債権を自働債権，信託財産に属する債権を受働債権として相殺することができない。

(2) 信託財産に属する財産のみをもって履行すべき債務にかかる債権者は，原則として，その債権を自働債権，受託者の固有財産に属する債権を受働債権として相殺することができない。

(3) 信託財産責任負担債務（信託財産に属する財産のみをもって履行すべき債務を除く）にかかる債権者は，受託者の固有財産に属する財産に対して強制執行することができない。

(4) 受託者個人の債権者（受託者の固有財産のみをもって履行すべき債務にかかる債権者）は，信託財産に属する財産に対して強制執行することはできない。

(5) 信託前に生じた委託者に対する債権であって，その債権にかかる債務を信託財産責任負担債務とする旨が信託行為で定められている場合，その債権者は信託財産に属する財産に対して強制執行することができる。

　信託財産は受託者の名義となるが，信託目的に従い受益者のために管理または処分される財産であり，受託者個人の財産（固有財産）とは別の独立した財産として信託法にもとづく保護を受ける。それが，「信託財産に属する債権等についての相殺の制限」（信託法22条）および「信託財産に属する財産に対する強制執行等の制限等」（同法23条）である。

　信託財産に属する債権に対する第三者からの相殺について，受託者が固有財産に属する財産のみをもって履行する責任を負う債務にかかる債権を有する債権者は，原則として，その債権をもって信託財産に属する債権と相殺することはできない（信託法22条1項）。したがって，(1)は正しい。それを認めると，受託者が固有財産に属する財産のみをもって履行する責任を負う債務について信託財産をもって弁済したことになり，信託財産に属する財産に対する強制執行等の制限に反するからである。

　また，受託者が信託財産に属する財産のみをもって履行する責任を負う信託財産責任負担債務にかかる債権を有する債権者（典型例は受益債権を有する者）は，原則として，その債権をもって固有財産に属する債権にかかる債務と相殺することはできない（信託法22条3項）。したがって，(2)は正しい。それを認めると，信託財産限定責任負担債務（信託法21条2項・154条）について受託者の固有財産が責任を負わないとした趣旨に反するからである。

　信託財産に対して強制執行等をすることができるのは，その債権が信託財産責任負担債務にかかる債権の場合に限られる（信託法23条1項）。受託者個人に対する債権者は，信託財産責任負担債務にかかる債権の債権者ではないので，信託財産に対して強制執行することはできない。したがって，(4)は正しい。

　一方，信託財産責任負担債務（信託財産に属する財産のみをもって履行すべき債務を除く）にかかる債権者は，信託財産ならびに受託者の固有財産に対して強制執行することができる。したがって，(3)は誤りであり，これが本問の正解である。

信託前に生じた委託者に対する債権であって，その債権にかかる債務を信託財産責任負担債務とする旨が信託行為で定められている場合（信託法21条1項3号），その債権は信託財産責任負担債務にかかる債権となる。したがって，(5)は正しい。

正解：(3)　正解率：40.41％

 問−11　信託の公示（対抗要件）　

信託の公示（対抗要件）について，正しいものは次のうちどれですか。

(1)　受託者が権限なくして信託財産に属する信託の登記のない不動産を第三者に売却したとき，受益者はその処分行為を取り消すことができる。

(2)　受託者が信託のために権限にもとづいて信託財産に属する不動産を売却したとき，信託の登記があれば，受益者はその処分行為を取り消すことができる。

(3)　受託者個人の債権者（受託者の固有財産のみをもって履行すべき債務にかかる債権者）が信託財産に属する預金債権を差し押さえたとき，受託者または受益者は信託の対抗要件がなくても，異議を申し立てることができる。

(4)　受託者が破産手続開始の決定を受けたとき，信託財産に属する不動産に信託の登記がなくても，受益者はその不動産が破産財団に属さないことを主張できる。

(5)　受託者が破産手続開始の決定を受けたとき，受益者は信託財産に属する預金債権が信託の対抗要件を備えていなければ，その預金債権が破産財団に属さないことを主張できない。

　信託財産は強制執行等の制限など信託法上一定の保護を受けることから，受託者と取引する第三者の安全のため，不動産のように法令上登記または登録をしなければ権利の得喪，変更を第三者に対抗することができない財産については，信託の登記または登録をしなければ，その財産が信託財産に属することを第三者に対抗することができないと定める（信託法14条）。これを信託の公示（対抗要件）という。一方，一般の動産，債権，金銭および預金や預金口座には法令上の登記または登録の制度がなく，信託の公示がなくても信託財産に属する財産であることを対抗できるものとされている。なお，実務上，預金口座に「信託口」といった表示を行ったり，信託動産に信託財産である旨のプレート（標識）を貼付することがある。これらは法令上の登記または登録ではないが，信託財産であることを主張するものである。

　受託者が信託のために権限に違反して不動産など登記ができる信託財産を売却により移転した場合，その移転行為を受益者が取り消すことができるのは，①当該行為の当時，当該信託財産に属する財産について，信託法14条の信託の登記または登録がされていたこと，②当該行為の相手方が，当該行為の当時，当該行為が受託者の権限に属しないことを知っていたことまたは知らなかったことにつき重大な過失があったことのいずれにも該当する場合と定められている（信託法27条2項）。したがって，(1)は，信託の登記のない不動産を売却したのであるから，受益者は取り消すことができないので誤りである。(2)は，受託者が信託のため権限にもとづいて売却しているので，受託者の正当な処分行為であり，信託の登記（対抗要件）の有無にかかわらず，取り消すことができないので誤りである。

　信託財産に対して強制執行ができる債権者は，信託財産責任負担債務にかかる債権の債権者に限られており，受託者個人の債権者は信託財産に対して強制執行することはできない。あわせて，預金債権については，受託者または受益者は信託の対抗要件なしに信託財産であることを主張できる。したがって，(3)は正しく，これが本問の正解である。

　不動産の場合は，信託の登記がなければ第三者に信託財産であることを対

抗できないので，受益者は破産財団に属さないことを主張することができない。したがって，(4)は誤りである。

預金債権は，信託の対抗要件なしに，信託財産に属する財産であることを主張できる。したがって，(5)は誤りである。

正解：(3)　正解率：21.80%

 受益権の取得および放棄

受益権の取得および放棄について，誤っているものは次のうちどれですか。

(1) 信託行為によって受益者となるべき者として指定された者は，別段の定めのない限り，受益の意思表示をすることなく受益権を取得する。

(2) 信託行為において，受益者となるべき者として指定された者が委託者死亡の時に受益権を取得すると定めることができる。

(3) 信託行為において，受益者が死亡した時，その受益者が有する受益権が消滅し，他の者が新たな受益権を取得すると定めることができる。

(4) 受益者が受託者に対し信託法に定める受益権の放棄の意思表示をしたときは，その効果はその時から将来に向かって生じる。

(5) 委託者が受益者である場合，委託者は信託法に定める受益権の放棄はできない。

解答ポイント＆正解

一般に，契約によって当事者以外の者に利益も不利益も与えることはできないとされているが，信託法は民法の一般原則の例外として，信託行為の定めによって受益者となるべき者として指定された者は，別段の定めがない限り，受益の意思表示をすることなく，当然に受益権を取得すると定めている

（信託法88条1項）。したがって，(1)は正しい。

　(2)は，信託法89条で定める受益者指定権を前提として，委託者の死亡の時に受益権等を取得する旨の定めのある信託であり，「遺言代用の信託」といわれる（信託法90条）。(3)は，受益者の死亡により他の者が新たに受益権を取得する旨の定めのある信託であり，「後継ぎ遺贈型の受益者連続の信託」といわれる（信託法91条）。いずれも改正信託法（平成19年施行）によって認められた新しい類型の信託である。このうち，「後継ぎ遺贈型の受益者連続の信託」とは，たとえば委託者が自己の生存中は自ら受益者となって信託の利益を享受し，委託者が死亡した時はその配偶者が第二受益者となり，その後配偶者が死亡した時はその子供が受益者となるというように，受益者の死亡によって他の者が新たに受益権を取得する旨の定めのある信託をいう。このような信託は，個人事業主が将来の後継者に事業資産を承継させたり，特定の子供に生活保障のために必要とされる資産を残すといった目的で使うことが考えられている。したがって，(2)，(3)は正しい。

　一般に，財産権に関する処分の一環として財産権を放棄することが認められている。その場合，放棄した時から将来に向かって放棄の効果を生ずる。一方，信託法では，受益者として指定された者が当然に信託の利益を享受すると定められているところ（信託法88条1項），受益者として指名されても信託の利益の享受を強制されるものではないことを明らかにするため，一般の権利放棄とは別に信託独自の受益権の放棄が定められており，この受益権の放棄をすれば，受益者は当初から受益権を有していなかったものとみなされる（同法99条2項）。したがって，(4)は誤りであり，これが本問の正解である。

　信託行為の当事者（委託者または受託者）については，自らの意思で信託の設定や引受等をしているのであるから，遡及効果のある受益権の放棄を認める合理性はないため，「受益者が信託行為の当事者である場合は，この限りではない」と定めている（信託法99条1項但書）。したがって，(5)は正しい。

正解：(4)　正解率：69.77%

 問—13　受益者代理人

信託法に定められた受益者代理人について，誤っているものは次のうちどれですか。

(1) 受益者代理人の選任は，信託行為の定めによる方法に限られており，一定の例外を除いて，裁判所の職権により選任することは認められていない。

(2) 受益者代理人は，受益者の一部の者のために選任することができる。

(3) 受益者が現に存しない場合は，受益者代理人を選任することはできない。

(4) 受益者代理人は，信託行為に別段の定めのない限り，一定の例外を除いて，その代理する受益者のために受益者の権利に関する裁判上または裁判外の行為をする権限を有する。

(5) 受益者代理人が選任されているとき，代理されている受益者は信託行為において定めた権利を除き，そのほかの権利を行使することができない。

解答ポイント＆正解

　受益者代理人は，受益者が現存する信託において，年金信託のように受益者が頻繁に変動したり不特定多数であるために，受益者の意思決定や受託者の監督をすることが困難な場合，受益者の利益を保護し受託者の信託事務の処理を監督する者として設けられる。

　信託法では，「信託行為においては，その代理する受益者を定めて，受益者代理人となるべき者を指定する定めを設けることができる」としており（信託法138条1項），受益者代理人を選任することができるのは，信託行為

の定めによる方法のみに限られている。したがって，(1)は正しい。裁判所が職権を行使してその決定により受益者代理人を選任することは認められていない。ただし，例外的に，受益者代理人の交代にあたって，委託者または受益者代理人に代理される受益者の申立てにより，新受益者代理人を裁判所が選任することは可能とされている（同法142条1項）。

受益者代理人は，受益者の代理人であるから，受益者が現存する場合に選任することができるとされている（信託法138条1項）。したがって，(3)は正しい。また，受益者代理人を選任するにあたっては，その代理する受益者の範囲（受益者の一部の代理も可）を定めることが必要とされているので，(2)は正しい。

受益者代理人は，その代理する受益者のために，一定の例外（受託者および受託法人の理事等の損失てん補責任等の免除）を除き，受益者の権利に関する裁判上または裁判外の行為をすることができる。したがって，(4)は正しい。

受益者代理人が選任されているときは，信託の意思決定にかかる権利を受益者と受益者代理人が重複して行使できるとすると，信託事務の円滑な処理を阻害することになるので，受益者は受託者の監督にかかる権利および信託行為において定めた権利を除き，その権利を行使することができないとされている（信託法139条4項）。受益者は，信託行為において定めた権利のほか，受託者の監督にかかる権利など信託法92条各号に掲げる単独受益権は行使することができる。したがって，(5)は誤りであり，これが本問の正解である。

正解：(5) **正解率：20.64％**

問—14 信託の終了　☑☐☐☐☐

信託の終了事由について，誤っているものは次のうちどれですか。

(1) 信託の目的を達成したとき，または信託の目的を達成することができなくなったとき

(2) 受託者が受益権の全部を固有財産で有する状態が1年継続したとき

(3) 信託法の規定による信託の終了を命ずる裁判があったとき

(4) 信託財産について破産手続開始の決定があったとき

(5) 信託の吸収信託分割があったとき

▶ 解答ポイント＆正解

　委託者および受益者は，いつでも，その合意により信託を終了することができるが（信託法164条），信託法は，その他の信託の終了事由として9つの事由を定めている。

　信託の目的を達成したとき，または信託の目的を達成することができなくなったときは信託が終了する（信託法163条1号）。したがって，(1)は正しい。

　受託者が受益権の全部を固有財産で取得したときは，受託者と受益者が同一人となり，受託者が他人のために信託財産を管理または処分するという信託の構造が認められず，そのような期間が1年継続したときは，信託は終了するものとされている（信託法163条2号）。したがって，(2)は正しい。

　信託の規定による信託の終了を命ずる裁判（信託法165条の信託行為の当時予見することができなかった特別の事情により，信託を終了することが信託の目的および信託財産の状況その他の事情に照らして受益者の利益に適合するに至ったことが明らかであるときの信託の終了を命ずる裁判，または信託法166条の裁判所が公益を確保するため信託の存立を許すことができないと認めるときの信託の終了を命ずる裁判）があったときは，信託は終了する（信託法163条6号）。したがって，(3)は正しい。

信託財産について破産手続開始の決定があったときは，信託は終了する（信託法163条7号）。したがって，(4)は正しい。

信託の吸収信託分割とは，ある信託の信託財産の一部を受託者を同一とする他の信託の信託財産として移転するものをいい，信託の終了は生じない。したがって，(5)は誤りであり，これが本問の正解である。なお，信託の終了を生じるのは，信託の併合である（信託法163条5号）。信託の併合とは，受託者を同一とする二以上の信託の信託財産の全部を一つの新たな信託の信託財産とすることをいい，会社の合併における新設合併に相当するものである。

正解：(5)　**正解率：52.33%**

 問一15　**受益者等課税信託**

受益者等課税信託における課税上の取扱いの説明について，正しいものは次のうちどれですか。

(1)　受益者（受益者としての権利を現に有する者に限る）は，信託財産に生じた信託収益を現実に受領した段階で課税される。

(2)　信託の変更をする権限（軽微な変更をする権限を除く）を現に有し，かつ信託財産の給付を受けることとされている者は，みなし受益者として課税される。

(3)　受益者が特定していないか，または不存在の場合は，委託者に課税される。

(4)　遺言代用の信託で委託者死亡の時に受益者となるべき者として指名された者は，委託者の生存中もみなし受益者として課税される。

(5)　信託財産に属する資産および負債ならびに信託財産に帰せられる収益および費用は，受託者に帰属するものとして受託者に課税される。

　信託財産の管理または処分により生じる収益に関する信託税制は，受益者が信託財産に属する資産・負債を有するものとみなし，かつ信託財産に帰せられる収益・費用は受益者の収益・費用とみなして，所得税法13条１項，法人税法12条１項を適用する「実質所得者課税」が原則とされる。この原則が適用される不動産，動産および有価証券等の管理等の一般的な信託は「受益者等課税信託」といわれ，信託財産に収益が発生した時に受益者に課税する発生時課税が適用される。したがって，(1)，(5)は誤りである。

　受益者等課税信託では，信託の変更をする権限（軽微な変更をする権限を除く）を現に有し，かつ信託財産の給付を受けることとされた者は，受益者と同等の権利を有する「みなし受益者」として課税の対象となる。したがって，(2)は正しく，これが本問の正解である（所得税法13条２項，法人税法12条２項）。

　受益者とみなし受益者をあわせて「受益者等」という。また，一定の事由が発生しない限り受益者とならず，また受益者としての権利を有することとならない者は，その事由が発生するまでは受益者には該当しないので，遺言代用の信託を定めた信託法90条１項１号の受益者となるべき者として指定された者や同法90条１項２号に定められた受益者は委託者死亡の時まで，受益者には該当しないとされる（所得税基本通達13－７，法人税基本通達14－４－７）。したがって，(4)は誤りである。

　受益者が特定していない場合または存在していない場合には，従前はその信託にかかる委託者が信託財産を有するものとみなされて課税されていたが，信託法改正に伴う信託税制改正によって，受託者を納税義務者として法人税が課税されることとなっている。したがって，(3)は誤りである。

正解：(2)　　**正解率：49.13%**

2. 定型的な金銭の信託

 問一16　合同運用指定金銭信託（一般口）

合同運用指定金銭信託（一般口）について，正しいものは次のうちどれですか。

(1) 信託銀行は，実務上，すべての受益者に対して，計算期間ごとの信託財産状況報告書を交付している。

(2) 信託財産は，受託者の固有財産と合同して運用されている。

(3) 収益金の計算は，毎年3月，9月の年2回および信託終了時に行われる。

(4) 信託約款において，運用対象ごとの運用割合の制限が設けられている。

(5) 複数の者を受益者とすることはできない。

解答ポイント＆正解

信託業法27条により，信託会社は，その受託する信託財産について，当該信託財産の計算期間ごとに，信託財産状況報告書を作成し，受益者に交付しなければならないこととされ，信託銀行においても，兼営法2条1項により，この規定が準用される。ただし，受益者の保護に支障を生じることがない場合には，この限りではないとされており，信託銀行が元本補てんの特約が付された契約による信託の引受を行った場合において，受益者からの信託財産の状況に関する照会に対してすみやかに回答できる体制が整備されている場合がこれにあたる。合同運用指定金銭信託（一般口）（以下，「合同一般口」という）は，実務上，元本補てんの特約が付されており，信託銀行は，店頭備置等により，この信託財産状況報告書をすみやかに交付できる体制を整備していることから，通常，書面交付義務が免除されているため，すべての受益者に対して交付しているものではない。したがって，(1)は誤りであ

る。

合同一般口の信託約款では，運用方法について，「信託財産は，運用方法を同じくする他の信託財産と合同して運用する」旨が定められているが，受託者の固有財産と合同して運用することはとくに定められていない。したがって，(2)は誤りである。

合同一般口の収益金の計算日は，信託約款において毎年3月，9月の各25日（年2回）および信託終了の時とされている。したがって，(3)は正しく，これが本問の正解である。

合同一般口の信託約款では，運用対象ごとの運用割合の制限は規定されていない。したがって，(4)は誤りである。

複数の者が共同して受益者となることは，法令上，問題はなく，合同一般口の信託約款においても，制限されていない。したがって，(5)は誤りである。

正解：(3)　正解率：63.95%

 問－17　教育資金贈与信託

教育資金贈与信託について，正しいものは次のうちどれですか。

(1)　信託財産の価額がゼロとなった時に信託は終了する。

(2)　受益者の法定代理人である父母は，委託者になることができない。

(3)　信託期間は，委託者が任意に設定することができる。

(4)　信託が終了するまでに委託者が死亡した場合でも，信託契約締結時に贈与が成立しているため，受益者に相続税は課税されない。

(5)　贈与税非課税の適用を受けるためには，受益者が「教育資金非課税申告書」を，その申告書に記載した信託銀行の営業所等を経由して，受益者の納税地の所轄税務署長に提出しなければならない。

　教育資金贈与信託は，租税特別措置法上，受益者が「30歳に達した日」もしくは「死亡した日」，または教育資金贈与信託にかかる信託財産の価額がゼロとなった場合において受益者と信託銀行との間で信託契約を終了させる合意があった際，その合意にもとづき終了する日のいずれか早い日に終了することとされており，これ以外の信託期間を別途定めることはできない。ただし，受益者が30歳に到達した時に，現に①当該受益者が学校等に在学している場合，または②当該受益者が雇用保険法にもとづく教育訓練給付金の支給対象となる教育訓練を受講している場合には，30歳到達時の翌月末日までに，その旨を記載する届出書に証明書類を添付して信託銀行に届け出ることにより，また，その翌年以降も学校等に在学等していれば，当該届出を毎年1回行うことにより，受益者が40歳に達するまでの間，教育資金贈与信託は終了しない。したがって，(1)，(3)は誤りである。

　委託者（贈与者）は，受益者（受贈者）の祖父母，父母等の直系尊属に限られる。したがって，(2)は誤りである。

　信託等があった日から教育資金贈与信託の終了の日までの間に委託者が死亡した場合（その死亡の日において，受益者が次のいずれかに該当する場合を除く）には，その死亡の日までの年数にかかわらず，同日における管理残額（非課税拠出額から教育資金支出額を控除した残額）を，受益者が当該委託者から相続等により取得したものとみなされる（本件は，2021（令和3）年4月1日以後に新たに設定される教育資金贈与信託について適用されている）。なお，当該委託者の死亡にかかる相続税の課税価格の合計額が5億円を超えるときは，受益者が23歳未満である場合等であっても，その死亡の日における非課税拠出額から教育資金支出額を控除した残額を，当該受益者が当該委託者から相続等により取得したものとみなす（本件は，2023（令和5）年4月1日以後に取得する信託受益権等にかかる相続税について適用する）。したがって，(4)は誤りである。

　(イ)　23歳未満である場合

　(ロ)　学校等に在学している場合

(ハ)　教育訓練給付金の支給対象となる教育訓練を受講している場合

　贈与税非課税の特例の適用を受けるためには，その適用を受けようとする受益者が，「教育資金非課税申告書」をその申告書に記載した信託銀行の営業所等を経由して，信託がされる日までに，その受益者の納税地の所轄税務署長に提出しなければならない。なお，「教育資金非課税申告書」が信託銀行の営業所等に受理された場合には，その受理された日にその受益者の納税地の所轄税務署長に提出されたものとみなされる。したがって，(5)は正しく，これが本問の正解である。

正解：(5)　正解率：45.93％

 問—18　合同運用指定金銭信託（一般口以外）

　一般口以外の合同運用指定金銭信託（実績配当型を含む）について，正しいものは次のうちどれですか。

(1)　上場株式で運用する実績配当型の金銭信託の収益金は，配当所得に該当する。

(2)　法令上，予定配当率の明示が義務付けられている。

(3)　元本補てんの特約が付されていない実績配当型の金銭信託は，契約締結前にあらかじめ委託者に対し，契約締結前交付書面の交付・説明が必要である。

(4)　実績配当型の金銭信託は，商品によっては元本補てんの特約が付されている。

(5)　委託者以外の者を受益者とすることはできない。

解答ポイント＆正解

　信託の税制に関する原則的な取扱いでは，受益者が直接信託財産を有するものとして，受益者に課税される。これを実質所得者課税の原則という。合同運用指定金銭信託は，税法上，「合同運用信託」に該当し，その収益金は

実質所得者課税の原則の例外とされ，受託者からの収益分配時に受益者に対して利子所得として課税される。したがって，(1)は誤りである。

　信託法，信託業法，兼営法いずれにおいても予定配当率の明示を義務付ける規定はなく，実績配当型の合同運用指定金銭信託では，実務上も予定配当率が明示されているものもあれば，そうでないものもある。したがって，(2)は誤りである。

　元本補てんの特約が付されていない実績配当型の合同運用指定金銭信託は，信託業法24条の2に定める「特定信託契約」に該当し，兼営法2条の2により，主に販売・勧誘時のルールについて金融商品取引法が準用される。このため，契約締結前に，あらかじめ委託者に対し，リスク等の内容を記載した契約締結前交付書面の交付・説明が必要である。したがって，(3)は正しく，これが本問の正解である。

　実務上，実績配当型の合同運用指定金銭信託には，元本補てんの特約が付されたものはない。したがって，(4)は誤りである。

　合同運用指定金銭信託は，商品性により，自益信託だけでなく，他益信託として設定することもできる。したがって，(5)は誤りである。

正解：(3)　正解率：56.98%

 後見制度支援信託　

後見制度支援信託（後見制度による支援を受ける方の財産管理のために活用される信託）について，正しいものは次のうちどれですか。

(1)　任意後見制度の本人は，委託者兼受益者になることができる。

(2)　委託者兼受益者が未成年後見の被後見人である場合の信託期間は，原則的に，当該委託者兼受益者が成年に達するまでである。

(3)　委託者兼受益者が死亡した場合，信託財産は当該委託者兼受益者の相続財産とはならない。

(4) 追加信託をすることはできない。

(5) 信託財産は，主に国内外の株式に運用される。

▶ 解答ポイント＆正解

　後見制度支援信託は，後見制度による支援を受ける被後見人の財産管理のために活用される信託である。当該被後見人の財産のうち，日常的な支払いをするのに必要十分な金銭を預貯金等として後見人が管理し，通常使用しない金銭を信託銀行等に信託する仕組みである。

　後見制度支援信託は，法定成年後見制度および未成年後見制度の被後見人を対象としており，法定成年後見制度の被保佐人・被補助人や任意後見制度の本人は利用することはできない。したがって，(1)は誤りである。

　後見制度支援信託の信託期間は，原則的に，成年後見の場合は委託者兼受益者が死亡するまでであり，未成年後見の場合は委託者兼受益者が成年に達するまでである。したがって，(2)は正しく，これが本問の正解である。

　後見制度支援信託の委託者兼受益者が死亡した場合，信託は終了し，信託財産は委託者兼受益者の相続財産として相続人に相続される。したがって，(3)は誤りである。

　後見制度支援信託は，特別な法律にもとづく制度ではないが，信託契約の締結，一時金の交付，信託の変更，解約，追加信託の手続きは家庭裁判所の指示書にもとづいて行われる。したがって，(4)は誤りである。

　後見制度支援信託は，合同一般口にさまざまな特約を付すものであり，国内外の株式に運用されるものではない。したがって，(5)は誤りである。

正解：(2)　正解率：73.84％

31

問—20 単独運用指定金銭信託（指定単）

単独運用指定金銭信託（指定単）について，正しいものは次の
うちどれですか。

(1) 信託財産の運用について，委託者は，対象資産の種類・運用割合等
を概括的に指示するにとどまる。

(2) 単独運用であるため，信託財産を1つの種類の財産に運用しなけれ
ばならない。

(3) 運用方法を特定しない金銭信託はすべて，元本補てんの特約を付す
ことができる。

(4) 帰属権利者を指定することはできない。

(5) 委託者の死亡の時に受益者となるべき者として指定された者が受益
権を取得する旨の定めのある信託（遺言代用の信託）とすることはで
きない。

> **解答ポイント＆正解**

　単独運用指定金銭信託（以下，「指定単」という）では，委託者は信託財
産の運用について，対象資産の種類・運用割合等を概括的に指示することが
できるが，その範囲内での運用は受託者の裁量で行われるものであり，個別
具体的に指図することはできない。したがって，(1)は正しく，これが本問の
正解である。

　単独運用とは，信託財産を他の信託財産と合同運用せずに，信託ごとに
別々に運用するという意味であり，信託財産を1つの種類の財産に運用しな
ければならないというものではなく，複数の財産に運用することもできる。
したがって，(2)は誤りである。

　兼営法6条および兼営法施行規則37条では，運用方法を特定しない金銭信
託で，信託財産の総額の2分の1を超える額を有価証券等に投資することを
目的とする場合を除き，元本補てんまたは利益補足の特約を付すことができ
る旨が規定されている。したがって，(3)は誤りである。

　信託法では，残余財産は信託行為で指定した者に帰属することとされ，信託行為で指定がない場合や指定された者全員が残余財産にかかる権利を放棄した場合には，委託者またはその相続人等の一般承継人に帰属することとされている。指定単の信託契約（信託行為）においても，残余財産の帰属すべき者（帰属権利者）を指定することができる。したがって，(4)は誤りである。

　指定単の信託契約（信託行為）においては，委託者の死亡の時に受益者となるべき者として指定された者が受益権を取得する旨（遺言代用）を定めることができる。したがって，(5)は誤りである。

正解：(1)　　**正解率：76.45%**

3. 従業員福祉に関する信託

 問—21 確定給付企業年金制度の仕組み等 ☑☐☐☐☐

確定給付企業年金制度の仕組み等について，誤っているものは次のうちどれですか。

(1) 基金型企業年金における理事，および規約型企業年金における事業主は，それぞれ基金または加入者等のために忠実にその業務を遂行しなければならない。

(2) 積立金に剰余が生じた場合であっても，当該剰余は制度内に留保し事業主には返還されない。

(3) 公務員も厚生年金保険の被保険者であるため，市町村単位で確定給付企業年金を実施できる。

(4) 規約型企業年金においては，事業主自らの裁量で積立金の運用を行う自家運用は認められていない。

(5) 確定給付企業年金の年金運用で使われている年金投資基金信託は，委託者，受託者，受益者いずれも信託銀行である。

> **解答ポイント＆正解**

基金型企業年金における理事，および規約型企業年金における事業主は，法令，法令にもとづいてする厚生労働大臣の処分および規約を遵守し，基金のためもしくは加入者等のため，忠実にその業務を遂行しなければならないとされている。また，自己または基金・加入者等以外の第三者の利益を図る目的をもって，資産管理運用契約を締結することなどが禁止されている（確定給付企業年金法69条・70条）。したがって，(1)は正しい。

確定給付企業年金では，積立金に剰余が生じた場合であっても，当該剰余は事業主に返還することはできない。したがって，(2)は正しい。なお，積立金の額が積立上限額（財政の安定性を長期にわたって確保することができる

水準の金額）を超える剰余が生じている場合には，将来の掛金から控除することとされている（確定給付企業年金法64条）。

　「被用者年金一元化法」により，公務員も厚生年金保険の被保険者となったが，確定給付企業年金法が適用される「厚生年金保険の被保険者」は「第1号厚生年金被保険者」（従来からの厚生年金保険の被保険者）または「第4号厚生年金被保険者」（私立学校教職員共済制度の加入者）に限られ（確定給付企業年金法2条3項），「第2号厚生年金被保険者」（国家公務員）および「第3号厚生年金被保険者」（地方公務員）は依然として適用対象外とされている。したがって，(3)は誤りであり，これが本問の正解である。

　企業年金自らが運用を行ういわゆる「自家運用」は，基金型企業年金にのみ認められており，規約型企業年金では認められていない（確定給付企業年金法65条・66条）。したがって，(4)は正しい。

　信託銀行が行う年金資産運用においては，受託した財産を個別の委託者ごとに有価証券等に直接運用する方法と，複数の委託者の年金資産を合同で運用する年金投資基金信託を通じて運用する方法がある。年金投資基金信託は，年金信託の運用のためだけに設けられた専用の合同運用指定金銭信託で，委託者・受託者・受益者はいずれも信託銀行になる。したがって，(5)は正しい。なお，年金投資基金信託を採用するメリットは，単独で運用する場合と比してスケールメリットを享受できることにある。より多くの年金資産を合同で運用することにより，資金の効率的運用，投資リスクの分散，運用の多様化などを図ることができる。

正解：(3)　　正解率：40.12%

 問－22　　確定給付企業年金制度の給付，掛金等　　

確定給付企業年金制度の給付，掛金等について，誤っているものは次のうちどれですか。

（1）　給付の種類は，老齢給付金，脱退一時金，障害給付金および遺族給

付金の4種類である。

(2)　老齢給付金の支給開始年齢は，原則として60歳以上65歳以下の範囲で規約に定める必要がある。

(3)　遺族給付金は，規約で定めるところにより，年金または一時金として支給することができる。

(4)　脱退一時金を受けるための要件として，3年を超える加入者期間を定めてはならない。

(5)　掛金の額は，少なくとも5年ごとに見直しを行う必要がある。

解答ポイント＆正解

　確定給付企業年金では，給付の種類として老齢給付金および脱退一時金の給付を行うものとされている。また，規約で定めるところにより，障害給付金および遺族給付金を加えることができる（確定給付企業年金法29条）。したがって，(1)は正しい。

　老齢給付金は言葉どおり老齢期における給付金であり，60歳以上70歳以下の規約に定める年齢に達したときに支給するものとされている（確定給付企業年金法36条2項1号）。したがって，(2)は誤りであり，これが本問の正解である。「年金制度の機能強化のための国民年金法等の一部を改正する法律」（2020〈令和2〉年6月5日公布）により，公布日以降，老齢給付金の支給開始年齢の上限が65歳から70歳に引き上げられていることに留意されたい。なお，付加的に規約で定めた支給期間年齢未満であって，50歳以上の範囲で退職した場合に支給することも可能である（同法36条2項2号）。

　遺族給付金は，規約で定めるところにより，年金または一時金として支給するものとされている（確定給付企業年金法49条）。したがって，(3)は正しい。

　規約において，3年を超える加入者期間を脱退一時金の給付を受けるための要件として定めてはならない（確定給付企業年金法41条）。したがって，(4)は正しい。

　確定給付企業年金の事業主等（「規約型」の場合は事業主，「基金型」の場

合は企業年金基金）は，少なくとも5年ごとに掛金の額を再計算しなければならない（確定給付企業年金法58条）。したがって，(5)は正しい。

正解：(2) 正解率：44.19%

 問―23 確定拠出年金制度の企業型年金 ☑□□□□

確定拠出年金制度の企業型年金について，誤っているものは次のうちどれですか。

(1) 企業型年金を実施するには，事業主は，厚生年金被保険者の過半数で組織される労働組合または厚生年金被保険者の過半数を代表する者の同意を得て，年金規約を作成し，当該規約について厚生労働大臣の承認を得なければならない。

(2) 企業型年金における資産管理契約は，事業主を委託者，加入者または加入者であった者（受給権者）を受益者とする他益信託の形態をとる。

(3) 規約に定めることにより，加入者自らが掛金を拠出することができる。

(4) 個人型年金加入者が，転職先で企業型年金加入者となった場合，個人別管理資産を必ず企業型年金に移換しなければならない。

(5) 給付の種類は，老齢給付金，障害給付金，死亡一時金の3種類である。

> **解答ポイント＆正解**

事業主は，企業型年金を実施しようとするときは，厚生年金被保険者の過半数で組織する労働組合または厚生年金被保険者の過半数を代表する者の同意を得て，年金規約を作成し，当該規約について厚生労働大臣の承認を受けなければならない（確定拠出年金法3条）。したがって，(1)は正しい。

企業型年金における資産管理契約では，規約型確定給付企業年金と同様

に，事業主を委託者，加入者または加入者であった者（受給権者）が受益者となる他益信託の形態をとっている。したがって，(2)は正しい。

　確定拠出年金法の施行当初，企業型年金において掛金拠出ができるのは事業主のみであったが，2012（平成24）年1月から，規約に定めることより，拠出限度額の枠内および事業主拠出額を超えない範囲で加入者も拠出が可能となった（マッチング拠出。確定拠出年金法4条・19条・20条）。したがって，(3)は正しい。なお，「年金制度の機能強化のための国民年金法等の一部を改正する法律」（2020〈令和2〉年6月5日公布）により，2022（令和4）年10月1日以降は，企業型年金加入者が個人型年金に同時加入するための要件が緩和され，加入者掛金拠出（マッチング拠出）をしていない企業型年金加入者であれば，個人型年金に同時加入できるようになった。

　2018（平成30）年5月より，個人型年金の加入者が，企業型年金実施企業に転職し加入資格を得た場合，転職先の企業型年金に個人別管理資産を移換することのほか，個人型年金に個人別管理資産を残し，企業型年金加入者になるとともに個人型年金運用指図者となることも可能となった（転職先の企業型年金規約で個人型年金への加入が認められている場合には，企業型年金加入者になるとともに個人型年金加入者となることも可能となった）。したがって，(4)は誤りであり，これが本問の正解である。

　企業年金の給付の種類は，老齢給付金，障害給付金，死亡一時金の3種類である（確定拠出年金法28条）。したがって，(5)は正しい。

正解：(4)　正解率：81.98%

 確定拠出年金制度の個人型年金

　　確定拠出年金制度の個人型年金について，誤っているものは次のうちどれですか。

(1)　個人型年金の実施主体は，国民年金基金連合会である。

(2)　国民年金の第1号被保険者のうち，国民年金保険料の納付が免除さ

れている者も個人型年金に加入できる。

(3)　個人型年金の掛金を毎月拠出する場合，掛金額は5,000円以上1,000円単位で決定しなければならない。

(4)　国民年金の第3号被保険者の拠出限度額は，年額276,000円（月額23,000円）である。

(5)　個人型記録関連運営管理機関は，少なくとも毎年1回，個人型年金加入者等に対して個人別管理資産額など必要事項を通知しなければならない。

解答ポイント＆正解

企業型年金は，事業主が実施主体となるが，個人型年金は，国民年金基金連合会が実施主体となる（確定拠出年金法2条）。したがって，(1)は正しい。

2017（平成29）年1月より，従前は個人型年金の加入対象外とされていた公務員，専業主婦（夫）が新たに対象になるなど，対象範囲が拡大されたが，国民年金の第1号被保険者であっても，保険料の納付が免除されている者は従前どおり対象外のままである（確定拠出年金法62条）。したがって，(2)は誤りであり，これが本問の正解である。

個人型年金規約において，個人型年金の掛金は月額5,000円以上1,000円単位で決定しなければならないと定められている。したがって，(3)は正しい。

国民年金の第3号被保険者とは，いわゆる専業主婦（夫）のことであるが，2017（平成29）年1月1日より個人型年金の対象者が拡大され，従前は対象から外れていた公務員，専業主婦（夫）が個人型年金に加入できるようになった。その拠出限度額は公務員が年額144,000円（月額12,000円），専業主婦（夫）が年額276,000円（月額23,000円）である。したがって，(4)は正しい。

個人型年金規約において，個人型記録関連運営管理機関は，少なくとも毎年1回，個人型年金加入者等に対して個人別管理資産額など必要事項を通知しなければならないと定められている。したがって，(5)は正しい。

正解：(2) 正解率：83.72%

 問—25　国民年金基金制度

国民年金基金制度について，誤っているものは次のうちどれですか。

(1) 国民年金基金には，国民年金の第1号被保険者のほか，60歳以上65歳未満の者や海外に居住している者であって，国民年金の任意加入被保険者が加入できる。

(2) 国民年金基金信託は，国民年金基金を委託者兼受益者とする自益信託である。

(3) 国民年金基金は，いったん加入すると任意脱退はできない。

(4) 国民年金基金における給付の種類は，老齢年金，障害給付金および遺族一時金の3種類である。

(5) 国民年金基金に加入する被扶養者の掛金を，扶養者が負担する場合，当該被扶養者の掛金についても社会保険料控除の対象とされる。

解答ポイント＆正解

国民年金基金には，国民年金の第1号被保険者のほか，60歳以上65歳未満の者や海外に居住している者であって，国民年金の任意加入被保険者が加入できる。したがって，(1)は正しい。なお，任意に途中で全国基金から職能型基金，または，職能型基金から全国基金に移ることはできない。

国民年金基金は，払い込まれた掛金の運用のため，信託銀行との間で国民年金基金信託契約を締結する。当該信託契約は，国民年金基金を委託者兼受益者とする自益信託の形をとる。したがって，(2)は正しい。

国民年金基金は，任意加入の年金制度であるが，いったん加入すると任意に脱退することはできない。したがって，(3)は正しい。

国民年金基金は，加入員または加入員であった者に対し，年金の支給を行

い，あわせて加入員または加入員であった者の死亡に関し，一時金の支給を行うものとされており（国民年金法128条），給付の種類は，老齢年金と遺族一時金の2種類である。したがって，(4)は誤りであり，これが本問の正解である。

国民年金基金の掛金は，全額社会保険料控除の対象で，税制的に優遇されており，被扶養者分の掛金を扶養者が負担している場合も全額適用される。したがって，(5)は正しい。

正解：(4) **正解率：50.00%**

 年金税制

年金税制について，誤っているものは次のうちどれですか。

(1) 確定給付企業年金，確定拠出年金ともに，老齢給付金について，年金として支給を受ける場合は，公的年金等にかかる雑所得として所得税が課せられる。

(2) 企業型確定拠出年金の年金特定金銭信託においては，公社債・株式等の利子，配当等の受取時には課税されない。

(3) 企業型確定拠出年金における加入者負担掛金は，全額が生命保険料控除の対象となる。

(4) 老齢給付金の支給に代えて一時金を選択する場合，退職所得として課税されるが，企業型確定拠出年金では確定給付企業年金と異なり，加入者負担掛金分についても課税の対象となる。

(5) 積立金の運用段階では，確定給付企業年金，確定拠出年金のいずれも，特別法人税が課されるが，現在は課税が停止されている。

解答ポイント＆正解

確定給付企業年金，確定拠出年金ともに，老齢給付金について，年金として支給を受ける場合は，公的年金等にかかる雑所得として所得税が課せられ

る。したがって，(1)は正しい。ただし，確定給付企業年金については加入者負担掛金相当分を控除した額に対して課税されるのに対して，確定拠出年金については加入者負担掛金の有無によらず全額が課税対象となるという相違がある（所得税法35条，同法施行令82条の2）。

　信託の所得は，受益者が信託財産を所有するものとして課税するのが原則であるが，確定拠出年金信託は当該原則が適用されず，給付時に受益者に課税される。したがって，(2)は正しい。

　企業型確定拠出年金の加入者負担掛金は小規模企業共済等掛金控除の対象となり，その全額が所得から控除される。したがって，(3)は誤りであり，これが本問の正解である。

　企業型確定拠出年金の給付時において，その加入者負担掛金分は，拠出時には課税されていないとみなされ，当該金額は控除せず退職所得として課税される。したがって，(4)は正しい。

　所得税法では，事業主が従業員のために支払う掛金は従業員の給与所得として課税されるが，企業年金信託への掛金については個々の従業員への帰属が明確でないため課税せず，退職等により給付が発生した時点で初めて従業員本人の所得として課税される取扱いとなっている。当該課税の繰延べによる延滞利子税を積立金に課税するという考え方により，信託財産に対して特別法人税が課される。ただし，特別法人税は，運用環境の低迷等を理由として，1999（平成11）年4月以降，課税停止（凍結）措置が延長されてきており，2026（令和8）年3月までの課税停止（凍結）が決定されている。したがって，(5)は正しい。

正解：(3)　正解率：79.65%

問—27 住宅財形信託 ☑□□□□

住宅財形信託について，誤っているものは次のうちどれですか。

(1) 委託者は，契約締結時に満55歳未満の勤労者であることを要する。

(2) 積立期間は３年以上とし，毎年定期に積立を行うことを要する。

(3) 積立期間中において，２年未満であれば積立を中断することができる。

(4) 財形年金貯蓄と合わせて元本550万円までの利子が非課税となる。

(5) 住宅の取得または増改築等以外の目的外払出を行った場合には，５年間に生じた利子等について遡及課税が行われる。

解答ポイント＆正解

　財形住宅貯蓄とは，持家取得のための金銭の支払いを目的として，勤労者が在職中に一定の要件を満たす財形住宅貯蓄契約にもとづいて行う貯蓄制度で，財形年金貯蓄と合わせて元本550万円までの利子を非課税とする税制上の恩典を受けることができる。信託商品としては合同運用指定金銭信託を使った金銭信託型の財形住宅信託（住宅財形信託ともいう）がある。したがって，(4)は正しい。

　財形住宅信託の契約要件等としては，①天引貯蓄であること（財形法６条４項１号ホ），②契約締結時に満55歳未満の勤労者であること（同法６条４項柱書），③積立期間は５年以上で，毎年定期に積み立てること（同法６条４項１号イ），住宅の取得は，既存住宅の取得や増改築も認められていること（同法６条４項１号ロ），④住宅の取得時等の対価から頭金を控除した残額に相当する金銭の支払いは，事業主等から貸付を受けて支払いが予定されていること（同法６条４項１号ニ）および⑥１人１契約に限られていること（同法６条５項）などが定められている。したがって，(1)は正しく，(2)は誤りであり，(2)が本問の正解である。

　積立期間中に２年未満であれば，積立てを中断することができる。した

がって，(3)は正しい。

　住宅の取得等以外の目的外払出しを行ったときは，利子等が5年の遡及課税の対象とされる。したがって，(5)は正しい。

正解：(2)　**正解率：24.42%**

4. 証券に関する信託

 有価証券の信託 ☑☐☐☐☐

有価証券の信託について，正しいものは次のうちどれですか。

(1) 信託設定の際に委託者から有価証券を受け入れる信託であり，信託終了時には受益者に信託財産を有価証券で交付しなければならない。

(2) 有価証券の信託には，有価証券の管理を行う管理有価証券信託，運用を行う運用有価証券信託および処分を行う処分有価証券信託があり，個々の信託では管理，運用または処分のいずれか1つしか行わない。

(3) 上場会社の株式は，社債，株式等の振替に関する法律にもとづき証券保管振替機構が取り扱う振替株式とされ，株券が発行されないため，株主名簿に当該株式が信託財産に属する旨を記載または記録することが，信託についての第三者対抗要件である。

(4) 運用有価証券信託契約の当事者は，委託者，有価証券の貸借取引の貸付先，および受託者の三者である。

(5) 受託者である信託銀行は，信託契約に元本補てんの特約を付すことはできない。

解答ポイント＆正解

　信託設定の際に受け入れる当初信託財産の種類により，信託が分類されている。有価証券を受け入れる信託は，有価証券の信託に該当する。信託設定後の信託財産や受益者に交付する信託財産については，信託契約で定められる内容に従えばよく，信託終了時に受益者に交付する信託財産が有価証券に限られてはいない。したがって，(1)は誤りである。

　有価証券の信託には，有価証券の管理を行う管理有価証券信託，運用を行う運用有価証券信託および処分を行う処分有価証券信託がある。管理有価証

券信託でも信託財産である有価証券を目的達成のために必要な処分や運用を行うことがある。有価証券の信託は，それぞれ必要に応じて管理，運用または処分のいずれも行うことができる。したがって，⑵は誤りである。

　上場株式は，証券取引所の上場規程により振替株式でなければならないとされている（有価証券上場規程205条12号）。

　また，社債，株式等振替法では，振替株式の対象となる株式は，株券を発行する旨が定款に定められていない株式とされている（同法128条１項）。振替株式については，信託財産であることの第三者対抗要件は，信託財産に属する旨の振替口座簿への記載とされており（同法142条１項），また株主名簿への記載について会社法154条の２第１項の規定は適用されないものとされている（同法161条１項）。したがって，⑶は誤りである。

　信託契約の当事者は委託者および受託者の二者であり（信託法３条１号），運用有価証券信託の信託契約においても変わらない。したがって，⑷は誤りである。なお，運用のための有価証券の貸借取引契約の当事者は，貸付先および受託者である。

　信託会社は，元本補てんおよび利益補足が禁止されている（信託業法24条１項４号）。この規定は，信託銀行などの信託を兼営する金融機関にも準用されて，元本補てんおよび利益補足が禁止されている（兼営法２条）。また，信託業務を営む金融機関は，元本補てんまたは利益を補足する旨を定める信託契約を締結することができる場合があるが，運用方法の特定しない金銭信託に限られているため，有価証券の信託は対象とならない（同法６条）。したがって，⑸は正しく，これが本問の正解である。

正解：⑸　　**正解率：48.84％**

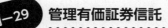

問-29　管理有価証券信託

管理有価証券信託について，正しいものは次のうちどれですか。

(1)　個人が委託者となって設定することはできない。

(2)　株券不発行の株式で，社債，株式等の振替に関する法律にもとづく口座振替の対象とされていないものは，管理有価証券信託の当初信託財産とすることができない。

(3)　税務上，原則として受益者が直接信託財産である有価証券を所有しているものとみなされて課税される。

(4)　信託財産である株式の議決権は，信託行為に別段の定めがある場合を除き，受益者が直接行使する。

(5)　顧客分別金信託は，金融商品取引業者等が，金融商品取引業を行わないこととなった場合などに返還すべき，一定の金銭または有価証券に相当する額の金銭を，自己の固有財産と分別して管理するための信託であり，管理有価証券信託で行うことはできない。

▶解答ポイント＆正解

　管理有価証券信託の委託者には制限はなく，個人，法人を問わず委託者になることができる。したがって，(1)は誤りである。

　株券を発行する定めのない株式であっても譲渡可能であり（会社法127条），信託の設定に問題はない。したがって，(2)は誤りである。なお，社債，株式等振替法にもとづく口座振替の対象とされていないものは，取得者の氏名を株主名簿に記載することが権利取得の対抗要件であり（同法130条1項），また，その株式が信託財産に属する旨を株主名簿に記載することが信託の対抗要件とされている（同法154条の2第1項）。ただし，譲渡制限株式の場合は，譲渡の承認が必要である。

　信託の受益者は，信託財産に属する資産および負債を有するものとみなされ，かつ，信託財産に帰せられる収益および費用は受益者の収益および費用

とみなされて課税されるのが原則である（所得税法13条1項，法人税法12条1項）。有価証券の信託においても，原則として，受益者または受益者とみなされる者に課税される。したがって，(3)は正しく，これが本問の正解である。なお，他益信託である退職給付信託においては，信託期間中は委託者が受益者とみなされて課税される。

株式が信託財産である場合，株式は受託者に帰属するため，受託者がその議決権を行使することになる。したがって，(4)は誤りである。なお，信託行為により，委託者または受益者などの指図に従って受託者が行使する旨を定めることができるが，その場合でも議決権を行使するのは受託者である。

金融商品取引業者等は，金融商品取引法にもとづき，業務に関して顧客から預託を受けた金銭または再担保された有価証券について，金融商品取引業を行わないこととなった場合などに，顧客に返還すべき額に相当する金額のすべてを，分別管理するために信託しなければならない（金融商品取引法43条の2第2項）。顧客分別金信託は，返還すべき額に相当する金額を，金銭の信託，有価証券の信託または金銭および有価証券の包括信託で行うことができるので（金融商品取引業等に関する内閣府令141条1項8号），設定できる信託の種類としては金銭の信託だけではない。また，有価証券の信託で設定されるときは，管理有価証券信託で行うものとされる。したがって，(5)は誤りである。

正解：(3)　正解率：72.38%

 ファンドトラスト

法人を委託者とする有価証券運用のための指定金外信託（いわゆるファンドトラスト）について，正しいものは次のうちどれですか。

(1) 設定の際に金銭以外の財産を受け入れ，信託終了時には受益者に信託財産を現状有姿で交付する信託である。

(2) 運用対象の有価証券の種類や範囲には制限がなく，受託者の裁量による運用が行われる。

(3) 信託財産については，原則として，合同運用が行われている。

(4) 会計上，委託者が自ら保有する有価証券と信託財産に属する同一銘柄の有価証券とは，帳簿価額を通算する必要がある。

(5) 信託財産が収受する利子に課された源泉所得税は，受益者の法人税額から控除することができる。

金外信託は，金銭信託以外の金銭の信託であり，設定の際には委託者から金銭を受け入れ，信託終了時には受益者に信託財産を現状有姿で交付する信託である。したがって，(1)は誤りである。

ファンドトラストは，指定運用の信託であり，委託者が運用対象の財産の種類を一定の範囲で指定し，その範囲内での運用が受託者の裁量に任される。したがって，(2)は誤りである。

有価証券運用においては，委託者ごとに，運用の意図，運用条件や投資についての考え方があるため，これに応じて，運用可能資金の量的制約，運用期間，リスク負担能力，収益性などのバランスについて，委託者・受託者間で十分に検討し，許容できるリスク水準，目標とする投資収益率などの投資方針（運用方針）を定めて投資方針を踏まえた運用計画書を作成し，委託者の承認により，信託が設定されるのが通常とされている。ファンドトラストにおいては，委託者ごとに投資方針が定められて有価証券に運用するのが通常であり，信託財産の単独運用が原則である。したがって，(3)は誤りである。

会計上，金銭の信託における有価証券の価額は，委託者が保有する同一銘柄の有価証券とは分離し，かつ，信託契約ごとに別途算出することとされている（金融商品会計に関する実務指針98項）。したがって，(4)は誤りである。なお，課税上も金銭の信託における有価証券の価額は，信託ごとに通算するものとされ，受益者である委託者が保有する有価証券と帳簿価額を通算

2023年
第155回

する必要はないとされている（法人税基本通達 2 － 3 － 16）。

　受益者等課税信託に区分されるファンドトラストでは，受益者が信託財産を有するものとみなされ，信託財産に属する有価証券の利子・配当にかかる所得税が源泉徴収される。この税額は，所有期間に応じて，受益者の法人税額から控除することができる（法人税法68条 1 項，法人税法施行令124条の 2 第 1 項）。したがって，(5)は正しく，これが本問の正解である。

正解：(5)　正解率：35.47%

 問－31　特定金銭信託

　　　法人を委託者とする有価証券運用のための特定金銭信託（投資信託を除く）について，正しいものは次のうちどれですか。

(1)　信託の設定の際に金銭を受け入れ，信託終了時に信託財産を金銭に換価して，受益者に交付する信託である。

(2)　受託者は，受益者が運用の権限を与えた者からの指図に従って，有価証券への運用を行う。

(3)　運用対象となる有価証券の種類は，信託契約ごとに，株式あるいは公社債に分けなければならない。

(4)　信託財産である有価証券の取得・処分は，委託者の名義で行われる。

(5)　法令上，信託契約に元本補てんの特約を付けることができる。

解答ポイント＆正解

　特定金銭信託は，当初の信託財産として金銭を受け入れ，信託終了時に信託財産を金銭に換価して受益者に実績で交付するものである。したがって，(1)は正しく，これが本問の正解である。

　特定運用においては，受託者は，委託者または委託者から権限を与えられた者からの指図にもとづき有価証券の管理・処分を行う特定運用である。し

たがって，(2)は誤りである。

　特定金銭信託において，信託契約ごとに運用対象となる有価証券の種類が限定されるものではなく，種類やその比率は委託者と運用指図権者の合意で定められる。したがって，(3)は誤りである。

　信託財産である有価証券の取得・処分は，受託者により，受託者の名義で行われる。委託者が運用指図を行う場合であっても，同じである。したがって，(4)は誤りである。

　信託会社および信託業務を営む金融機関は，信託契約に元本の補てん等の特約を付けることは禁止されている（信託業法24条1項4号，兼営法2条による準用）。したがって，(5)は誤りである。なお，兼営法6条により，例外として，信託業務を営む金融機関が信託契約に元本補てん等の特約を付けることができる信託は，運用方法を特定しない金銭信託であり，運用方法を特定した金銭信託である特定金銭信託には適用がない。

正解：(1)　正解率：63.66%

 証券投資信託

　証券投資信託について，誤っているものは次のうちどれですか。

(1)　証券投資信託契約は，投資信託委託会社，投資家および信託会社・信託銀行の3者間で締結される。

(2)　公社債投資信託は，信託約款において株式に投資できない旨が記載され，公社債中心に投資している証券投資信託である。

(3)　ファンド設定後に資金追加（追加信託）が行われるか否かにより，追加可能なオープン型と追加不可のユニット型に分類される。

(4)　ファミリーファンド方式をとる場合のマザーファンドの委託者は，ベビーファンドの委託者である。

(5)　投資家からの請求に応じてファンドの解約・払戻を行う証券投資信

託がオープンエンド型であり，解約・払戻を行わないものがクローズ
ドエンド型である。

解答ポイント＆正解

　委託者指図型投資信託である証券投資信託契約は，金融商品取引業者であ
る投資信託委託会社を委託者とし，信託会社または信託業務を行う金融機関
を受託者とするのでなければこれを締結してはならないと定められている
（投信法3条）。投資家は，信託契約（投資信託契約）の締結者ではなく，投
信法にもとづき設定された信託について，均等に分割された受益権を取得し
て，受益者となるものである。したがって，(1)は誤りであり，これが本問の
正解である。

　証券投資信託は，投資の対象により，公社債投資信託と株式投資信託に分
けられる。公社債投資信託は，信託約款（投資信託約款）において株式に投
資できない旨が記載され，公社債中心に投資する証券投資信託である。した
がって，(2)は正しい。なお，株式投資信託は，信託約款（投資信託約款）に
おいて株式に投資できる旨が記載されている証券投資信託で，株式のほか，
公社債にも運用できる。

　証券投資信託として当初設定されたファンドに資金追加が行われ，当該追
加資金に対応する均等な受益権を新たに投資家が取得する投資信託は，オー
プン型（追加型）と呼ばれ，ファンド設定後には資金追加が行われない投資
信託はユニット型（単位型）と呼ばれる。したがって，(3)は正しい。

　ファミリーファンド方式の場合のマザーファンドの委託者は，ベビーファ
ンドの委託者である。したがって，(4)は正しい。

　投資家からの請求に応じてファンドの解約・払戻を行う証券投資信託が
オープンエンド型であり，解約・払戻を行わないものがクローズドエンド型
である。したがって，(5)は正しい。

正解：(1)　　**正解率：46.22%**

証券投資信託

☑□□□□

問─33

証券投資信託について，正しいものは次のうちどれですか。

(1) 証券投資信託は，委託者非指図型投資信託のうち，信託財産を，主として有価証券に運用する信託である。

(2) 証券投資信託の信託約款には，資産運用の基本方針，投資の対象とする資産の種類，収益分配可能額の算出方法に関する事項等が定められている。

(3) 解約請求の際に徴収される信託財産留保金は，販売会社が受け入れる手数料である。

(4) 信託約款の重大な変更には，受益者の半数以上かつ当該受益者の議決権の3分の2を超える賛成による書面決議が必要である。

(5) 信託約款の重大な変更の決議において反対または棄権した受益者は，受託者に対して自己の有する受益権の買取りを請求することができる。

解答ポイント＆正解

　証券投資信託は，委託者指図型投資信託のうち，信託財産（投資信託財産）を主として有価証券に運用する信託であって，委託者非指図型投資信託ではない。したがって，(1)は誤りである。

　投信法上，信託約款（投資信託約款）に定めるべき事項として，資産運用の基本方針，投資の対象とする資産の種類，信託の元本および収益の管理および運用に関する事項（投資の対象とする資産の種類を含む。投信法4条2項6号），信託財産（投資信託財産）の評価の方法，基準および基準日に関する事項（同法4条2項7号），収益分配可能額の算出方法，信託の元本の償還および収益の分配に関する事項（同法4条2項8号）がある。したがって，(2)は正しく，これが本問の正解である。

　信託財産留保金は，証券投資信託の解約請求を行う受益者に，解約代金支払のための信託財産の換金コストを負担させるため，解約代金のうち信託約

款（投資信託約款）に定められた一定割合の金額を，信託財産（投資信託財産）に留保するものであり，販売会社が受け入れる手数料ではない。したがって，(3)は誤りである。

　証券投資信託の信託約款（投資信託約款）について，投資信託委託会社が運用方針，運用方法，運用外部委託等の重大な変更を行う場合には，受益者の書面による決議を行わなければならず，知れている受益者に書面をもって通知のうえ，議決権行使ができる受益者の議決権の3分の2以上の賛成を得ることが求められている（投信法17条8項）。したがって，(4)は誤りである。

　証券投資信託の信託約款（投資信託約款）に重大な変更を行う場合，受益者の書面による決議が行われるが，この書面による決議に反対した受益者には，受託者に対する受益権の買取請求権が認められている（投信法18条1項）。決議に棄権をした受益者には，買取請求権は認められていない。したがって，(5)は誤りである。なお，信託契約期間中に受益者が投資信託の元本の全部または一部の償還を請求した場合で，投資信託委託会社がその投資信託の一部を解約することにより，公正な価格が当該受益者に償還される投資信託であるときは，買取請求権が認められない（同法18条2項）。

正解：(2)　**正解率：57.56%**

 証券投資信託の委託者

　証券投資信託の委託者について，誤っているものは次のうちどれですか。

(1) 信託財産の運用の指図のほか，信託財産として保有する有価証券の議決権などの権利の行使の指図を行う。

(2) 運用報告書（全体版）の記載事項のうち重要な事項を記載した交付運用報告書を受益者に交付した場合，受益者が請求しないときは運用報告書（全体版）の交付を省略できる。

(3) 内閣総理大臣の登録を受けた投資運用業者でなければならない。

(4)　自らが設定するファンドの受益権の自己募集を行うためには，第二種金融商品取引業者として内閣総理大臣の登録を受けなければならない。

(5)　信託契約を締結するには，あらかじめ内閣総理大臣に届け出た信託約款に基づかなければならない。

解答ポイント＆正解

　投資信託委託会社は，信託財産（投資信託財産）の運用の指図のほか，信託財産（投資信託財産）として保有する有価証券の議決権などの権利の行使の指図を行う（投信法10条）。したがって，(1)は正しい。

　投資信託委託会社は，ファンドの決算の都度，運用報告書（全体版）と運用報告書に記載すべき事項のうち重要なものとして内閣府令で定めるものを記載した書面（交付運用報告書）との，2種類の運用報告書を作成する（投信法14条1項）。運用報告書は，知れているすべての受益者に交付しなければならない（同法14条4項）。交付運用報告書を受益者に交付したときであっても，運用報告書（全体版）を知れたる受益者に交付する義務は影響を受けない。したがって，(2)は誤りであり，これが本問の正解である。なお，信託約款（投資信託約款）で，運用報告書（全体版）に記載すべきすべての事項をホームページに掲載するなどの方法で提供することを定めた場合には，この提供により交付したものとみなされる（同法14条2項）。この場合でも，受益者から請求があれば，運用報告書（全体版）を交付しなければならない（同法14条3項）。

　投資信託委託会社は，投資運用業を行う金融商品取引業者とされている（投信法2条11項）。金融商品取引法では，投資信託委託業（投資信託受益証券の権利者から拠出を受けた金銭を，金融商品の価値等の分析にもとづく投資判断にもとづいて，主として有価証券に対する投資として運用する行為）は，投資運用業に該当し（金融商品取引法2条8項14号），金融商品取引業とされる（同法28条4項2号）。投資運用業を含む金融商品取引業は，内閣総理大臣の登録を受けた者でなければ営むことができない（同法29条）。し

たがって，(3)は正しい。

　投資信託委託会社が自ら発行する証券投資信託の受益証券についての募集または私募（いわゆる自己募集）を業として行うことは，金融商品取引法の適用対象となる（金融商品取引法2条8項7号イ）。具体的には，第二種金融商品取引業として（同法28条2項1号），内閣総理大臣の登録を受けて行わなければならない。したがって，(4)は正しい。

　投資信託委託会社は，信託契約（投資信託契約）を締結しようとするときは，あらかじめ内閣総理大臣に信託約款（投資信託約款）の内容を届け出る必要がある（投信法4条1項）。信託契約（投資信託契約）は，この信託約款（投資信託約款）にもとづいて締結される。したがって，(5)は正しい。

正解：(2)　**正解率：43.60%**

 証券投資信託の受託者

　証券投資信託の受託者について，正しいものは次のうちどれですか。

(1)　受託者となることができるのは，信託会社または信託業務を営む金融機関に限られている。

(2)　信託約款の定めにより，複数の受託者が，受託者の役割を分担することができる。

(3)　運用指図に従った有価証券の取得，処分，信託財産の管理，受益者の管理などの業務を行っている。

(4)　販売会社の期中管理手数料は，受託者が受領した信託報酬の中から支払われる。

(5)　登録金融機関であっても，自らが受託しているファンドの受益権については，募集または私募の取扱いを行うことができない。

解答ポイント＆正解

委託者指図型投資信託の信託契約については，一の投資信託委託会社を委託者とし，一の信託会社または信託業務を営む金融機関を受託者とするのでなければ締結することができないとされている（投信法3条）。証券投資信託は委託者指図型投資信託に含まれるため，証券投資信託においても，信託会社または信託業務を営む金融機関を受託者としなければならない。したがって，⑴は正しく，これが本問の正解である。

証券投資信託においても，一の信託会社または信託業務を営む金融機関を受託者としなければならない。受託者間で役割分担をする共同受託の信託契約（複数の者が受託者となる信託契約）を締結することはできない。したがって，⑵は誤りである。

証券投資信託の受託者は，①投資信託委託会社の指図にもとづく有価証券への運用（取得・処分），②信託財産の保管・管理，③信託財産の計算（投資信託委託会社とともに基準価額を計算），などの業務を行っている。しかし，受益者の管理は，委託者である投資信託委託会社から委託を受けて，販売会社が行っている。したがって，⑶は誤りである。

証券投資信託の販売会社は，投資信託委託会社から委託を受けて募集の取扱いや受益者管理を行っているため，販売会社が受領する期中管理手数料は，投資信託委託会社が収受した信託報酬から支払われる仕組みとなっている。証券投資信託の信託報酬は，信託財産の中から支払われ，投資信託委託会社と受託者との間で配分されるものであり，受託者の受領分から販売会社に支払われることはない。したがって，⑷は誤りである。

受託銀行は，登録金融機関として証券投資信託の受益権についての募集または私募の取扱いを行うことができる（金融商品取引法33条の2第4号）。登録金融機関には，募集または私募の取扱いができる証券投資信託の受益権についての制約がないため，受託銀行が自ら受託しているファンドの受益権についても募集または私募の取扱いをすることができると解されている。したがって，⑸は誤りである。

問一36 **資産流動化における信託の意義**

資産流動化において信託が利用される意義について，誤っているものは次のうちどれですか。

(1) 信託財産たる金銭債権に貸倒があった場合に備え，受託者による元本補てんの特約を付けることができる。

(2) 信託財産に対する，信託設定後の原因による委託者の債権者からの強制執行等を排除することができる。

(3) 対象資産の有する経済的な価値を受益権化して流通させることができる。

(4) 受益権を数量的に分割して投資単位を小口化することにより，投資をしやすくすることができる。

(5) 金銭債権を信託することにより組成された受益権を売却することで，当該金銭債権の期日前に，資金調達を実現できる。

解答ポイント＆正解

　信託は実績配当を原則としており，元本補てんや利益補足の特約を付けられる信託は，「運用方法の特定しない金銭信託」に限定されている（兼営法6条）。したがって，(1)は誤りであり，これが本問の正解である。

　信託財産は，独立性を有しているものとされ，信託財産責任負担債務にかかる債権を除き，委託者の債権者であっても信託財産責任負担債務にかかる債権以外の債権や信託設定後の原因による当該信託財産に対する強制執行等を行うことは禁止されている（信託法23条）。したがって，(2)は正しい。

　税務上の取扱い等に留意する必要はあるが，受益権は原則として自由な設定が可能であり，大規模な資産を対象とする場合に，受益権をそのまま投資家に販売するのではなく，幅広い投資家が投資しやすくなるよう，受益権を

数量的に分割して1口あたりの投資単位を小口化することができる。また，対象資産について信託を設定し，その受益権を譲渡すれば，対象資産を受託者が所有しているまま，その経済的な価値を受益権に転換して流通させることができる。したがって，(3)，(4)は正しい。

　金銭債権の流動化のメリットの1つとしては，金銭債権の期日まで資金化できない資産を信託として設定し，その受益権を売却すれば，当該金銭債権の期日前に新たなキャッシュ・フローを生むことができることがある。したがって，(5)は正しい。

正解：(1)　正解率：73.84%

 資産流動化の信託の対象資産　　　　

問—37

信託銀行が引き受ける**資産流動化の信託の対象資産**について，**誤っているもの**は次のうちどれですか。

(1)　個々の債務者の信用力の評価が困難な小口債権の集合体であっても，対象資産とすることができる。

(2)　外貨建ての債権を，対象資産とすることができる。

(3)　賃借権が付いた土地で，第三者への売却が困難なものを，対象資産とすることができる。

(4)　格付会社から格付を取得していない企業に対する貸付債権は，対象資産とすることができない。

(5)　流通市場における取引価格の相場のない資産を，対象資産とすることができる。

解答ポイント＆正解

　小口債権の集合体については，個々の債務者の信用力を評価することは実務上困難であるが，債権プールの過去の貸倒実績等をもとにリスクの評価を行ったうえで流動化の対象資産とすることが可能である。したがって，(1)は

正しい。

　流動化の対象となる債権は，円建ての債権に限定されることはなく，外貨建ての債権も対象とすることができる。したがって，⑵は正しい。

　すでに賃借権が付されている土地は，実務上，安定的な地代収入が上げられることや，減価償却費の負担がないこと等に着目して売買が行われており，資産流動化の対象資産となる。したがって，⑶は正しい。

　実務上，業種・信用力・規模等，その属性がさまざまな企業に対する貸付債権が対象資産となっており，格付会社から格付を取得している企業に対する貸付債権に限られない。したがって，⑷は誤りであり，これが本問の正解である。

　経済価値を合理的に見積もることができるものであれば，資産流動化の対象資産とすることができる。必ずしも流通市場で売買取引が行われるなど，売買相場としての取引価格が形成されていることを要しない。したがって，⑸は正しい。

正解：⑷　　正解率：80.81%

 問一38　金銭債権の信託

金銭債権の信託について，誤っているものは次のうちどれですか。

⑴　金銭債権の回収事務を第三者に委託する場合，委託先の信用力の確認が必要である。

⑵　金銭債権が信託財産とされた後，受託者は金銭債権に対して排他的管理権を有する。

⑶　金銭債権の価値の下落のリスクやスキーム当事者の信用リスクを回避する目的で，金銭債権に第三者による保証が付けられることがある。

⑷　委託者は，金銭債権を信託することについて，当該金銭債権の原債

務者に告知しなければ，対象資産とすることができない。
(5)　受益権を譲り受ける者は，金融機関に限定されておらず，投資家に
　　は一般企業も含まれる。

解答ポイント＆正解

　金銭債権の回収事務を第三者に委託する場合，委託先の信用事由の発生に
より金銭債権の回収に支障をきたすことがないよう，その信用力の確認が必
要である。したがって，(1)は正しい。

　金銭債権の信託では，委託者から受託者に対して売掛債権等の金銭債権が
信託譲渡された後は，受託者は信託財産である金銭債権に対して排他的管理
権を有し，受託者自らが金銭債権の管理・処分等の信託事務を処理すること
になる。したがって，(2)は正しい。

　金銭債権の価値の下落を回避する目的で，信託財産である金銭債権に第三
者による保証が付けられることがあり，これを外部信用補完措置という。し
たがって，(3)は正しい。

　原債務者に対して，金銭債権を委託者から受託したことを告知しない方式
（サイレント方式）で債権を信託譲渡する場合もある。したがって，(4)は誤
りであり，これが本問の正解である。

　金銭債権信託受益権は，金融商品取引法上の有価証券に該当する。受益権
の譲受人は金融機関等の機関投資家であることが多いが，必ずしも機関投資
家に限定されておらず，投資家には一般企業も含まれる。したがって，(5)は
正しい。

正解：(4)　正解率：80.52％

売掛債権信託　☑️⬜⬜⬜⬜

売掛債権信託の仕組みについて，誤っているものは次のうちどれですか。

(1) 信託財産である売掛債権について，通常，受益者は直接取り立てることはできない。

(2) 売掛債権信託の信託財産に生じる収益は，受益者が信託財産を保有するものとみなして課税される。

(3) 委託者は，売掛債権を買い戻し，または，他の債権と交換する義務を負う。

(4) 受益権は自由な設定が可能であり，収益分配や元本償還の順位が異なる受益権を，同じ信託の中で複数設けることが可能である。

(5) 一括支払信託は，売掛債権信託の仕組みが応用されている。

解答ポイント＆正解

　企業から受託者への売掛債権の信託によって，受託者は信託財産である売掛債権に対して排他的な管理権を取得することになる。このため，受益者が事務委任契約にもとづいて売掛債権の回収事務を受託者から委託された場合を除き，たとえ受益者であっても信託財産である売掛債権を直接取り立てることはできない。したがって，(1)は正しい。

　売掛債権信託の信託財産に生じる収益にかかる課税の取扱いは，受益者課税の原則が適用され，受益者が当該信託財産を保有するものとみなして取り扱われる。したがって，(2)は正しい。

　信託を利用した場合，委託者に対して信託財産の買戻しや交換の義務が必ず付されるわけではない。したがって，(3)は誤りであり，これが本問の正解である。

　受益権は自由な設定が可能であり，収益分配や元本償還の順位が異なる受益権を，同じ信託の中で複数設けることが可能である。したがって，(4)は正しい。

一括支払信託とは，売掛債権信託の仕組みを応用し，取引先企業への支払手形を廃止して，決済業務の効率化を図るスキームである。したがって，(5)は正しい。

正解：(3)　**正解率：75.00％**

6．動産・不動産に関する信託

 動産信託 ☑☐☐☐☐

動産信託について，正しいものは次のうちどれですか。

(1) 受託できる財産は，登記・登録制度が設けられている財産に限られない。

(2) 信託銀行は，動産信託契約につき利益補足の特約を付けることはできないが，元本補てんの特約を付けることはできる。

(3) 信託財産に生じた収益は，発生時に受託者の収益金として課税される。

(4) 信託財産であることを第三者に対抗するためには，その旨を表示する標識等を信託財産に取り付けなければならない。

(5) 受益権は，数量的に分割して譲渡することができない。

解答ポイント＆正解

　動産信託として受託できる財産について，「業務の種類及び方法書」に記載する動産の種類などの細目には法令上，特段の制限はなく，登記・登録制度が設けられている財産に限られない。したがって，(1)は正しく，これが本問の正解である。

　信託銀行が元本補てん特約や利益補足の特約を付すことができるのは，「運用方法の特定しない金銭信託」に限られるため（兼営法6条），動産信託にこの特約を付すことはできない。したがって，(2)は誤りである。

　信託財産に生じた収益は，受託者に対しては課税されず，発生時に実質的な所有者である受益者の収益金とみなして課税される。したがって，(3)は誤りである。

　登記・登録制度のない動産が信託財産である場合には，信託財産であることを表示したプレート等の標識を取り付けることがあるが，これは専ら第三

者によって当該動産が善意取得（民法192条）されることを防止するためであり，第三者に信託財産であることを対抗するためのものではない。したがって，(4)は誤りである。

　動産信託の受益権を分割して不特定多数の投資家に販売することは行われていないが，数量的に分割して特定かつ複数の投資家（年金基金等）に譲渡することは可能であり，実務でも行われている。したがって，(5)は誤りである。

正解：(1)　正解率：71.51%

 問―41　土地信託の仕組み

　　　　　　土地信託の仕組みについて，正しいものは次のうちどれですか。

(1)　信託不動産にかかる固定資産税の納税義務者は，実質的な所有者である受益者である。

(2)　受益者である法人は，法人としての会計処理において，信託建物の減価償却費を計上することができない。

(3)　建築された建物の管理や賃貸運営は受託者が行うが，その事務処理については専門の管理会社に委託することができる。

(4)　信託した土地上に建築された建物は，信託の登記をすることで信託財産に帰属する。

(5)　受益権が譲渡されたことを第三者に対抗するためには，不動産登記法にもとづき受益者の変更を登記する必要がある。

解答ポイント＆正解

　土地信託における土地・建物にかかる固定資産税は，所得税や法人税等における実質課税主義がとられておらず，また，動産設備信託におけるような固定資産税の特例もないため，その納税義務者は信託不動産の名義上の所有

者である受託者となる。したがって，(1)は誤りである。

　受益者である法人は，法人としての会計処理において，信託建物の減価償却を行うことができる。したがって，(2)は誤りである。

　土地信託において，受託者は，受益者のために建物の建築・管理，賃貸運営等の事業を遂行するが，実務上，テナントの募集やテナントの賃貸借契約の管理等を外部の専門家に委託するケースがある。このような信託業務の一部の第三者への委託は，信託法および信託業法において，一定の要件を満たすことを前提に認められている（信託法28条，信託業法22条）。したがって，(3)は正しく，これが本問の正解である。

　信託法16条は，「信託財産に属する財産の管理，処分，滅失，損傷その他の事由により受託者が得た財産」は，信託財産に属すると規定し，信託財産の物上代位性について定めている。信託した土地上に受託者が建築した建物は，信託の登記がない場合でも当然に信託財産に帰属する。したがって，(4)は誤りである。

　不動産所有権の第三者対抗要件は不動産登記であるが，受益権の譲渡は民法上の債権譲渡と同様の方法がとられる。土地信託における信託受益権の譲渡の第三者対抗要件は，受託者への通知または受託者の承諾（いずれも確定日付による）である（信託法94条）。したがって，(5)は誤りである。

正解：(3)　**正解率：63.08％**

 問－42　**不動産管理処分信託の仕組み**　

不動産管理処分信託の仕組みについて，正しいものは次のうちどれですか。

(1)　受益権が譲渡された場合は，受益権譲渡時に新受益者に不動産取得税が課される。

(2)　受益権の売買について，金融商品取引法は適用されない。

(3)　不動産投資信託（J-REIT）において利用される場合は，委託者に

よる信用補完措置を講じなければならない。

(4) 委託者が信託財産を保有するものとみなして課税される。

(5) 受託者は，信託期間中に不動産の管理を行うとともに，その不動産から生じる賃貸料から経費等を差し引いた額を信託収益計算期ごとに受益者に収益金として交付する。

解答ポイント＆正解

受益権が譲渡された場合，通常，信託終了時には委託者以外の受益者に不動産が交付されることとなるが，不動産取得税が課されるのは，受益権の譲渡時ではなく，委託者以外の受益者に不動産が交付された時点である。したがって，(1)は誤りである。

受益権は，金融商品取引法上の有価証券とされており，不動産管理処分信託の受益権の譲渡については金融商品取引法の適用がある。したがって，(2)は誤りである。

不動産投資信託（J-REIT）において，不動産管理処分信託受益権が投資対象となることがある。J-REITでの不動産管理処分信託受益権への投資は，現物不動産の代替として行われており，委託者による信用補完措置を講じる必要はない。したがって，(3)は誤りである。

不動産管理処分信託では，信託財産の名義は受託者となるが，税法上は受益者が信託財産を保有するものとみなして課税される。したがって，(4)は誤りである。

不動産管理処分信託の受託者は，信託期間中に不動産の管理を行うとともに，その不動産から生じる賃貸料から経費等を差し引いた額を信託収益の計算期ごとに受益者に収益金として交付する。したがって，(5)は正しく，これが本問の正解である。

正解：(5)　正解率：76.74%

問—43　不動産の信託の税制上の取扱い ☑☐☐☐☐

土地信託にかかる税制上の取扱いについて，**誤っているもの**は次のうちどれですか。

(1) 受益者の課税所得の額は，受益者が交付を受ける信託配当の額と一致する。

(2) 信託期間中，受益権が譲渡された場合，所得税法または法人税法上，信託財産の各構成物が一括して譲渡されたものとして取り扱われる。

(3) 受益権が譲渡された場合において，信託終了時に受益権の譲受人が信託財産である土地・建物の交付を受けるときは，その時点で当該譲受人に不動産取得税が課される。

(4) 委託者から受託者に信託の設定のために土地の所有権を移転する場合，所有権移転にかかる登録免許税は課されない。

(5) 信託財産である土地上に受託者が建物を建築した場合，新築建物にかかる不動産取得税は受託者に課される。

解答ポイント＆正解

　信託建物にかかる減価償却費は，受益者の課税所得の計算において，費用として認められるが，信託配当の計算においては，現金の支出を伴わないことから支出項目とされていないため，信託配当の額は必ずしも受益者の課税所得とは一致しない。したがって，(1)は誤りであり，これが本問の正解である。

　土地信託は，受益者自らが信託財産そのものを所有しているとみなして，課税の扱いがなされ，受益権が譲渡された場合には，信託財産の各構成物が一括して譲渡されたものとして取り扱われる。したがって，(2)は正しい。

　信託終了時において信託財産である土地または建物が受益者に交付される場面では，当該受益者が信託引受の当初から信託終了時まで継続して元本受益者であったかどうかで不動産取得税の取扱いが異なる。信託期間中に受益

権が譲渡された場合で，当該譲受人が信託終了時に信託財産である土地または建物の交付を受けたときは，当該譲受人に不動産取得税が課される。したがって，(3)は正しい。

委託者から受託者に土地を信託譲渡する際，所有権の移転にかかる登録免許税は非課税とされる（登録免許税法7条）。したがって，(4)は正しい。

信託の設定または終了において，委託者と受託者との間で土地・建物が移転する場合には形式的な所有権の移転として不動産取得税は非課税とされるが（地方税法73条の7），信託土地上に受託者が建物を建築して取得する場合にはこのような特例の適用がないため，新築建物にかかる不動産取得税は受託者に課される。したがって，(5)は正しい。

正解：(1)　**正解率：63.95%**

7．その他の信託・併営業務

 問―44　公益信託の特色 ☑☐☐☐☐

公益信託の特色について，正しいものは次のうちどれですか。

(1) 公益信託の終了時において，帰属権利者がその権利を放棄したときは，主務官庁は，類似の目的のために信託を継続させることはできない。

(2) 公益信託の存続期間は，20年を超えて設定することができない。

(3) 公益信託については，信託の変更をすることができない。

(4) 受給者の存する範囲が1つの都道府県の区域内に限られる公益信託については，一定のものを除いて，当該都道府県の知事が主務官庁の権限に属する事務を行う。

(5) 遺言をする方法によって，公益信託を設定することはできない。

▶ 解答ポイント＆正解

　公益信託の終了時において，残余財産について帰属権利者の指定に関する定めがないとき，または帰属権利者がその権利を放棄したときは，主務官庁が，信託の本旨に従って，類似の目的のために信託を継続させることができる（公益信託法9条）。したがって，(1)は誤りである。

　信託法上，受益者の定めのない信託の存続期間は20年を超えることができないが（信託法259条），公益信託法によって，公益信託の存続期間についてはこの規定の適用が排除されており，存続期間に関して制約はない（公益信託法2条2項）。したがって，(2)は誤りである。

　公益信託では，主務官庁の許可を条件として，信託の変更をすることができる（公益信託法6条）。したがって，(3)は誤りである。

　公益信託法1条に規定する公益信託であって，その受益の範囲が1つの都道府県の区域内に限られるものに対する主務官庁の権限に属する事務は，教

育委員会が行うものを除き，当該都道府県の知事が行うものとされている（公益信託に係る主務官庁の権限に属する事務の処理等に関する政令1条1項）。したがって，(4)は正しく，これが本問の正解である。

受益者の定めのない信託は，信託契約による方法（信託法3条1項）または遺言による方法（同法3条2項）によって設定することができる（同法258条1項）。公益信託は，受益者の定めのない信託に分類されることから，遺言による方法によって設定することができる。したがって，(5)は誤りである。

正解：(4) **正解率：63.08%**

 特定公益信託

　　特定公益信託について，正しいものは次のうちどれですか。

(1) 法人が特定公益信託の信託財産とするために支出した金銭は寄附金として扱われ，一般の寄附金とは別枠の損金算入限度額の範囲で損金算入が認められる。

(2) 信託管理人に対して，信託財産から報酬を支払うことはできない。

(3) 信託終了の場合において，信託財産は委託者またはその相続人に帰属することがある。

(4) 信託目的に応じて運営委員会の設置がされる場合とされない場合がある。

(5) 受託者が信託財産として受け入れることができる財産は，金銭に限られている。

解答ポイント＆正解

　法人が，特定公益信託の信託財産とするために支出した金銭は，寄附金の額とみなされ，事業年度における所得金額の計算上，一般の寄附金の損金算入限度額の範囲内で損金算入が認められる（法人税法37条1項・6項）。し

たがって，(1)は誤りである。

特定公益信託の信託管理人および学識経験を有する者に対して，その任務の遂行のために通常必要な費用の額を超えないものであれば，その信託財産から報酬を支払うことができる（所得税法施行令217条の2第1項7号，法人税法施行令77条の4第1項7号，租税特別措置法施行令40条の4第1項7号）。したがって，(2)は誤りである。

特定公益信託では，信託終了の場合において，その信託財産が国もしくは地方公共団体に帰属し，または当該公益信託が類似の目的のための公益信託として継続するものであることが要件となっている（所得税法施行令217条の2第1項1号，法人税法施行令77条の4第1項1号，租税特別措置法施行令40条の4第1項1号）。したがって，(3)は誤りである。

信託管理人は，受託者を監督し，重要な事項について受託者に承認を与える。一方，運営委員会は，学識経験者等によって構成されており，助成先を推薦するほか，重要事項について受託者に助言・勧告を行う。特定公益信託では，税法にもとづき信託管理人および運営委員会を設置することが義務づけられている（所得税法施行令217条の2第1項5号・6号，法人税法施行令77条の4第1項5号・6号，租税特別措置法施行令40条の4第1項5号・6号）。したがって，(4)は誤りである。

特定公益信託では，受託者が信託財産として受け入れることができる資産は金銭に限られるものとされている（所得税法施行令217条の2第1項3号，法人税法施行令77条の4第1項3号，租税特別措置法施行令40条の4第1項3号）。したがって，(5)は正しく，これが本問の正解である。

正解：(5) **正解率：27.91%**

問-46 遺言信託　

遺言により設定される信託（遺言信託）の法律上の説明について，誤っているものは次のうちどれですか。

(1)　遺言信託により受益者となる者は，相続税法上，信託に関する権利を遺言者から遺贈によって取得したものとみなされる。

(2)　遺留分権利者の遺留分を害する遺言信託は，これにより当然には無効とならない。

(3)　遺言信託は，遺言者の死亡によってその効力が生じる。

(4)　遺言に受託者の指定に関する定めがないときは，利害関係人の申立てにより，裁判所が受託者を選任することができる。

(5)　遺言で受託者となるべき者として指定された者が，信託の引受をするかどうかの催告に対して委託者の相続人に確答しなかったときは，信託の引受をしたものとみなされる。

解答ポイント＆正解

　他益信託が設定された場合に，個人が受益者となるときは，信託の効力が生じた時において，信託に関する権利を委託者から贈与によって取得したものとみなされるが，委託者の死亡に起因して信託の効力が生じた場合には，相続税法上，遺贈によって取得したものとみなされる（相続税法9条の2第1項）。したがって，(1)は正しい。

　遺言者は，包括または特定の名義で，その財産の全部または一部を処分することができる（民法964条）。遺言信託も遺留分に関する規定の適用を受け，遺留分権利者の遺留分を害するときは侵害額の請求を受けることになるが，遺言信託が当然に無効となるのではない。したがって，(2)は正しい。

　遺言信託は，遺言の効力の発生によってその効力を生じ（信託法4条2項），遺言は遺言者の死亡の時からその効力が生じるため（民法985条1項），遺言信託も遺言者の死亡によってその効力が生じる。したがって，(3)は正しい。

遺言によって信託が設定された場合において，その遺言に受託者の指定に関する定めがないときは，利害関係人の申立てにより，裁判所が受託者を選任することができる（信託法 6 条 1 項）。したがって，(4)は正しい。

遺言に受託者となるべき者を指定する定めがあるときは，利害関係人は，受託者となるべき者として指定された者に対し，相当の期間を定めて，その期間内に信託の引受をするかどうか確答すべき旨を催告することができる（信託法 5 条 1 項）。この催告があった場合において，受託者となるべき者として指定された者が，相当の期間内に委託者の相続人に対して確答しないときは，信託の引受をしなかったものとみなされる（同法 5 条 2 項）。したがって，(5)は誤りであり，これが本問の正解である。

正解：(5) **正解率：66.28%**

 問一47 **特定贈与信託（特定障害者扶養信託）**

特定贈与信託（特定障害者扶養信託）について，正しいものは次のうちどれですか。

(1) 信託の引受に際して，受託者は，障害者非課税信託申告書を受益者の納税地の所轄税務署長に提出しなければならない。

(2) 委託者の承諾を得れば，信託受益権を譲渡し，または担保に供することができる。

(3) 複数の信託銀行で，同時に同一の特定障害者を受益者として信託を設定することができる。

(4) 信託契約は，取消または合意により終了することができる。

(5) 信託期間については，委託者の希望する任意の期間を定めることができる。

▶ **解答ポイント＆正解**

特定贈与信託の引受に際しては，特定障害者を受益者として，法令に定め

る要件を充足した信託契約を締結し，障害者非課税信託申告書を受益者の納税地の所轄税務署長に提出する必要がある（相続税法21条の4第1項）。したがって，(1)は正しく，これが本問の正解である。

　特定贈与信託の契約要件の1つとして，信託受益権について，譲渡にかかる契約を締結し，またはこれを担保に供することができない旨の定めがあることとされている（相続税法21条の4第2項，同法施行令4条の12第5号）。したがって，(2)は誤りである。

　障害者非課税信託申告書には，受託者の営業所等のうちいずれか1つに限り記載することができ，すでに障害者非課税信託申告書を提出している場合には，同一の営業所等で新たに特定障害者扶養信託を設定する場合等を除き，他の障害者非課税信託申告書は提出することができないとされている（相続税法21条の4第3項）。したがって，複数の信託銀行で，同時に同一の特定障害者を受益者として信託を設定することはできず，(3)は誤りである。

　特定贈与信託の契約要件の1つとして，取消しまたは合意による終了ができない旨の定めがあることとされている（相続税法21条の4第2項，同法施行令4条の12第2号）。したがって，(4)は誤りである。

　特定贈与信託は，受益者である特定障害者の死亡の日に終了することとされており，あらかじめ信託期間を定めることはできない。したがって，(5)は誤りである。

正解：(1)　正解率：70.93%

 遺言執行業務

　信託銀行が営む**遺言執行業務**について，誤っているものは次のうちどれですか。

(1)　信託銀行は，遺言執行業務の過程において，相続人間の紛争の仲裁をすることはできない。

(2)　遺言執行者である信託銀行が取り扱うことができるのは，財産に関

する遺言の執行に限られる。

(3) 信託銀行が他の者とともに遺言執行者となる場合には，遺言者がその遺言に別段の意思表示をしていない限り，保存行為以外の任務の執行は遺言執行者の過半数で決する。

(4) 遺言執行者は，相続財産の管理その他遺言の執行に必要な一切の行為をすることができる。

(5) 遺言執行者がいる場合であっても，相続人は，自身が承継する財産については遺言の執行を待たずに処分することができる。

解答ポイント＆正解

弁護士または弁護士法人でない者は，報酬を得る目的で法律事件に関して鑑定，代理，仲裁もしくは和解その他の法律事務を取り扱うことが禁止されている（弁護士法72条）。したがって，(1)は正しい。

遺言は，嫡出でない子の認知や後見人あるいは後見監督人の指定などの身分に関するものと，相続分の指定や遺贈などの財産に関するものに分類される。このうち，信託銀行が取り扱うことができるのは，財産に関する遺言の執行に限られている（兼営法1条1項4号）。したがって，(2)は正しい。

遺言執行者が数人ある場合には，遺言者がその遺言に別段の意思表示をしていない限り，その任務の執行は遺言執行者の過半数で決するのが原則である（民法1017条1項）。したがって，(3)は正しい。なお，保存行為については各遺言執行者がすることができる（同法1017条2項）。

遺言執行者は，相続財産の管理その他遺言の執行に必要な一切の行為をする権利・義務を有する（民法1012条1項）。したがって，(4)は正しい。

遺言執行者は，相続財産の管理その他遺言の執行に必要な一切の行為をする権利・義務を有しており（民法1012条1項），遺言執行者がいる場合には，相続人は，相続財産の処分その他遺言の執行を妨げる行為をすることができない（同法1013条）。すなわち，遺言執行者は相続財産について排他的な管理権を有している。したがって，(5)は誤りであり，これが本問の正解である。

正解：(5)　正解率：71.51%

 問一49 **不動産業務**

信託銀行が営む不動産業務について，誤っているものは次のうちどれですか。

(1) 信託銀行は，不動産の仲介業務に関して，仲介を行う不動産の買主に対し，手付について貸付をすることにより契約の締結を誘引する行為をしてはならない。

(2) 信託銀行は，宅地建物取引業法を根拠として，不動産コンサルティング業務を営んでいる。

(3) 不動産の鑑定評価業務を営むにあたって，信託銀行は，国土交通省に備える不動産鑑定業者登録簿への登録を受けなければならない。

(4) 不動産の仲介業務において，信託銀行は，その事務所ごとに国土交通大臣が定めた報酬の額を掲示しなければならない。

(5) 信託銀行は，自らが事業主となって，自己の勘定において宅地の取得や分譲を行うことはできない。

解答ポイント＆正解

　宅地建物取引業者（信託銀行）は，その業務に関して，宅地建物取引業者（信託銀行）の相手方等に対し，手付について信用の供与をすることにより，契約の締結を誘引する行為をしてはならない（宅建業法47条3号）。したがって，(1)は正しい。

　信託銀行は，不動産の仲介業務，鑑定評価業務，不動産信託など多岐にわたる不動産業務に取り組んでいるが，これらの業務に関するノウハウを活用して不動産のコンサルティング業務も営んでいる。不動産コンサルティング業務は，兼営法上の「財産の管理」に関する代理事務に該当する（兼営法1条1項7号イ）。したがって，(2)は誤りであり，これが本問の正解である。

信託銀行が不動産の鑑定評価業務を営むためには，国土交通省に備える不動産鑑定業者登録簿に登録を受けなければならない（不動産の鑑定評価に関する法律22条1項）。したがって，(3)は正しい。

宅地建物取引業者が宅地または建物の売買，交換または貸借の代理または媒介に関して受けることのできる報酬の額は，国土交通大臣によって定められており（宅建業法46条1項），宅地建物取引業者は，その事務所ごとに，国土交通大臣が定めた報酬の額を掲示しなければならない（同法46条4項）。したがって，(4)は正しい。

分譲業務とは，デベロッパーが行う宅地・戸建住宅・マンション等の分譲事業の遂行について，信託銀行がその一部の業務について協力・分担する業務をいう。信託銀行は，自らが事業主となって，自己の勘定において分譲業務を行うことはできない。したがって，(5)は正しい。

正解：(2)　正解率：69.19％

 問―50　証券代行業務

信託銀行が営む証券代行業務について，誤っているものは次のうちどれですか。

(1) 個別株主通知は，少数株主権等を行使しようとする者が，自らが株主であることを発行会社以外の第三者に対抗するための特例制度である。

(2) 株主名簿管理人は，株主総会招集通知の発送や議決権行使書の集計など株主総会に関連する事務についても，会社から委託を受けて取り扱うことができる。

(3) 株主は，あらかじめ証券会社等の口座管理機関に対して指定した同一の預金口座で，保有するすべての銘柄の配当金を受領することができる。

(4) 振替株式についての権利の帰属は，振替口座簿の記載または記録に

よって定まる。

(5) 株主が株主名簿の閲覧を請求するためには，会社に個別株主通知が到達した日の翌日から起算して4週間以内に請求しなければならない。

解答ポイント＆正解

株主権のうち，会社法124条1項の基準日により定まる権利以外の権利を少数株主権等といい（社債，株式等振替法147条4項），株主が少数株主権等を行使するときには，口座を開設している証券会社等の口座管理機関に個別株主通知の申出をしなければならない（同法154条3項・4項）。個別株主通知は，株主が少数株主権等を行使するときの会社に対する対抗要件であり，株主名簿の記載または記録を会社に対する対抗要件と定めた会社法130条の特例制度である。したがって，発行会社以外の第三者に対する対抗要件ではなく，(1)は誤りであり，これが本問の正解である。

株主名簿管理人は，株主名簿管理人委託契約にもとづき，株主総会招集通知の発送や議決権行使書の集計など株主総会関係事務についても，会社から委託を受けて取り扱っている。したがって，(2)は正しい。

振替制度において，株主が配当金を受領する方法として，配当金領収証により，ゆうちょ銀行等で受け取る方法（配当金領収証方式），銘柄ごとにあらかじめ指定した金融機関の口座で受け取る方法（個別銘柄指定方式），すべての銘柄についてあらかじめ指定した金融機関の口座で受け取る方法（登録配当金受領口座方式），振替口座を開設している口座管理機関で振替口座簿に記録された振替株式の数に応じた配当金を受け取る方法（株式数比例配分方式）がある。株主は，あらかじめ証券会社等の口座管理機関に対して指定した同一の預金口座で，保有するすべての銘柄の配当金を受領することができる（登録配当金受領口座方式）。したがって，(3)は正しい。

会社法上，株主名簿への記載または記録が発行会社への対抗要件であると同時に，第三者への対抗要件となっている（同法130条1項）。しかしながら，株券を発行する旨の定款の定めがない会社の株式（譲渡制限株式を除

　少数株主権等（社債，株式等振替法147条4項）とは，基準日を定めて行使される権利（株主総会における議決権や配当請求権など）以外の権利をいう。少数株主権等を行使しようとする株主は，自らが株主であることを振替株式の発行会社に対抗するため，自らの振替口座を開設している口座管理機関（証券会社等）に個別株主通知の申出をし，発行会社に個別株主通知がされた後4週間が経過する日までの間に権利を行使しなければならない（同法154条2項，同法施行令40条）。株主名簿の閲覧謄写請求権（会社法125条2項）も，この少数株主権等に該当するため，株主名簿の閲覧を請求しようとする株主は，請求に際して，自らの振替口座を開設している口座管理機関に個別株主通知の申出をしたうえ，会社に個別株主通知が到達した日の翌日から起算して4週間以内に請求しなければならない。したがって，(5)は正しい。

正解：(1)　　**正解率：41.86%**

※問題および各問題についての解答ポイント・正解は，原則として試験実施日におけるものです。

※問題文中の「信託銀行」は，当該設問にかかる信託業務または併営業務を営むことが認められている金融機関を総称するものとします。

1. 信託の基礎

問一1 **信託に関連する法律**

信託に関連する法律について，誤っているものは次のうちどれですか。

(1) 2004（平成16）年の信託業法の改正は，銀行の信託業務への参入を容易にすること等を内容とする。

(2) 自己信託についても，一定の場合には信託業法が適用される。

(3) 金融商品取引法の行為規制は，信託業法や兼営法で投資性の強い信託の契約締結を行う場合に準用されている。

(4) 信託の受益権は，有価証券とみなされて金融商品取引法が適用される。

(5) 銀行は，兼営法にもとづいてのみ信託業務を営むことができる。

解答ポイント＆正解

　2004（平成16）年に改正された信託業法は，業者の規制法であるが，信託業の担い手を拡大することと受託可能財産の拡大が改正の主なポイントであった。したがって，(1)は誤りであり，これが本問の正解である。

　自己信託についても，受益者の数が50人以上となる場合など，一定の場合には，受託者は信託業法で登録を要するなどの規制対象となる（信託業法50条の2）。したがって，(2)は正しい。

　信託のうち，特定信託契約（金利，通貨の価格，金融商品市場における相場その他の指標にかかる変動により信託の元本について損失が生ずるおそれがある信託契約）は，有価証券と類似したリスクをもつ金融商品であるため，その引受には，金融商品取引法の行為規制が信託業法や兼営法で準用される（信託業法24条の2，同施行規則30条の2，兼営法2条の2）。したがって，(3)は正しい。

金融商品取引法は，有価証券の発行と金融商品等の取引を公正にすることを目的の一つとしている。信託の受益権もその目的の対象であるため，有価証券とみなされて金融商品取引法が適用される（金融商品取引法2条2項1号）。したがって，(4)は正しい。

銀行は，銀行法によって法律で定められた業務以外の業務を営むことは禁止されている。兼営法は，銀行その他の金融機関が信託業務を営むために制定されている法律である。そのため，信託銀行は，銀行法と兼営法を信託業務を行うための根拠法としている（兼営法1条）。そのうえで，信託銀行は兼営法が準用する信託業法の定めに従うことになる。したがって，(5)は正しい。

正解：(1)　**正解率：24.51%**

 信託の種類

信託の種類について，誤っているものは次のうちどれですか。

(1)　受益証券発行信託とは，信託行為に受益権を表示する証券を発行する定めのある信託である。

(2)　自己信託は，委託者が自ら受託者となって，公正証書その他の書面または電磁的記録によって設定する。

(3)　限定責任信託とは，信託財産責任負担債務のすべてについて，信託財産のみで履行する責任を負う信託で，信託行為の定めとその登記によって効力が生ずるものである。

(4)　目的信託とは，受益者の定めのない信託のことをいう。

(5)　金銭の信託とは，信託の引受のときの財産の種類が金銭で，信託の終了時にも受益者に信託財産を金銭で交付する信託のことをいう。

▷ **解答ポイント＆正解**

受益証券発行信託とは，信託行為に受益権を表示する証券を発行する定め

のある信託（信託法185条）であり，受益権を有価証券として流通させることができるものである。したがって，(1)は正しい。

　自己信託は，委託者が自ら受託者となって，自らの財産を信託財産とすることができるが，公正証書その他の書面または電磁的記録によって設定しなければならない（信託法3条3号）。したがって，(2)は正しい。

　信託の原則では，受託者が信託事務処理により負担する債務は，信託財産と受託者の固有財産の双方の負担により履行する責任を負うため，受託者が信託債権者と責任財産限定特約を個別に締結することにより，初めて受託者は固有財産での履行責任を免れることができる。その例外である限定責任信託は，信託財産責任負担債務のすべてについて信託財産のみで履行する責任を負うが，信託行為にそのような定めをしたうえで，それを登記することによって限定責任信託としての効力が生ずる（信託法216条）。したがって，(3)は正しい。

　目的信託とは，受益者の定めのない信託のことをいう。目的信託では，受益者が存在しないため，受託者は信託目的の達成に対して忠実義務を負うことや，信託を変更して受益者を定めることができないことなどが定められている（信託法258条以下）。したがって，(4)は正しい。

　信託の引受のときの財産の種類が金銭であるものを金銭の信託という。信託の引受のときの財産の種類が金銭で，信託の終了時にも受益者に信託財産を金銭で交付するものは金銭信託という。したがって，(5)は誤りであり，これが本問の正解である。

正解：(5)　正解率：24.37%

 問一3　財産管理制度としての信託

　財産管理制度としての信託について，正しいものは次のうちどれですか。

（1）　法令上，ある財産権の享有が認められていない者に，その財産権を

有するのと同一の利益を享受させることが，信託の設定により可能となる。

(2) 信託財産の瑕疵により第三者に損害を与えた場合，受託者は，第三者に対して責任を負わない。

(3) 信託は，受託者が死亡すれば終了する。

(4) 信託財産の管理・処分のために，受託者が訴訟を提起することは認められている。

(5) 受託者は，受益者の指示がない場合は，信託財産を管理処分する義務を負わない。

解答ポイント＆正解

法令上ある財産権の享有が認められていない者にその財産権を享有するのと同一の利益を享受させることを目的として，信託を設定することはできない（信託法9条）。脱法目的で信託を利用することはできないという趣旨である。したがって，(1)は誤りである。

信託財産の瑕疵により第三者に損害を与える場合の例としては，信託財産の所有者としての工作物責任や信託財産の売却についての契約不適合責任などがあるが，第三者に対して責任を負うのは当事者である受託者であり，委託者や受益者ではない。したがって，(2)は誤りである。

信託は，受託者が死亡しても終了せず，新たな受託者を選任することになる。他の財産管理制度との比較では，委任は受任者の死亡により終了するから，これは信託の特徴であるといえる。したがって，(3)は誤りである。

受託者に訴訟をさせることを主たる目的として，信託を設定することはできない（信託法10条）。しかし，信託財産の管理・処分のために必要な訴訟を受託者が提起することは禁止されておらず，むしろ受託者が行わなければならない義務である。したがって，(4)は正しく，これが本問の正解である。

受託者は，信託の本旨に従って信託事務を処理する義務を負う（信託法29条1項）ため，信託行為の別段の定めにより受益者の指示によることとされていない限り，信託財産の管理・処分については，受託者が裁量をもって行

うのが原則である。したがって，(5)は誤りである。

正解：(4) 正解率：77.72%

 問—4 **受託者の信託事務処理**

受託者の信託事務処理について，誤っているものは次のうちどれですか。

(1) 受託者は，信託事務処理によって自己に過失なく損害を受けた場合，信託財産からその賠償を受けることができる。

(2) 受託者は，信託事務の処理の状況について求めに応じて報告する義務を受益者に対して負うのであって，委託者に対しては負わない。

(3) 受託者は，信託事務処理の際に自己の義務違反で信託財産に損失を与えた場合は，信託財産を補てんする責任がある。

(4) 受託者は，信託財産について通常の取引の条件と異なっていて，信託財産に損害を与える条件での取引を行ってはならない。

(5) 受託者は，信託事務処理に必要な費用を信託財産から支払うことができるが，信託財産に金銭がない場合は，信託目的の達成に影響のない範囲で信託財産を換価処分して支払うことができる。

解答ポイント＆正解

受託者は，信託事務処理によって，自己に過失なく損害を受けた場合には，信託財産からその賠償を受けることができる（信託法53条）。したがって，(1)は正しい。なお，受益者から賠償を受けることはできない。

受託者は，信託事務の処理の状況等につき，委託者または受益者の求めに応じて説明をする義務がある（信託法36条）。したがって，(2)は誤りであり，これが本問の正解である。

受託者は，信託事務処理の際に自己の義務違反で信託財産に損失を与えた場合には，信託財産を補てんする責任がある（信託法40条）。したがって，

(3)は正しい。

　受託者は，信託事務処理を行う際に善管注意義務を負っている。このため，通常の取引の条件と異なり，その信託財産に損害を与える条件での取引を，受託者の裁量で行ってはならない（信託業法29条はこれを確認的に定めている）。したがって，(4)は正しい。

　受託者は，信託事務処理に必要な費用を信託財産から支払うことができる。そして，信託財産に現金がない場合は，信託目的の達成に影響のない範囲で信託財産を換価処分して支払うことができる（信託法49条2項）。したがって，(5)は正しい。

正解：(2)　正解率：72.01%

問－5　**受託者の忠実義務**

受託者の忠実義務について，正しいものは次のうちどれですか。

(1) 忠実義務とは，受託者は委託者および受益者のために忠実に信託事務処理その他の行為をしなければならないことをいう。

(2) 同一の受託者が引き受けている信託財産の間の取引は，信託行為にそれを認める定めがあっても許容されない。

(3) 信託財産に属する債権のために，受託者が引き受けている他の信託の信託財産に担保権を設定することは，受託者に禁止される利益相反行為である。

(4) 受託者が信託事務処理として行うことができない行為を，受託者の固有財産または受託者の利害関係人の計算ですることは，競合行為と呼ばれ，忠実義務により制限される。

(5) 受託者の固有財産と信託財産との間の取引は自己取引と呼ばれ，忠実義務違反の代表例として禁止されており，信託行為に自己取引を認める定めがあっても許容されない。

忠実義務とは，受託者は受益者のために忠実に，信託事務処理その他の行為をしなければならないことをいう（信託法30条，信託業法28条1項）。忠実義務の対象は受益者であって委託者ではない。したがって，(1)は誤りである。

受託者の固有財産と信託財産との間の取引や同一の受託者が受託している信託財産の間の取引は，忠実義務違反の代表例として禁止されている（信託法31条1項1号・2号，信託業法29条2項）が，信託契約にそれらの取引を認める定めをおくなどの法定の事項を満たせば許容される。したがって，(2)，(5)は誤りである。

受託者が受託した信託財産に担保権を設定することを，受託者の固有財産や他の信託の信託財産の債務のために行うことは，受託者に禁止されている利益相反行為に該当する（信託法31条1項4号）。したがって，(3)は正しく，これが本問の正解である。

受託者が信託事務処理として行うことができる行為を，受託者の固有財産または受託者の利害関係人の計算ですることは，競合行為と呼ばれる。信託事務処理として行わないことが受益者の利益に反する場合には，その行為を認める信託行為の定めや重要な事実を開示したうえでの受益者の承諾がない限り，行ってはならない（信託法32条1項）。これも忠実義務による制限である。したがって，(4)は誤りである。

正解：(3)　**正解率：20.75%**

問―6 信託事務処理の委託

信託事務処理の委託に関する以下の文章の空欄①〜③に入る語句の組合せとして，正しいものは次のうちどれですか。

受託者は，信託事務処理を遂行する義務を負うが，分業化・専門化が著しく進んだ現代社会においては，信託事務のすべてを受託者が自ら処理することは前提とすることはできない。そのため，信託法において，受託者は，信託行為に信託事務処理を委託することについて定めている場合のほかに，信託行為に委託できるという定めがなくても（　①　）信託事務処理を委託することが相当な場合や，信託行為に委託してはならないという定めがあっても信託の目的に照らして委託することがやむを得ない場合には，信託事務処理を委託することができる。また，信託行為により指名された委託先や信託行為の定めに従って委託者または受益者により指名された委託先でない場合には，信託の目的に照らして適切な者に委託しなければならず，（　②　）と定められている。

信託会社・信託銀行が信託事務処理の委託をする場合には，信託業法（信託銀行では兼営法により準用）は，「信託業務の一部を委託すること及びその信託業務の委託先（委託先が確定していない場合は，委託先の選定に係る基準及び手続）が信託行為において明らかにされていること」を求めている。ただし，「信託財産の保存行為に係る業務，信託財産の性質を変えない範囲内においてその利用又は改良を目的とする業務」等を委託する場合には，信託行為に記載しなくてもよいこととされている。そのうえで，信託業法は，信託事務処理の委託先が，その事務処理によって（　③　）に損害を与えた場合は，信託銀行が原則として損害賠償義務を負うと定めている。

(1)　①信託の目的に照らして，②委託先の行為に対して受託者が行った

右側欄外：
2022年（第152回）

場合と同様の責任を負う，③信託財産

(2)　①信託の目的に照らして，②信託の目的の達成のために必要かつ適切な監督を行わなければならない，③受益者

(3)　①信託の目的に照らして，②委託先の行為に対して受託者が行った場合と同様の責任を負う，③受益者

(4)　①受益者の承諾を得て，②委託先の行為に対して受託者が行った場合と同様の責任を負う，③信託財産

(5)　①受益者の承諾を得て，②信託の目的の達成のために必要かつ適切な監督を行わなければならない，③受益者

解答ポイント＆正解

　信託法は，受託者が自ら信託事務処理をすることを一応の前提としつつも，信託事務処理のすべてを自ら行うことは現実的でないとして，ⓐ信託行為に信託事務処理を委託することまたは委託できることについて定めている場合，ⓑ信託行為に委託できるという定めがないが信託の目的に照らして信託事務処理を委託することが相当な場合，またはⓒ信託行為に委託してはならないという定めがあるが，信託の目的に照らして委託することがやむをえない場合には，信託事務処理を委託できるとしている（信託法28条）。したがって，①には「信託の目的に照らして」が入る。

　また，信託行為で指名された委託先や信託行為の定めに従って委託者または受益者により指名された委託先以外の者に，信託事務処理を委託するときは，信託の目的に照らして適切な者に委託しなければならず，委託先に対して信託目的の達成のために必要かつ適切な監督をしなければならない（信託法35条）。したがって，②には「信託の目的の達成のために必要かつ適切な監督を行わなければならない」が入る。

　一方で信託業法は，信託事務処理を委託するためには，委託することと委託先等を信託行為に記載することを求めているが，信託財産の保存行為にかかる業務などの一定の場合には信託行為に記載しなくてもよいこととしている（信託業法22条）。

そして，委託先が受益者に損害を与えた場合には，受託者が原則として損害賠償義務を負うとしている（信託業法23条）。したがって，③には「受益者」が入る。

信託法では受託者が委託先の選任監督義務を負うことを原則としていることに比べると，信託業法はより厳格である。また，信託法が信託財産の損失を補てんする責任を定めている（信託法40条）ことに対して，受益者への損害賠償責任を定めているところに特色がある。

以上より，(2)が正しく，これが本問の正解である。

正解：(2) 　正解率：38.30%

問―7 　信託行為に別段の定めがない場合の委託者の地位等　☑☐☐☐☐

信託行為に別段の定めがない場合の委託者の地位等について，**誤っているもの**は次のうちどれですか。

(1) 委託者は，信託財産に対する違法な強制執行に対して，異議を主張する権利をもつ。

(2) 遺言による信託以外の信託で委託者が死亡した場合，委託者に認められていた信託法上の地位は，その相続人に承継される。

(3) 破産手続開始の決定前に委託者が行った信託行為が，否認の対象となる場合がある。

(4) 委託者は，受託者に対して，任務違反による損失てん補や原状回復を請求する権利をもたない。

(5) 委託者の地位は，受託者および受益者の同意を得て第三者に移転することができる。

解答ポイント＆正解

信託法により，委託者に原則として認められている権利（信託の変更・終

了，受託者の辞任・解任などについて受益者とともに同意や合意をする権利等）以外に，委託者は，信託法145条2項各号の権利を信託行為に定めることで有することができる。信託財産に対する違法な強制執行に対して異議を主張する権利はその一つである。したがって，(1)は誤りであり，これが本問の正解である。

委託者に認められていた信託法上の地位は，委託者の相続人に承継されるのが原則である。しかし，遺言による信託の委託者が死亡した場合については別途定めがあり，その委託者の地位は委託者の相続人に承継されないことが原則となる（信託法147条）。(2)は「遺言による信託以外の信託」で信託行為に別段の定めがない場合であるので，その地位は相続人に承継される。したがって，(2)は正しい。

破産手続開始の決定前になされた委託者の行為で，委託者の債権者を害することを知ってなされた行為等，一定の要件を満たすものは，破産管財人によって否認され，その行為がなかったように取り扱われる（破産法160条以下）。信託設定についてもこの例外ではない。したがって，(3)は正しい。

受託者に対して，任務違反による損失てん補や原状回復を請求する権利をもつのは受益者である（信託法40条）。委託者は(1)と同様に信託行為の定めがなければその権利をもたない。したがって，(4)は正しい。

委託者の地位は，受託者および受益者の同意を得て，または信託行為において定めた方法に従い，第三者に移転することができる（信託法146条）。したがって，(5)は正しい。なお，信託行為に別段の定めをすることもできるため，実務ではそのような定めがされることも多い。

正解：(1)　正解率：16.85%

 信託契約代理店　

信託契約代理店について，正しいものは次のうちどれですか。

(1)　信託契約代理店は，内閣総理大臣の認可を受けた者でなければ，信

託契約の締結の代理または媒介を営業として行うことができない。

(2) 個人は，信託契約代理店になることができない。

(3) 信託契約代理店は，金銭以外の財産の預託を受けることが禁止されている。

(4) 信託契約代理店は，信託契約の締結の代理または媒介を行うときに所属信託会社が複数ある場合，同種の内容の信託契約について，信託報酬を明らかにしなければならない。

(5) 信託契約代理店は，信託契約締結の代理を行う場合，委託者の代理人となる。

▶ 解答ポイント＆正解

信託契約代理店は，内閣総理大臣の登録を受けた者でなければ，営むことができない（信託業法2条9項・67条）。したがって，(1)は誤りである。

信託契約代理店は，法人，個人のいずれもなることができる（信託業法68条）。したがって，(2)は誤りである。

信託契約代理店は，信託契約の締結の代理または媒介を行う際に，金銭を含む財産の預託を受けることを禁止されていない（信託業法74条・75条）。金融商品仲介業者が金融商品取引法で媒介に関して金銭の預託を受けることを禁止されていることとは異なる。したがって，(3)は誤りである。

信託契約代理店は，信託契約の締結の代理または媒介を行うときは，あらかじめ，顧客に対し，所属信託会社等の商号や代理するか媒介するかの別などを明らかにするほか，所属信託会社が複数ある場合，信託報酬の違いを明らかにしなければならず，同種の内容の信託契約について信託報酬を明示しなければならない（信託業法施行規則76条）。したがって，(4)は正しく，これが本問の正解である。

信託契約代理店は，信託会社・信託銀行等の委任を受けて，信託契約の締結の代理または媒介を行う（信託業法2条8項・9項）。信託会社・信託銀行等を代理する場合に限られているため，委託者の代理人とはならない。したがって，(5)は誤りである。

問-9 **受託者の破産手続等と信託財産との関係** ☑☐☐☐☐

受託者の破産手続等と信託財産との関係について，正しいもの
は次のうちどれですか。

(1)　受託者が破産手続開始の決定を受けた場合，信託財産に属する財産
は破産財団に属する。

(2)　受託者が破産手続開始の決定を受けた場合，受益者は受益債権を
もって破産手続に参加し配当を受け取ることができる。

(3)　受託者が破産手続開始の決定を受けた場合，受託者が信託財産に属
する財産のみをもってその履行の責任を負う特約のある債務にかかる
債権は，破産債権とはならない。

(4)　受託者が民事再生手続開始の決定を受けた場合，信託財産に属する
財産は再生債務者財産に属する。

(5)　受託者が民事再生手続開始の決定を受けた場合，受益者は受益債権
をもって民事再生手続に参加し配当を受け取ることができる。

解答ポイント＆正解

　信託財産は，委託者および受託者の倒産リスクから隔離されており，この
倒産隔離機能は信託の基本的な機能の一つとされている。信託財産が受託者
の破産財団に属さないことは，通説・判例ともに認められてきたが（最判平
成14・1・17），現行の信託法においては，信託財産が破産財団・再生債務
者財産に属さないこと（信託法25条1項・4項），受益債権は破産債権・再
生債権とならないこと（同法25条2項・5項）が定められている。したがっ
て，(1)，(2)，(4)，(5)は誤りである。

　破産手続・民事再生手続において，信託債権であって受託者が信託財産に
属する財産のみをもってその履行の責任を負う債務にかかる債権（責任財産

限定特約のある債務等）も，破産債権・民事再生債権とはならないとされている（信託法25条 2 項・ 5 項）。したがって，(3)は正しく，これが本問の正解である。

正解：(3)　正解率：61.84%

 問―10　相殺の制限　

信託財産にかかる相殺の制限について，**誤っている**ものは次のうちどれですか。

(1) 受託者が信託財産に属する債権と固有財産に属する財産のみをもって履行する責任を負う債務にかかる債権を相殺することは，受託者の忠実義務に反しないのであればできる。

(2) 受託者が固有財産に属する債権と信託財産責任負担債務にかかる債権を相殺することは，受託者の忠実義務に反しないのでできる。

(3) 信託財産責任負担債務（受託者が信託財産に属する財産のみをもって履行する責任を負う債務を除く）にかかる債権を有する債権者は，その債権をもって固有財産に属する債権にかかる債務と相殺することはできない。

(4) 受託者が固有財産に属する財産のみをもって履行する責任を負う債務にかかる債権者は，原則として，その債権をもって信託財産に属する債権にかかる債務と相殺することはできない。

(5) 受託者が信託財産に属する財産のみをもって履行する責任を負う債務にかかる債権者は，原則として，その債権をもって固有財産に属する債権にかかる債務と相殺することはできない。

解答ポイント＆正解

信託法では，信託財産の独立性から，信託財産に対する債権による第三者からの相殺を制限しているが，受託者からの相殺については特段の規定を定

めず，忠実義務の規律に任せており，利益相反行為とならない限り認められる。受託者が信託財産に属する債権と固有財産に属する財産のみをもって履行する責任を負う債務にかかる債権を相殺することは，固有財産に属する財産をもって弁済すべき債務を信託財産に属する財産で弁済しているのと同じで，利益相反行為にあたる（信託法31条1項4号）。もっとも，利益相反行為禁止の例外にあたるときは，受託者からの相殺が認められる（同法31条2項1号・2号・4号）。したがって，(1)は正しい。

　受託者が固有財産に属する債権と信託財産責任負担債務（信託法2条9項）にかかる債権を相殺することは，固有財産に属する財産をもって信託財産責任負担債務を（第三者）弁済したのと同じであるから利益相反行為とはならず，相殺は認められる。したがって，(2)は正しい。

　信託法22条3項本文では，「信託財産責任負担債務」（信託財産に属する財産のみをもってその履行の責任を負うものに限る。これを信託財産限定責任負担債務という。信託法21条2項・154条）にかかる債権を有する者は，その債権をもって受託者の固有財産に属する債権にかかる債務と相殺することはできないと定めているが，信託財産限定責任負担債務以外の信託財産責任負担債務にかかる債権について，受託者の固有財産に属する債権にかかる債務との間で相殺することは禁止されず，可能と考えられている。そのような相殺は，結局，受託者が自分の固有財産で信託財産責任負担債務の弁済をするものであり，信託財産にとっては何らの不利益もない。したがって，(3)は誤りであり，これが本問の正解である。

　受託者が固有財産に属する財産のみをもって履行する責任を負う債務にかかる債権を有する債権者は，原則として，その債権をもって信託財産に属する債権にかかる債務と相殺することはできない（信託法22条1項）。したがって，(4)は正しい。それを認めると，受託者が固有財産に属する財産のみをもって履行する責任を負う債務について信託財産をもって弁済したことになり，信託財産に属する財産に対する強制執行禁止等の制限（同法23条1項）に反するからである。

　受託者が信託財産に属する財産のみをもって履行する責任を負う債務にか

かる債権を有する債権者は，原則として，その債権をもって固有財産に属する債権にかかる債務と相殺することはできない（信託法22条3項）。したがって，(5)は正しい。それを認めると，信託財産限定責任負担債務（同法21条2項・154条）について受託者の固有財産が責任を負わないとした趣旨に反するからである。

正解：(3)　正解率：40.39%

 問-11　**信託の公示（対抗要件）**　☑️⬜⬜⬜⬜

・・・

信託財産に関する法令上の信託の公示方法（対抗要件）について，正しいものは次のうちどれですか。

(1)　金銭債権信託における取立金を管理する預金口座については，信託口との表示をすることが信託の公示方法となる。

(2)　貸付債権信託における金銭債権については，「動産及び債権の譲渡の対抗要件に関する民法の特例等に関する法律」にもとづく譲渡登記とともに行う信託の登記が信託の公示方法となる。

(3)　自己信託の場合における不動産については，移転登記とともに行う権利の変更の登記が信託の公示方法となる。

(4)　動産設備信託における鉄道車両については，信託車両であることを表示するプレート（標識）を取り付けるなど明認方法を車両に施すことが信託の公示方法となる。

(5)　動産信託における自動車については，委託者から受託者への名義変更とともに行う信託登録を備えることが信託の公示方法となる。

▷ 解答ポイント＆正解

信託財産は，強制執行の禁止など信託法上一定の保護を受けることから，取引の安全のため，不動産や知的財産権のように法令上登記または登録をしなければ権利の得喪・変更を第三者に対抗することができない財産について

は，信託の登記または登録をしなければ，その財産が信託財産に属すること
を第三者に対抗することができないと定めている（信託法14条）。これを信
託の公示（対抗要件）という。一方，法令上の信託の公示方法のない金銭，
動産，一般の債権等については，信託の公示がなくても信託財産に属する財
産であることを第三者に対抗できるとされている（最判平成14・1・17）。

　金銭，預金および預金口座については，実務上，信託口といった表示をす
ることで自己の預金口座等と区別して管理することはあるが，これは法令上
の信託の公示方法ではない。したがって，(1)は誤りである。

　金銭債権についての「動産及び債権の譲渡の対抗要件に関する民法の特例
等に関する法律」にもとづく譲渡登記は，法人を譲渡人とする債権譲渡の第
三者対抗要件であり，これは法令上の信託の公示方法ではない。したがっ
て，(2)は誤りである。なお，同法は信託の登記については定めていない。

　自己信託によって不動産を信託財産として信託を設定する場合は，移転登
記ではなく権利の変更の登記であり，権利の変更の登記とともに行う信託の
登記が法令上の信託の公示方法である（不動産登記法98条1項）。したがっ
て，(3)は誤りである。

　動産設備信託における信託車両については，実務上，車両に信託財産であ
ることを表示するプレート（標識）を取り付けるなどの明認方法を行うこと
があるが，これは法令上の信託の公示方法ではない。したがって，(4)は誤り
である。

　自動車（軽自動車を除く）については，自動車の名義を委託者から受託者
に書き換える名義変更手続と同時に行う信託登録が法令上の信託の公示方法
となる（自動車登録令62条）。したがって，(5)は正しく，これが本問の正解
である。

正解：(5)　正解率：11.98%

信託法に定められた受益者代理人について，誤っているものは次のうちどれですか。

(1) 信託行為に受益者代理人に関する定めがあっても，受益者が存在しない場合，受益者代理人を選任することはできない。

(2) 受益者代理人は，信託行為に別段の定めがない限り，自己の名をもって受益者の権利に関する一切の裁判上または裁判外の行為をすることができる。

(3) 信託行為に受益者代理人となるべき者を指名する定めがない場合，裁判所は受益者代理人を職権で選任することはできない。

(4) 受益者代理人が選任されているとき，受益者は受託者の監督にかかる権利および信託行為において定めた権利を除き，その権利を行使することができない。

(5) 受託者は，受託している信託の受益者代理人にはなれない。

解答ポイント＆正解

　信託法は，受益者の利益を保護し受託者の信託事務の処理を監督すべき地位にある者として，信託管理人，信託監督人および受益者代理人という3つの制度を設けている。受益者代理人は，受益者が現に存する信託において，年金信託や社内預金引当信託のように受益者が頻繁に変動したり，不特定多数にわたるため，受益者の意思決定や受託者の監督をすることが事実上困難である場合などに設けられる。

　受益者代理人は，受益者の代理人であるから，受益者が存在しない場合には選任することはできない（信託法138条）。したがって，(1)は正しい。

　受益者が存在しない場合の受託者の監督のためには，信託管理人が選任されるのが通常である（信託法123条）。受益者代理人は，受益者の代理人であり，信託行為に別段の定めがない限り，その代理する受益者のために当該受益者の権利を行使するものとされている（同法139条1項）。このため，受益

者代理人は，受益者の一部の者のために選任することもできる。受益者代理人がその代理する受益者のために裁判上または裁判外の行為をするときは，その代理する受益者の範囲を示せば足りるとされている（信託法139条2項）。すなわち，信託管理人とは異なり，自己の名をもって権利行使するものではない。したがって，(2)は誤りであり，これが本問の正解である。

　受益者代理人を選任することができるのは，信託行為に定めることによる方法のみに限られている。信託行為に受益者代理人となるべき者を指定する定めがあるときは，利害関係人は，受益者代理人と指定された者に対し催告するものとされており（信託法138条），信託管理人や信託監督人と異なり，裁判所が職権により選任することを認めていない。したがって，(3)は正しい。なお，例外的に受益者代理人の交代にあたって，委託者または受益者代理人に代理される受益者の申立てにより，新受益者代理人を裁判所が選任することは可能とされている（同法142条1項）。

　受益者代理人が選任されているとき，受益者は受託者の監督にかかる権利および信託行為において定めた権利を除き，その権利を行使することができない（信託法139条4項）。したがって，(4)は正しい。信託の意思決定にかかる権利を受益者と受益者代理人が重複して行使できるとすると，信託事務の円滑な処理を阻害すると考えられるからである。

　受託者は，受託している信託の受益者代理人にはなれない（信託法124条2号・144条）。したがって，(5)は正しい。

正解：(2)　正解率：22.56%

問-13　遺言代用の信託
・・
　遺言代用の信託について，誤っているものは次のうちどれですか。

(1)　遺言代用の信託においては，信託行為によって委託者は受益者変更権を有しないとすることができる。

(2) 遺言代用の信託の委託者は，遺言によって受益者を変更することができる。

(3) 遺言代用の信託において，委託者の死亡の時に受益者となるべき者として指定された者は，委託者が死亡するまでは受益者としての地位を有しない。

(4) 遺言代用の信託において，委託者の死亡の時以後に信託財産の給付を受ける受益者は，受託者に対する監督権や信託の変更についての同意権を有する。

(5) 遺言代用の信託では，受益者変更権が行使されたことによって受益者であった者がその受益権を失ったときは，信託行為に別段の定めがなければ，受託者はその者に対し遅滞なくその旨を通知しなければならない。

解答ポイント＆正解

　遺言代用の信託は，委託者がその財産を信託して，委託者生存中は自身が信託の利益を受け，その死亡後は受益者を委託者の配偶者や子供などとすることで，自己の死後における財産の分与あるいは承継を信託によって実現しようとするものである（信託法90条1項）。「委託者の死亡の時に受益者となるべき者として指定された者が受益権を取得する旨の定めのある信託」（同法90条1項1号）と「委託者の死亡の時以後に受益者が信託財産に係る給付を受ける旨の定めのある信託」（同法90条1項2号）の2つの類型がある。

　遺言代用の信託の委託者は，信託行為に別段の定めがない限り，受益者を変更する権利があるとされ（信託法90条1項），受益者変更権は遺言によっても行使することができるとされている（同法89条1項・2項）。したがって，(1)，(2)は正しい。

　信託法90条1項1号の遺言代用の信託において，受益者となるべき者として指定された者は，委託者が死亡するまでは受益者としての地位を有しない。したがって，(3)は正しい。

　信託法90条1項2号の遺言代用の信託の受益者は，委託者が死亡するまで

は，受益者としての権利を有しないとされているから，受託者に対する監督
権や信託の変更についての同意権を有していない。したがって，(4)は誤りで
あり，これが本問の正解である。なお，遺言代用の信託においては，その信
託の受益者が現に存在せず，または受益者としての権利を有しないときは，
信託行為に別段の定めがない限り，委託者が受託者に対する監督上の権利を
有するものとされている（同法148条）。

　受益者変更権が行使されたことによって受益者であった者がその受益権を
失ったときは，信託行為に別段の定めがなければ，受託者はその者に対し遅
滞なくその旨を通知しなければならないとされている（信託法89条4項）。
したがって，(5)は正しい。

正解：(4)　正解率：46.94%

 信託の変更　　　　　　　　　　　　　　

　信託の変更について，誤っているものは次のうちどれですか。
　なお，信託行為に別段の定めはないものとします。

(1)　受益者の利益に適合することが明らかであり，かつ受託者の利益を
　害しないことが明らかである場合，委託者は単独で信託の変更をする
　ことができる。

(2)　信託の目的に反しないことが明らかである場合，受託者および受益
　者の合意で信託の変更をすることができる。

(3)　信託の目的に反しないことおよび受益者の利益に適合することの双
　方が明らかである場合，受託者は信託の変更をすることができる。

(4)　受託者の利益を害しないことが明らかである場合，委託者および受
　益者の合意による受託者への意思表示で信託の変更をすることができ
　る。

(5)　信託の目的に反しないことおよび受託者の利益を害しないことの双
　方が明らかである場合，受益者による受託者への意思表示で信託の変

更をすることができる。

解答ポイント＆正解

信託の変更とは，信託行為に定められた信託の目的，信託財産の管理方法，受益者に対する信託財産の給付内容その他の事項について，事後的に変更を行うものである。信託法では，信託の変更に関する一般的な規定を設けて，信託の変更を柔軟かつ迅速にできるよう定めている。

信託法では，委託者，受託者および受益者の全員の合意を基本にしつつ（信託法149条1項），関係者の利害に配慮して適時適切な信託の変更ができるように具体的に定めている。

受益者の利益に適合することが明らかであり，かつ受託者の利益を害しないことが明らかである場合でも，委託者が単独で信託の変更をすることは認められていない（信託法149条1項・2項）。したがって，(1)は誤りであり，これが本問の正解である。

信託の目的に反しないことが明らかである場合，受託者および受益者の合意で信託の変更をすることができる（信託法149条2項1号）。したがって，(2)は正しい。

信託の目的に反しないこと，および受益者の利益に適合することの双方が明らかである場合，受託者は書面または電磁的記録によってする意思表示により信託の変更をすることができる（信託法149条2項2号）。したがって，(3)は正しい。

受託者の利益を害しないことが明らかである場合，委託者および受益者の合意による受託者への意思表示で信託の変更をすることができる（信託法149条3項1号）。したがって，(4)は正しい。

信託の目的に反しないこと，および受託者の利益を害しないことの双方が明らかである場合，受益者による受託者への意思表示で信託の変更をすることができる（信託法149条3項2号）。したがって，(5)は正しい。

正解：(1)　　正解率：42.06%

信託税制における信託財産について生じた収益に対する課税（収益課税）について，誤っているものは次のうちどれですか。

(1) 受益者課税の原則（実質所得者課税の原則）とは，受益者が信託財産を有するものとみなして信託財産について生じた所得に対して受益者に課税する信託税制の基本原則をいう。

(2) 受益者に信託収益が分配されるかを問わず，信託収益が発生した時に受益者に課税する信託を，受益者等課税信託という。

(3) 受益者およびみなし受益者が存在しない信託では，信託収益が発生した時に委託者に課税が行われる。

(4) 証券投資信託では，受益者が現実に信託収益を受領した時に受益者に課税が行われる。

(5) 信託段階で受託者を納税義務者として法人税が課税される信託を，法人課税信託という。

解答ポイント＆正解

　信託税制では，受益者（受益者としての権利を現に有する者）が信託財産を有するものとみなし，信託財産について生じた所得に対して受益者に課税する「受益者課税の原則」（実質所得者課税の原則）が基本原則とされている。この基本原則が適用される「受益者等課税信託」では，受益者に信託収益が分配されるかを問わず，信託財産に収益が発生した時に課税関係が発生するという発生時課税が適用される（所得税法13条1項，法人税法12条1項）。したがって，(1)，(2)は正しい。なお，受益者等課税信託における「受益者」は，信託法上の受益者（受益権を有する者）とは異なり，税法上規定された受益者であって，「受益者としての権利を現に有する者」および「みなし受益者」（あわせて，「受益者等」という）をいうことに注意が必要である（所得税法13条1項・2項，法人税法12条1項・2項）。

　受益者課税の原則の例外として，受益者が信託収益を現実に受領した時に

受益者に課税が行われる信託があり，「受益者段階課税の受領時課税の信託」といわれる。これには，集団投資信託，退職年金等信託（確定給付企業年金信託・厚生年金基金信託・国民年金基金信託）および特定公益信託等が該当する。

　このうちの集団投資信託には，特定受益証券発行信託，合同運用信託（信託会社（信託業務を兼営する金融機関を含む）が引き受けた金銭信託で，共同しない多数の委託者の信託財産を合同して運用するものをいう。合同運用指定金銭信託が該当する），投資信託（証券投資信託・国内公募等投資信託・外国投資信託）が含まれる（所得税法23条1項・24条1項）。したがって，(4)は正しい。

　さらに，受益者課税の原則の例外として，信託段階において受託者を納税義務者として法人税が課税される法人課税信託があり，特定受益証券発行信託に該当しない受益証券発行信託，受益者等（受益者およびみなし受益者）が存在しない信託，特定目的信託等が該当する（法人税法2条29号の2）。したがって，(3)は誤りであり，(5)は正しく，(3)が本問の正解である。

正解：(3)　　正解率：62.40%

2．定型的な金銭の信託

 問―16 合同運用指定金銭信託（一般口）

合同運用指定金銭信託（一般口）について，正しいものは次の
うちどれですか。

(1) 信託銀行は，通常，信託契約締結時に委託者に対して書面交付を行
う義務がある。

(2) 受益者は，受託者の承諾を得て，委託者を変更することができる。

(3) 信託銀行は，委託者から説明を求められた場合を除き，信託契約の
内容の説明を行う義務はない。

(4) 信託約款において，運用方法を同じくする他の信託の信託財産と合
同して運用する旨が定められており，信託法上の分別管理義務の適用
はない。

(5) 委託者および受益者は，信託期間満了に際し，信託期間を延長する
ことはできない。

解答ポイント＆正解

　信託業法26条により，信託会社は，信託契約締結時には一定の事項を記載
した書面（信託契約締結時の書面）を委託者に交付しなければならないとさ
れ，信託銀行による信託の引受についても，兼営法2条1項によりこの規定
が準用される。ただし，兼営法施行規則14条1項5号により，委託者の保護
に支障を生ずることがない場合にはこの限りではないとされており，信託銀
行が元本補てんの特約の付された契約による信託の引受を行った場合におい
て，委託者からの要請があった場合にすみやかにこの書面を交付できる体制
が整備されている場合がこれにあたる。

　合同運用指定金銭信託（一般口）（以下，「合同一般口」という）は，実務
上，元本補てんの特約が付されており，信託銀行は店頭備置等により，この

書面をすみやかに交付できる体制を整備していることから，通常，書面交付義務が免除されている。したがって，(1)は誤りである。

　信託約款では，委託者は受託者の承諾を得て，受益者を指定または変更できることが定められているが，委託者の地位および権利は委託者に専属することとされており，受益者による委託者を変更する権利は定められていない。したがって，(2)は誤りである。

　信託業法25条により，信託会社は，信託契約の引受を行うときは，あらかじめ委託者に対し，信託契約の内容を説明しなければならないとされ，信託銀行による信託の引受についても，兼営法2条1項によりこの規定が準用される。ただし，兼営法施行規則13条1項6号により，信託銀行が元本補てんの特約が付された金銭信託にかかる信託契約の引受を行う場合，委託者から信託業法25条の規定による説明を求められた場合を除き，信託契約の内容の説明を要しないとされている。したがって，(3)は正しく，これが本問の正解である。

　合同一般口の信託約款では，運用方法について「信託財産は，運用方法を同じくする他の信託財産と合同して運用する」旨が定められており，この取扱いは信託法34条の分別管理義務に違反するものではないが，信託財産の区分に応じた分別管理の方法等が規定されている同条自体の適用がないわけではない。したがって，(4)は誤りである。

　合同一般口は，適用される予定配当率に応じて，1年，2年，5年の区分があるが，信託約款では，委託者および受益者の申出により延長することができるとされている。したがって，(5)は誤りである。

正解：(3)　　正解率：53.20%

問−17 教育資金贈与信託

教育資金贈与信託について，正しいものは次のうちどれですか。

(1) 受益者が30歳に達した時に，受益者が学校等に在学している場合に限り，信託は終了しない。

(2) 贈与税の非課税限度額は，委託者1人につき1,500万円である。

(3) 習い事の月謝は，年齢にかかわらず，贈与税が非課税となる教育資金の範囲に含まれる。

(4) 信託が終了するまでに委託者が死亡した場合，信託された日からその死亡の日までの年数にかかわらず，受益者に相続税が課税される場合がある。

(5) 信託をする日の属する年の前年の委託者の合計所得金額が1,000万円を超える場合には，本措置の適用を受けることができない。

解答ポイント＆正解

　教育資金贈与信託は，租税特別措置法上，受益者が「30歳に達した日」もしくは「死亡した日」，または教育資金贈与信託にかかる信託財産の価額がゼロとなった場合において受益者と信託銀行との間で信託契約を終了させる合意があった際，その合意にもとづき終了する日のいずれか早い日に終了することとされており，これ以外の信託期間を別途定めることはできない。ただし，受益者が30歳に到達した時に，現に①当該受益者が学校等に在学している場合，または②当該受益者が雇用保険法にもとづく教育訓練給付金の支給対象となる教育訓練を受講している場合には，30歳到達時の翌月末日までに，その旨を記載する届出書に証明書類を添付して信託銀行に届け出ることにより，また，その翌年以降も学校等に在学等していれば，当該届出を毎年1回行うことにより，受益者が40歳に達するまでの間，教育資金贈与信託は終了しない。したがって，(1)は誤りである。

　本信託の非課税限度額は，子・孫等の受益者ごとに1,500万円（学校等以

外の教育資金の支払いに充てられる場合には500万円）とされている。したがって，(2)は誤りである。

　贈与税が非課税となる教育資金の範囲は，次のとおりとされている。ただし，後述の②の金銭については，非課税となる金額の上限は500万円である。また，2019（令和元）年7月1日以後は年齢制限が設けられている。したがって，(3)は誤りである。

①　次の施設に直接支払われる入学金，授業料，学用品の購入費等
・学校教育法1条に規定する学校（幼稚園，小学校，中学校，義務教育学校，高等学校，中等教育学校，特別支援学校，大学，高等専門学校），学校教育法124条に規定する専修学校，外国におけるこれらに相当する教育施設またはこれらに準ずる教育施設
・学校教育法134条1項に規定する各種学校
・保育所，認定こども園等
・水産大学校，海技教育機構の施設，航空大学校等
②　①の学校等以外の者に，教育を受けるために直接支払われる金銭（※）
・学習塾や習い事の「謝礼」「月謝」，学習塾に支払う教材費等，通学定期券代，留学渡航費等
※　2019（令和元）年7月1日以後は，23歳以上の受益者については，上記②のうち，学習塾や習い事の「謝礼」「月謝」，学習塾に支払う教材費等が教育資金から除外されている。ただし，雇用保険法にもとづく教育訓練給付金の支給対象となる教育訓練を受講するために教育訓練実施者に支払う費用は除外されない。

　信託等があった日から教育資金贈与信託の終了の日までの間に委託者が死亡した場合（その死亡の日において，受益者が次の(イ)から(ハ)のいずれかに該当する場合を除く）には，その死亡の日までの年数にかかわらず，同日における管理残額（非課税拠出額から教育資金支出額を控除した残額）を，受益者が当該委託者から相続等により取得したものとみなされる（本件は，2021（令和3）年4月1日以後に新たに設定される教育資金贈与信託について適用されている）。

（イ）　23歳未満である場合

（ロ）　学校等に在学している場合

（ハ）　教育訓練給付金の支給対象となる教育訓練を受講している場合

したがって，(4)は正しく，これが本問の正解である。

　信託等をする日の属する年の前年の受益者の合計所得金額が1,000万円を超える場合には，当該信託等により取得した信託受益権等については，本措置の適用を受けることができない。したがって，委託者としている(5)は誤りである。

正解：(4)　　正解率：25.63%

（注）　教育資金贈与信託において適用される教育資金の一括贈与非課税制度については，2023（令和5）年度の税制改正において以下の見直しが行われたうえで適用期限が2026（令和8）年3月31日まで3年延長されることとなった。次の①②の改正は2023（令和5）年4月1日以後に取得する信託受益権等にかかる相続税について①が，贈与税について②が適用され，③の改正は，同日以後に支払われる教育資金について適用される。

　　①　信託等があった日から教育資金管理契約の終了の日までの間に贈与者が死亡した場合において，当該贈与者の死亡にかかる相続税の課税価格の合計額が5億円を超えるときは，受贈者が23歳未満である場合等であっても，その死亡の日における非課税拠出額から教育資金支出額を控除した残額を，当該受贈者が当該贈与者から相続等により取得したものとみなされる。

　　②　受贈者が30歳に達した場合等において，非課税拠出額から教育資金支出額を控除した残額に贈与税が課されるときは，一般税率が適用される。

　　③　本措置の対象となる教育資金の範囲に，都道府県知事等から国家戦略特別区域内に所在する場合の外国の保育士資格を有する者の人員配置基準等の一定の基準を満たす旨の証明書の交付を受けた認可

外保育施設に支払われる保育料等が加えられている。

 問−18　合同運用指定金銭信託（一般口以外）

一般口以外の合同運用指定金銭信託（実績配当型を含む）について，正しいものは次のうちどれですか。

(1)　信託終了時には，受益者が希望すれば，信託財産の交付を金銭以外で受けることもできる。

(2)　信託財産の総額の55％を国債で運用する実績配当型の金銭信託には，元本補てんの特約を付すことができる。

(3)　信託期間は，法令上１年単位とする必要がある。

(4)　運用財産の種類は，法令上特段の制限は設けられていない。

(5)　運用目的で設定されることが多いため，他益信託とすることはできない。

解答ポイント＆正解

金銭信託とは，金銭を当初信託財産として設定し，信託終了時も金銭によって交付を受けるものをいう。実績配当型の合同運用指定金銭信託も金銭信託の１つであり，受益者は信託終了時には，原則として，信託財産の交付を金銭で受けることとされている。したがって，(1)は誤りである。

兼営法６条により，信託銀行は，「運用方法の特定しない金銭信託」に限り，一定の要件を満たせば，元本に損失を生じた場合にこれを補てんする旨を定める信託契約を締結することができるとされている。ただし，兼営法施行規則37条により，信託財産の総額の２分の１を超える額を有価証券に運用する信託契約は除かれているため，55％を国債で運用する実績配当型の金銭信託については，元本補てんの特約を付すことはできない。したがって，(2)は誤りである。

実績配当型の合同運用指定金銭信託の信託期間については，法令上，特段の制限はなく，１年単位にしなければならないものではない。したがって，

(3)は誤りである。

　信託法では，信託行為の目的物を「財産」に限定しているが，その「財産」は，積極財産であって金銭に見積もることができ，委託者の財産から分離が可能な独立の財産として確立しているものと解釈されており，法令上，特段の制限はない。したがって，(4)は正しく，これが本問の正解である。

　合同運用指定金銭信託は，商品性により，自益信託だけでなく，他益信託として設定することもできる。したがって，(5)は誤りである。

正解：(4)　正解率：51.95%

 問—19 　後見制度支援信託　　　　　　　　　　
・・・
　後見制度支援信託（後見制度による支援を受ける方の財産管理のために活用される信託）について，正しいものは次のうちどれですか。

(1)　信託できる財産は金銭や有価証券等の金融資産に限定されている。

(2)　被後見人の財産管理を目的とする信託であるため，信託財産はすべて国債に運用される。

(3)　信託銀行等にて信託契約手続きを行った後，家庭裁判所の指示書を得る必要がある。

(4)　信託契約締結後，解約はできないが，家庭裁判所の指示書を得れば，一時金の交付を受けることができる。

(5)　特別な法律にもとづく制度ではない。

解答ポイント＆正解

　後見制度支援信託は，後見制度による支援を受ける被後見人の財産管理のために活用される信託である。当該被後見人の財産のうち，日常的な支払いをするのに必要十分な金銭を預貯金等として後見人が管理し，通常使用しない金銭を信託銀行等に信託する仕組みである。

後見制度支援信託で利用される合同一般口は，金銭のみを信託することができるものであるため，信託できる財産は金銭に限定されている。したがって，(1)は誤りである。

　後見制度支援信託は，合同一般口にさまざまな特約を付すものであり，すべて国債に運用されるものではない。したがって，(2)は誤りである。

　後見制度支援信託は，特別な法律にもとづく制度ではないが，信託契約の締結，一時金の交付，信託の変更，解約の手続きは事前に得た家庭裁判所の指示書にもとづいて行われる。したがって，(3)，(4)は誤りであり，(5)は正しく，(5)が本問の正解である。

正解：(5)　正解率：26.04%

問—20　**単独運用指定金銭信託（指定単）** ☑☐☐☐☐
・・・
単独運用指定金銭信託（指定単）について，誤っているものは次のうちどれですか。

(1)　公益信託，特定贈与信託，特定寄附信託はすべて，指定単として設定することができる。

(2)　受益者が個人の場合，指定単の運用収益は，所得税法上，その運用収益が生じた時点で受益者の所得とみなされる。

(3)　信託期間は，委託者と受託者の信託契約で個別に決めることができ，法令上特段の制約はない。

(4)　委託者以外の者を受益者とすることはできない。

(5)　信託財産の個別具体的な運用は，受託者の裁量で行われる。

解答ポイント＆正解

　単独運用指定金銭信託（以下，「指定単」という）の仕組みを利用した商品には，公益信託，特定贈与信託，特定寄附信託などがある。したがって，(1)は正しい。

信託の税制に関する原則的な取扱いでは，受益者が直接信託財産を有するものとして，受益者に課税される。これを実質所得者課税の原則といい，指定単についても，受益者が個人の場合，その信託財産から生じた運用収益（たとえば株式の配当等）は，所得税法上，その運用収益が発生した時点で受益者の所得とみなされ，所得の種類に応じて課税される。したがって，(2)は正しい。

指定単の信託期間は，委託者と受託者の信託契約で個別に決定され，法令上，信託期間にかかる特段の制約はない。したがって，(3)は正しい。

指定単は，契約により，自益信託，他益信託ともに設定することができるため，委託者以外の者を受益者（他益信託）とすることもできる。したがって，(4)は誤りであり，これが本問の正解である。

指定単では，委託者は信託財産の運用について，対象資産の種類・運用割合等を概括的に指示することができるが，その範囲内での運用は受託者の裁量で行われるものであり，委託者が個別具体的に指図することはできない。したがって，(5)は正しい。

正解：(4) **正解率：57.38%**

3. 従業員福祉に関する信託

 問—21 確定給付企業年金制度の仕組み等 ☑☐☐☐☐

確定給付企業年金制度の仕組み等について，誤っているものは次のうちどれですか。

(1) 確定給付企業年金を実施するにあたり，実施しようとする事業所に労働組合がないときは，事業所に使用される厚生年金保険の被保険者の過半数を代表する者の同意を得る必要がある。

(2) 確定給付企業年金では，規約で一定の加入資格を定めることができ，加入を希望する従業員のみを対象とすることもできる。

(3) 規約型企業年金においては，加入者数にかかる人数要件はないが，加入者がいなくなり，今後も加入者となるべき被保険者の事業所における使用が見込まれない場合には，終了させる必要がある。

(4) 確定給付企業年金制度には，あらかじめ「将来発生するリスク」を測定し，その水準を踏まえて掛金の拠出を行うことができる仕組みがある。

(5) 基金型企業年金の確定給付企業年金信託は，基金を委託者兼受益者とする自益信託の形態をとる。

➡ 解答ポイント＆正解

確定給付企業年金を実施しようとする際，厚生年金保険の被保険者の過半数で組織する労働組合があるときは当該労働組合，被保険者の過半数で組織する労働組合がないときは被保険者の過半数を代表する者の同意を得る必要がある（確定給付企業年金法3条）。労働組合そのものがない場合は後者に該当する。したがって，(1)は正しい。

確定給付企業年金制度は公的年金制度を補完し，企業の従業員の老後の所得保障を充実させる重要な役割をもつ制度であることから，制度の実施にあ

たっては，実施事業所の従業員全員をその対象とすることが原則である。ただし，年金規約で定めることにより，実施企業における就業形態等の実情に応じて，加入に一定条件を付すことが可能であり，その中には「加入者となることを希望した者」という条件も含まれている。したがって，(2)は正しい。

　確定給付企業年金には，規約型企業年金（事業主自らが制度を運営）と，基金型企業年金（事業主が特別法人である企業年金基金を設立して当該基金が制度を運営）の2種類がある。基金型企業年金には，独立した基金を設立するという観点から人数要件があり，当該要件は加入者数300人以上である（確定給付企業年金法12条，同施行令6条）が，規約型企業年金には人数要件はない。また，規約型企業年金において，加入者がいなくなっても受給権者等がいれば，当該受給権者等に対して年金または一時金の支給を行うために存続する。したがって，(3)は誤りであり，これが本問の正解である。

　2017（平成29）年1月から，あらかじめ「将来発生するリスク」を測定し，その水準を踏まえて，掛金の拠出を行うことができるよう「リスク対応掛金」が導入されている（確定給付企業年金法施行規則43条・46条の2）。不況期等においては，企業業績が悪化しているにもかかわらず，積立不足を解消するため，掛金の引上げが必要となる事例が数多くみられたが，リスク対応掛金の拠出により，掛金の引上げを回避することができる。したがって，(4)は正しい。

　基金型企業年金が，受託者（信託銀行）と信託契約を締結する場合には，基金を委託者兼受益者とする自益信託の形態をとる。したがって，(5)は正しい。

正解：(3)　正解率：41.36%

問-22 確定給付企業年金制度の給付，掛金等

・・・・・・・・・・・・・・・・・・・・・・・・・・・・・・・・・・・・・・・

確定給付企業年金制度の給付，掛金等について，誤っているものは次のうちどれですか。

(1) 老齢給付金の支給開始年齢は，原則として60歳以上70歳以下の範囲で規約に定める必要がある。

(2) 脱退一時金を受けるための要件として，3年を超える加入者期間を定めてはならない。

(3) 加入者負担掛金がある企業年金において，加入者が掛金を負担することとなるときに加入者の同意は必要であるが，規約の変更に伴い加入者が負担する掛金の額が増加するときには加入者の同意は不要である。

(4) 掛金の額は，少なくとも5年ごとに見直しを行う必要がある。

(5) 事業主等は掛金納付状況，資産運用状況，財務状況について，加入者への情報開示（周知）および厚生労働大臣への報告が求められる。

解答ポイント＆正解

老齢給付金は，60歳以上70歳以下の規約に定める年齢に達したときに支給するものとされている（確定給付企業年金法36条2項1号）。したがって，(1)は正しい。なお，付加的に規約で定めた支給期間年齢未満であって，50歳以上の範囲で退職した場合であれば，当該給付金を支給することも可能である（同法36条2項2号）。また，「年金制度の機能強化のための国民年金法等の一部を改正する法律（2020〈令和2〉年6月5日公布）」により，公布日以降，老齢給付金の支給開始年齢の上限が65歳から70歳に引き上げられていることにも留意されたい。

確定給付企業年金では，その規約において，3年を超える加入者期間を脱退一時金の給付を受けるための要件として定めてはならないとされている（確定給付企業年金法41条）。したがって，(2)は正しい。

加入者負担掛金がある企業年金においては，加入者が掛金を負担すること

となるときに，および規約の変更に伴い加入者が負担する掛金の額が増加するときに，加入者の同意を得るものとされている（確定給付企業年金法施行規則37条）。したがって，(3)は誤りであり，これが本問の正解である。

確定給付企業年金の事業主等（「規約型」の場合は事業主，「基金型」の場合は企業年金基金）は，少なくとも5年ごとに掛金の額を再計算しなければならない（確定給付企業年金法58条）。したがって，(4)は正しい。

事業主等は，毎事業年度終了後4ヵ月以内に，厚生労働省令で定めるところにより，確定給付企業年金の事業および決算に関する報告書を作成し，厚生労働大臣に提出しなければならない（確定給付企業年金法100条）。また，事業主等は，厚生労働省令で定めるところにより，その確定給付企業年金にかかる業務の概況について，加入者に周知させなければならない（同法73条）。したがって，(5)は正しい。

正解：(3)　正解率：76.32%

問-23　確定拠出年金制度の企業型年金

確定拠出年金制度の企業型年金の給付，掛金等について，誤っているものは次のうちどれですか。

(1) 給付の種類は，老齢給付金，障害給付金および死亡一時金の3種類である。

(2) 企業型年金では，規約に定めることにより，一定の加入資格を定めることができる。

(3) 規約に定めることにより，加入者自らが掛金を拠出することができる。

(4) 個人型年金加入者が，転職先で企業型年金加入者となった場合でも，個人別管理資産を移換せずに個人型年金に残すことができる。

(5) 企業型年金において投資教育は事業主の責務とされているが，加入時の投資教育が「努力義務」とされる一方，加入後の継続投資教育は

「配慮義務」とされている。

　企業型年金の給付の種類は，老齢給付金，障害給付金，死亡一時金の３種類である（確定拠出年金法28条）。したがって，(1)は正しい。なお，老齢給付金と障害給付金は年金として支給することが原則であるが，企業型年金規約でその全部または一部を一時金として支給することができることを定めた場合には，一時金として支給することができる（同法35条・38条）。

　企業型年金の加入者は，一定の職種のみを対象とすることや，加入を希望する従業員のみを加入者とすること等，企業型年金規約で一定の加入資格を定めることができる。したがって，(2)は正しい。なお，加入者資格喪失の時期について，そのうちの年齢の定めによるところは，60歳に達したときとされているが，企業型年金規約において60歳以上70歳以下の一定年齢に達したときに加入者の資格を喪失することを定めた場合には，当該年齢に達したときに加入者の資格を喪失する（確定拠出年金法９条〜11条）。また，「年金制度の機能強化のための国民年金法等の一部を改正する法律（2020〈令和２〉年６月５日公布）」により，2022（令和４）年５月１日以降については，第１号厚生年金被保険者（被用者年金一元化前からの厚生年金保険の被保険者）もしくは第４号厚生年金被保険者（私立学校教職員共済制度の加入者）であれば，企業型年金規約に定めることにより，最長70歳に達するまで企業型年金に加入できることにも留意されたい。

　確定拠出年金法が施行された当初は，企業型年金において掛金拠出ができるのは事業主のみであったが，2012（平成24）年１月より，拠出限度額の枠内および事業主拠出額を超えない範囲で加入者も拠出が可能となった（マッチング拠出。確定拠出年金法４条・19条・20条）。したがって，(3)は正しい。なお，「年金制度の機能強化のための国民年金法等の一部を改正する法律（2020〈令和２〉年６月５日公布）」により，2022（令和４）年10月１日以降，企業型年金加入者が個人型年金に同時加入するための要件が緩和され，加入者掛金拠出（マッチング拠出）をしていない企業型年金加入者は，

個人型年金に同時加入できるようになった。当該法律により複数の改正事項があることにつき，それぞれの改正事項の施行日とともに留意されたい。

2018（平成30）年5月より，個人型年金の加入者が，企業型年金実施企業に転職して加入資格を得た場合，転職先の企業型年金に個人別管理資産を移換することのほか，個人型年金に個人別管理資産を残し，企業型年金加入者になるとともに個人型年金運用指図者となることも可能となっている（転職先の企業型年金規約で個人型年金への加入が認められている場合には，企業型年金加入者になるとともに個人型年金加入者となることもできる）。したがって，(4)は正しい。従前と取扱いが変わっていることに留意されたい。

確定拠出年金制度が適切に運営され，老後の所得確保の手段として有効に活用されるためには，加入者等が適切な資産運用を行うための情報や知識をもっていること，老齢給付金の受給開始時期などの制度に関する情報や知識をもっていることが不可欠となる。このような情報を加入者等に提供することが，いわゆる「投資教育」であり，事業主の責務となっている（確定拠出年金法22条）。2018（平成30）年5月より，従来は「配慮義務」とされていた加入後の継続投資教育についても，投資知識等の向上を図るため，加入時の投資教育と同様，「努力義務」に格上げされている。したがって，(5)は誤りであり，これが本問の正解である。

正解：(5)　正解率：45.96%

 問―24　確定拠出年金制度の個人型年金

確定拠出年金制度の個人型年金の仕組み等について，誤っているものは次のうちどれですか。

(1) 個人型年金においては，資産管理機関は設置されず，国民年金基金連合会が信託銀行に事務委託を行っている。

(2) 中小事業主掛金納付制度は，一定の要件を満たす事業主が，個人型年金の加入者掛金に追加して，掛金を拠出することができるものであ

る。

(3) 個人型年金の掛金を毎月拠出する場合，掛金額は5,000円以上1,000円単位で決定しなければならない。

(4) 公務員の拠出限度額は，年額276,000円（月額23,000円）である。

(5) 運営管理業務のうち，「運用方法の提示及び情報提供」については，運営管理機関の業務管理体制の整備等，加入者等のために忠実に業務を行うための措置を講じることにより，金融機関の営業担当者が兼務できる。

解答ポイント＆正解

　個人型年金においては，国民年金基金連合会が企業型年金における資産管理機関の機能を直接担うことになるが，その事務は信託銀行に委託されている。したがって，(1)は正しい。

　中小事業主掛金納付制度は2018（平成30）年5月に創設され，「iDeCo＋（イデコプラス）」の愛称で呼ばれている。①従業員（第1号厚生年金被保険者）が300人以下であること，②企業型年金，確定給付企業年金および厚生年金基金を実施していないことの2点を満たす事業主が，個人型年金の加入者掛金に追加して，掛金を拠出することができる。したがって，(2)は正しい。

　個人型年金規約において，個人型年金の掛金は月額5,000円以上1,000円単位で決定しなければならないと定められている。したがって，(3)は正しい。

　2017（平成29）年1月1日より個人型年金の対象者が拡大されており，従前は対象から外れていた公務員，専業主婦が個人型年金に加入できるようになっている。その拠出限度額は公務員が年額144,000円（月額12,000円），専業主婦が年額276,000円（月額23,000円）である。したがって，(4)は誤りであり，これが本問の正解である。なお，「年金制度の機能強化のための国民年金法等の一部を改正する法律（2020〈令和2〉年6月5日公布）」により，2022（令和4）年5月1日以降は，国民年金被保険者であれば，個人型年金に加入することができる。具体的には，60歳以上65歳未満の厚生年金被保険

者のほか，60歳以上65歳未満の国民年金の任意加入被保険者，日本国籍を有する海外居住者であって国民年金に任意加入している者が新たに加入できるようになっている。

2019（令和元）年7月から，運営管理業務のうち，「運用方法の提示及び情報提供」については，運営管理機関の業務管理体制の整備等，加入者等のために忠実に業務を行うための措置を講じたうえで，金融機関の営業担当者が兼務できるようになっている。したがって，(5)は正しい。当該改正は，「運用商品の選定」に関しては自社商品等を選ぶ利益相反のおそれがあることから緩和しない取扱いとしつつ，「運用方法の提示及び情報提供」に関しては利益相反のおそれが低いため，業務管理体制の整備等の措置を講じたうえで，営業担当者も「運用方法の提示及び情報提供」を行えるようにしたものである。金融機関等の窓口にDC業務の専任担当者をおかなくとも，営業担当者により「運用方法の提示及び情報提供」を行うことが可能となっているため，加入者が運用商品の説明を受け，運用商品について理解を深め，自ら運用商品を選択しやすくなることが期待されてとられた措置である。

正解：(4) **正解率：73.68%**

 国民年金基金制度

国民年金基金制度について，誤っているものは次のうちどれですか。

(1) 複数の国民年金基金に重複して加入することはできない。

(2) 国民年金基金の加入員は，国民年金の付加保険料を納めることはできない。

(3) 国民年金基金における給付の種類は，老齢年金と遺族一時金の2種類である。

(4) 国民年金基金は口数制で，複数の給付の型を自由に組み合わせて選択できる。

(5) 掛金額は，選択した給付の型，加入口数，加入時年齢および性別に
よって決まる。

解答ポイント＆正解

国民年金基金には，全国国民年金基金と職能型国民年金基金3基金の計4
基金があるが，いずれか1つの国民年金基金にしか加入できない。したがっ
て，(1)は正しい。なお，当該基金の加入者が，任意に，全国国民年金基金か
ら職能型国民年金基金，または職能型国民年金基金から全国国民年金基金に
移ることもできない。

国民年金基金の1口目の給付には国民年金の付加年金相当が含まれてお
り，国民年金基金の加入員は国民年金の付加保険料を納めることはできな
い。したがって，(2)は正しい。

国民年金基金の給付は，加入員または加入員であった者に対し，年金の支
給を行い，あわせて加入員または加入員であった者の死亡に関し，一時金の
支給を行うものとされており（国民年金法128条），給付の種類は，老齢年金
と遺族一時金の2種類である。したがって，(3)は正しい。

国民年金基金は口数制で，複数の給付の型（終身年金2タイプ，確定年金
5タイプ）から選択できるが，1口目は終身年金タイプ（A型，B型）から
選択しなければならない。2口目以降は確定年金タイプ（Ⅰ型，Ⅱ型，Ⅲ
型，Ⅳ型，Ⅴ型）から選択することも可能であるが，自由に選択することは
できず，確定年金の年金額が終身年金の年金額を上回るような選択をするこ
とはできない。したがって，(4)は誤りであり，これが本問の正解である。

国民年金基金の掛金額は，選択した給付の型，加入口数，加入時年齢およ
び性別によって決まる。したがって，(5)は正しい。

正解：(4) **正解率：35.10％**

年金税制

年金税制について，誤っているものは次のうちどれですか。

(1) 確定給付企業年金，確定拠出年金ともに，老齢給付金について，年金として支給を受ける場合は，公的年金等にかかる雑所得として所得税が課せられる。

(2) 確定給付企業年金，確定拠出年金のいずれも，障害給付金にかかる所得税は非課税であるが，遺族給付金や死亡一時金はみなし相続財産として，相続税が課せられる。

(3) 確定給付企業年金，企業型確定拠出年金の加入者負担掛金は，いずれも生命保険料控除の対象となる。

(4) 積立金の運用段階では，確定給付企業年金，確定拠出年金のいずれも，特別法人税が課せられるが，現在は課税が停止されている。

(5) 退職給付に関する会計上の年金資産である退職給付信託の設定額は，法人税法上の損金算入対象として認められない。

解答ポイント＆正解

　確定給付企業年金，確定拠出年金ともに，老齢給付金について，年金として支給を受ける場合には，公的年金等にかかる雑所得として所得税が課せられる。したがって，(1)は正しい。なお，確定給付企業年金については加入者負担掛金相当分を控除した額に課税されるのに対して，確定拠出年金については加入者負担掛金の有無によらず全額が課税対象となるという相違がある（所得税法35条，同施行令82条の２）。

　確定給付企業年金，確定拠出年金のいずれも，障害給付金にかかる所得税は非課税である。また，遺族給付金ないしは死亡一時金は，みなし相続財産として相続税が課せられる。したがって，(2)は正しい。

　確定給付企業年金の加入者負担掛金は，生命保険料控除の対象となる。当該生命保険料控除は，他の生命保険との合算で限度額が設定されていることから，税制上の優遇措置の効果は限定的である。これに対し，企業型確定拠

出年金の加入者負担掛金は，小規模企業共済等掛金控除の対象となる。小規模企業共済等掛金控除は，その全額が所得から控除されるため，税制上の優遇措置の効果が大きくなる。したがって，(3)は誤りであり，これが本問の正解である。

　所得税法では，事業主が従業員のために支払う掛金は従業員の給与所得として課税されるが，企業年金信託への掛金は個々の従業員への帰属が明確でないため課税されず，退職等により給付が発生した時点で初めて従業員本人の所得として課税される取扱いとなっている。当該課税の繰延べによる延滞利子税を積立金に課税するという考え方により，信託財産に対して特別法人税が課せられる。ただし，特別法人税は，運用環境の低迷等を理由として，1999（平成11）年4月以降，課税停止（凍結）措置が延長されてきており，2023（令和5）年3月までの課税が停止（凍結）されている。したがって，(4)は正しい。

　退職給付信託に拠出した資産は，税務上では委託者である事業主が自ら保有しているものとみなされるため，退職給付信託の設定額は法人税法上の損金算入対象として認められていない（法人税法施行令135条）。したがって，(5)は正しい。

正解：(3)　正解率：85.24%

（注）　2023（令和5）年度税制改正により，特別法人税については，2026（令和8）年3月までの課税停止（凍結）が決定されている。

問―27　財形年金信託

財形年金信託（財産形成年金信託）が財形年金貯蓄契約として満足しなければならない要件について，誤っているものは次のうちどれですか。

(1)　5年以上にわたり定期的に積み立てること
(2)　年金の支払は，55歳以降に開始され，かつ，積立てを行う最後の日

として契約した日から支払開始日までの据置期間は，5年以内であること

(3) 年金の支払は，5年以上20年以内の期間にわたり，毎年，一定の時期に行われるものであること

(4) 年金としての支払のほか，契約締結者が死亡した場合等を除いては，払出し等を行わないこと

(5) 貯蓄としての積立ては，勤労者と事業主間の契約にもとづいて，事業主がその勤労者の賃金から控除したうえ，その勤労者に代わって払い込むこと

解答ポイント＆正解

　財形年金貯蓄は，勤労者の退職後の年金受取りを目的として，勤労者が在職中に財形法上の一定の要件を満足する財形年金貯蓄契約にもとづいて行う貯蓄で，財形住宅貯蓄とあわせて元本550万円までの利子を非課税とする税制上の優遇を得られるものである。

　財形法6条2項1号イでは，「年金支払開始日の前日までの間に限り，5年以上の期間にわたつて定期に，政令で定めるところにより行うものであること」と規定されている。したがって，(1)は正しい。

　財形法6条2項1号ロでは，「年金の支払は，年金支払開始日（その者が60歳に達した日以後の日（最後の当該契約に基づく預入等の日から5年以内の日に限る。）であつて，当該契約で定める日をいう。）以後に，5年以上の期間（政令で定める年数以下の期間に限る。）にわたつて定期に，政令で定めるところにより行われるものであること」と規定されている。したがって，(2)は誤りであり，これが本問の正解である。なお，(2)の後段については「据置期間は5年以内であること」（労働省通達昭和57年基発第699号）とされている。

　財形法6条2項1号ロの「政令で定める年数」は，同施行令13条の3で20年と規定されている。したがって，(3)は正しい。

　財形法6条2項1号ハでは，「継続預入等で政令で定める要件を満たすも

のをする場合，当該勤労者が死亡した場合及び最後の当該契約に基づく預入等の日の翌日から口に規定する年金支払開始日の前日までの間に当該契約に基づく預貯金等の利回りの上昇により政令で定める理由が生じ，政令で定めるところにより当該預貯金等に係る利子等の払出しを行う場合を除き，これらの払出し，譲渡又は償還をしないこととされていること」と規定されている。したがって，(4)は正しい。

財形法6条2項1号ニでは，「当該契約に基づく預入等に係る金銭の払込みは，当該勤労者と当該勤労者を雇用する事業主との契約に基づき，当該事業主が当該預入等に係る金額を当該勤労者に支払う賃金から控除し，当該勤労者に代わつて行うか，又は当該勤労者が財産形成給付金若しくは財産形成基金給付金に係る金銭により，政令で定めるところにより行うものであること」と規定されている。したがって，(5)は正しい。

正解：(2)　　**正解率：41.92%**

4．証券に関する信託

 問―28 有価証券の信託

有価証券の信託について，誤っているものは次のうちどれですか。

(1) 有価証券の信託は，信託引受の際に，有価証券を信託財産として受け入れ，一定の目的に従って，その管理，運用または処分を行う信託である。

(2) 有価証券の信託には，有価証券の管理を行う管理有価証券信託，運用を行う運用有価証券信託および処分を行う処分有価証券信託があるが，個々の信託では管理，運用または処分のいずれか1つしか行われないということではない。

(3) 有価証券の信託で引き受けられる有価証券は，上場株式や国債であり，非上場株式は信託財産として引き受けることができない。

(4) 振替社債，振替国債，振替株式などについての分別管理は，社債，株式等の振替に関する法律の規定に従い，振替口座に信託財産に属する旨の記載または記録をするとともに，その計算を明らかにする方法で行われる。

(5) 有価証券の信託では，原則として，受益者が信託財産である有価証券を所有しているものとみなされて課税される。

▶ 解答ポイント＆正解

有価証券の信託は，有価証券を信託財産として受け入れ，一定の目的に従って，その管理，運用または処分を行う信託である。したがって，(1)は正しい。なお，信託の引受をする際に有価証券と他の種類の財産（たとえば，金銭など）を受け入れる信託は，包括信託に分類され，有価証券の信託には該当しない。

有価証券の信託には，有価証券の管理を行う管理有価証券信託，運用を行う運用有価証券信託および処分を行う処分有価証券信託がある。管理有価証券信託でも信託財産である有価証券を目的達成のために必要な処分や運用を行うことがある。有価証券の信託は，それぞれ必要に応じて管理，運用または処分のいずれも行うことができる。したがって，(2)は正しい。

　非上場株式も，委託者から受託者への権利の移転が可能であれば，信託財産として引き受けることができる。したがって，(3)は誤りであり，これが本問の正解である。

　法令の規定により，当該財産が信託財産に属する旨の記載または記録をしなければ，当該財産が信託財産に属することを第三者に対抗することができないとされている財産についての分別管理の方法は，法令の規定に従い信託財産に属する旨の記載または記録をするとともに，その計算を明らかにする方法とされている（信託法34条１項３号，同施行規則４条１項・２項）。振替社債，振替国債，振替株式などは，それぞれの有価証券についての社債，株式等振替法の規定で，当該財産が信託財産に属する旨の記載または記録をしなければ，当該財産が信託財産に属することを第三者に対抗することができないとされているため（例：国債は同法100条，振替株式は同法142条１項），分別管理は，信託財産に属する旨の記載または記録をするとともに，その計算を明らかにする方法で行われることになる。したがって，(4)は正しい。

　信託の受益者は，信託の信託財産に属する資産および負債を有するものとみなされ，かつ，信託財産に帰せられる収益および費用は受益者の収益および費用とみなされて，課税されるのが原則である（所得税法13条１項，法人税法12条１項）。有価証券の信託においても，原則として，受益者または受益者とみなされる者が課税されている。したがって，(5)は正しい。なお，他益信託である退職給付信託においては，信託期間中は委託者が受益者とみなされて課税される。

正解：(3)　正解率：89.00%

問―29 管理有価証券信託・運用有価証券信託・処分有価証券信託

管理有価証券信託・運用有価証券信託・処分有価証券信託について，誤っているものは次のうちどれですか。

(1) 管理有価証券信託は，委託者が保有している有価証券を，原則として，同一の保有目的で管理するための信託である。

(2) 管理有価証券信託は，自益信託だけでなく，他益信託も存在している。

(3) 振替株式，振替国債などについての管理有価証券信託と，これらについての保護預りとは，いずれも振替口座による取引で，法律構成および経済的効果が同一である。

(4) 運用有価証券信託において，現金担保付債券貸借取引による運用収益は，債券賃貸料から担保金に付利する金利を控除し，担保金再運用益を加えたものとなる。

(5) 処分有価証券信託は，有価証券を換価処分する信託であり，委託者が保有する上場有価証券について，インサイダー情報を遮断して処分する際に用いられる例もある。

解答ポイント＆正解

　管理有価証券信託は，委託者がすでに保有している有価証券を受け入れるときは，同一の保有目的とすることが原則である。したがって，(1)は正しい。

　社内預金引当信託，特定贈与信託，顧客分別金信託，退職給付信託など，委託者以外の第三者を受益者とする他益信託においても，制度上，有価証券の信託で行うこともできるとされており，その場合も管理有価証券信託となる。したがって，(2)は正しい。

　管理有価証券信託では，委託者から移転された有価証券の権利は受託者に帰属し，受託者は，株主，公社債権者として，配当金，利息の請求権や議決

権などの権利を行使するとともに，適切に権利を行使する義務を負っている。有価証券の保護預りでは，寄託者から占有が移転されるだけであり，有価証券は寄託者に帰属しているため，権利の行使は寄託者が行う。このように，法律構成および経済的効果に大きな相違がある。したがって，⑶は誤りであり，これが本問の正解である。

現金担保付債券貸借取引においては，貸し付ける有価証券の担保として，価格相当の金銭が借主から差し入れられる。この担保金には，短期金融市場に見合う金利が付利されることになっており，有価証券の貸主から借主に支払われる。また，有価証券の貸主は，この担保金を再運用できることになっている。このため，現金担保付債券貸借取引による運用収益は，債券賃貸料から担保金に付利する金利を控除し，担保金再運用益を加えたものとなる。したがって，⑷は正しい。

上場有価証券については，発行会社の関係者等は，未公表の重要情報（インサイダー情報）がある場合，売買が禁止されている（金融商品取引法166条）。処分有価証券信託は，委託者が保有する上場有価証券を処分する際に，未公表の重要情報がない時に設定され，設定後は，重要情報が発生しても受託者においてインサイダー情報を遮断して，処分する例がある。したがって，⑸は正しい。

正解：⑶ **正解率：41.64%**

問一30 顧客分別金信託

顧客分別金信託について，正しいものは次のうちどれですか。

⑴ 顧客分別金信託は，金融商品取引業者等を委託者とし，かつ，委託者の行う金融商品取引業にかかる顧客を元本および収益の受益者とする他益信託である。

⑵ 顧客分別金信託の受託者となることができる者は，信託業務を営む金融機関とされている。

(3)　顧客分別金信託は，金融商品取引業者等が業務に関して顧客から預託を受けた金銭または有価証券について，金融商品取引業を行わないこととなった場合に顧客に返還すべき額に相当する金銭を，金融商品取引法にもとづき，自己の固有財産と分別して管理するためのものである。

(4)　顧客分別金信託は，法令上，金銭の信託に限られている。

(5)　金融商品取引業を行わないこととなった場合など，預託を受けた金銭などを顧客に返還する必要があるときは，顧客が顧客分別金信託受益者として各自受益債権を行使することができる。

解答ポイント＆正解

　顧客分別金信託は，法令上の要件として，金融商品取引業者等を委託者とし，かつ，委託者の行う金融商品取引業にかかる顧客を元本の受益者とすることが定められている（金融商品取引業等に関する内閣府令141条1項1号）。収益の受益者は委託者とされている。したがって，(1)は誤りである。

　顧客分別金信託の受託者となることができる者は，信託会社または信託業務を営む金融機関とされている（金融商品取引業等に関する内閣府令141条1項1号）。したがって，(2)は誤りである。

　金融商品取引業者等は，金融商品取引法にもとづき，業務に関して顧客から預託を受けた金銭または再担保された有価証券について，金融商品取引業を行わないこととなった場合などに顧客にすべて返還すべき額に相当する金額を分別管理するために，信託しなければならない（金融商品取引法43条の2第2項）。これが，顧客分別金信託である。したがって，(3)は正しく，これが本問の正解である。

　顧客分別金信託は，返還すべき額に相当する金額を，金銭の信託，有価証券の信託または金銭および有価証券の包括信託で行うことができるので（金融商品取引業等に関する内閣府令141条1項8号），設定できる信託の種類としては金銭の信託だけではない。したがって，(4)は誤りである。

　金融商品取引業を行わないこととなった場合など，預託を受けた金銭など

を顧客に返還するときは，投資者保護基金等が受益者代理人として，一括して元本の受益権を行使することとなるため（金融商品取引業等に関する内閣府令141条1項11号），顧客は顧客分別金信託受益者として各自受益債権を行使することはできない。したがって，⑸は誤りである。

 ファンドトラスト ☑☐☐☐☐

法人を委託者とする有価証券運用のための金外信託（いわゆるファンドトラスト）について，正しいものは次のうちどれですか。

⑴ ファンドトラストは，委託者が運用対象の財産の種類を一定の範囲で指定し，その範囲内での運用が受託者の裁量に任される指定運用の信託である。

⑵ ファンドトラストにおいては，受託者が，あらかじめ投資方針および運用計画を定め，この投資方針および運用計画に従った運用を希望する投資家を広く募り，信託を組成する。

⑶ ファンドトラストにおいては，同一の投資方針および運用計画にもとづき有価証券に運用することから，信託財産については，原則として，合同運用が行われている。

⑷ 主として有価証券に運用する金外信託としては，法令上，ファンドトラストしか認められていない。

⑸ 委託者兼受益者が，信託の終了により，信託財産である有価証券を現状有姿で受領する場合，保有目的を変更しないときは，受領時の時価で取得したものとして，すでに自ら保有している同一銘柄の有価証券との簿価通算を行う。

ファンドトラストは，指定運用の金外信託（金銭信託以外の金銭の信託）であり，指定運用とは，委託者により一定の範囲が指定されて，受託者は，その範囲内で，自らの裁量により信託財産を運用することができる信託である。したがって，(1)は正しく，これが本問の正解である。

有価証券運用においては，委託者ごとに，運用の意図，運用条件や投資についての考え方があるため，これに応じて，運用可能資金の量的制約，運用期間，リスク負担能力，収益性などのバランスについて，委託者・受託者間で十分に検討し，投資方針（許容できるリスク水準，目標とする投資収益率など）を定め，投資方針を踏まえた運用計画書を作成，委託者の承認により，信託が設定されるのが通常とされている。したがって，(2)は誤りである。

ファンドトラストにおいては，(2)のように，委託者ごとに，投資方針および運用計画が定められて，有価証券に運用するのが通常であり，信託財産の単独運用が原則である。したがって，(3)は誤りである。

主として有価証券に運用する金外信託には，ファンドトラスト（指定金外信託）のほか，信託財産の運用が委託者（または委託者から権限を付与された者）の指図により行われる特定金外信託がある。特定金外信託も，ファンドトラストと同じく，単独の受益者であり，かつ信託財産が単独運用される形態上も，また，実質的にも，受益権を分割して複数の者に取得させることを目的としないとされ，主として有価証券に運用する信託契約締結等の禁止から除外されるものとなるようにしている（投信法7条）。したがって，(4)は誤りである。

委託者兼受益者が，信託の終了により，信託財産である有価証券を現状有姿で受領する場合，保有目的を変更しないときは，信託財産の受入時点における簿価で取得したものとして，すでに自ら保有している同一銘柄の有価証券との簿価通算を行うこととされている（金融商品会計に関する実務指針99項）。したがって，「受領時の時価で取得したもの」としている(5)は誤りである。

問─32　特定金銭信託

・・

法人を委託者とする有価証券運用のための特定金銭信託（投資信託を除く）について，正しいものは次のうちどれですか。

⑴　特定金銭信託において，委託者が自ら受託者に対する運用の指図を行う場合，委託者は投資運用業のための金融商品取引業者の登録を受ける必要がある。

⑵　委託者自身が運用指図を行わず，運用指図権を投資運用業者に委託する場合の特定金銭信託契約の当事者は，委託者，投資運用業者および受託者である。

⑶　特定金銭信託における受託者の信託事務は，委託者または委託者から委託を受けた投資運用業者が売買した有価証券の保管および受渡しを運用指図にもとづいて行うことに限られている。

⑷　特定金銭信託においては運用の対象とする有価証券の種類を，株式または公社債などの中から，信託契約ごとに1つに特定しなければならない。

⑸　特定金銭信託の信託財産である有価証券は，時価の変動により利益を得ることを目的として保有する売買目的有価証券として，期末には時価で評価し，評価差額は当期の損益として処理することになっている。

▶ **解答ポイント＆正解**

　特定金銭信託において，受益者である委託者が，信託契約にもとづき自ら運用の指図を行う行為は，投資運用業（金融商品取引法28条4項各号）に該当しないため，金融商品取引業者の登録を要しない。したがって，⑴は誤りである。

運用指図権の投資運用業者への委託は，委託者と投資運用業者の間の委任契約であり，特定金銭信託契約締結の当事者は，委託者および受託者である。したがって，(2)は誤りである。なお，運用指図権を投資運用業者に委任する場合は，実務上は特定金銭信託契約のほかに，委託者，受託者，および投資運用業者の三者間で，特定金銭信託に関する協定書を締結して，運用指図の代理権の行使方法などを明確にしている。

　特定金銭信託においては，受託者は，委託者（または委託者から委託を受けた投資運用業者）の指図にもとづき有価証券の売買等を行う。受託者の信託事務は，運用として売買した有価証券の保管および受渡しに限られず，有価証券の所有者として配当金，利息等の収受，指図にもとづく議決権の行使，余裕金の運用，信託財産状況報告書の作成などをしている。したがって，(3)は誤りである。

　特定金銭信託においては，運用の対象とする有価証券の種類やその比率などについて，委託者が（または，委託者と運用指図の委任を受けた投資運用業者とが協議して）定めることができる。また，信託契約ごとに１つに特定しなければならないとの制約もない。したがって，(4)は誤りである。

　特定金銭信託の信託財産である有価証券は，時価の変動により利益を得ることを目的として保有する売買目的有価証券として，期末には時価で評価し，評価差額は当期の損益として処理することになっている（金融商品会計に関する実務指針66項・78項）。したがって，(5)は正しく，これが本問の正解である。

正解：(5)　正解率：27.58%

 問一33　**証券投資信託**

証券投資信託について，**誤っているもの**は次のうちどれですか。

(1)　ユニット型の証券投資信託は，設定ごとに独立した信託財産として

単独で運用・管理され，追加設定による資金の追加は行われない。

(2) 株式投資信託は，約款において公社債に投資できない旨が記載され，株式中心に投資している証券投資信託である。

(3) マネー・リザーブ・ファンドは，証券総合口座用の日々決算型の公社債投資信託で，投資信託協会の規則において，運用のリスクを低くするために，投資先資産が制限されている。

(4) ファミリーファンドとは，ベビーファンドと呼ばれる複数の証券投資信託の資金をまとめてマザーファンドと呼ばれる証券投資信託に投資し，マザーファンドが株式や公社債などの資産に投資する運用方式である。

(5) 上場投資信託（ETF）は，特定の株価指数（TOPIXや日経平均など），商品価格，商品指数などに連動するように設定された，金融商品取引所に上場されている投資信託である。

解答ポイント＆正解

　証券投資信託は，新規資金の追加の可否によって，オープン型とユニット型に分けられる。オープン型は，設定後も，一定の限度まで資金を追加できるもので，追加設定された資金は既存の信託財産（投資信託財産）と一体のものとして取り扱われ，受益権も既存のものと同一の内容となる。他方，ユニット型は，設定ごとに独立した信託財産（投資信託財産）として単独で運用・管理され，追加設定による資金の追加は行われない。したがって，(1)は正しい。

　証券投資信託は，投資の対象により，公社債投資信託と株式投資信託に分けられる。公社債投資信託は，約款（投資信託約款）において株式に投資できない旨が記載され，公社債中心に投資する証券投資信託である。株式投資信託は，約款（投資信託約款）において株式に投資できる旨が記載されている証券投資信託で，株式のほか，公社債にも運用できる。したがって，(2)は誤りであり，これが本問の正解である。

　マネー・リザーブ・ファンドは，証券総合口座用の日々決算型の公社債投

資信託で，投資信託協会の規則において，安全性と流動性などを確保して，運用のリスクを低くするために，投資先資産である公社債の種類・格付，運用の方法，取引期間（満期日までの残存期間）などが制限されている。したがって，(3)は正しい。

　投資家の資金を集めた複数の証券投資信託（ベビーファンド）の資金を，まとめて委託者を同じくする別の証券投資信託（マザーファンド）に投資する運用方式は，ファミリーファンドと呼ばれる。ファミリーファンドでは，マザーファンドが株式や公社債などの資産に投資している。したがって，(4)は正しい。

　上場投資信託（ETF）は，特定の株価指数（TOPIXや日経平均），商品価格，商品指数に連動するように設定された，金融商品取引所に上場されている投資信託である。したがって，(5)は正しい。

正解：(2)　**正解率：52.65%**

 問―34　証券投資信託の委託者　

証券投資信託の委託者である投資信託委託会社について，誤っているものは次のうちどれですか。

(1) 投資信託委託会社は，証券投資信託の投資家（受益者）から業務の委託を受けて，証券投資信託の運用の指図などを行う者である。

(2) 投資信託委託会社は，内閣総理大臣（金融庁長官に権限委任）の登録を受けた投資運用業者でなければならない。

(3) 投資信託委託会社は，投資信託約款を作成し，内閣総理大臣（金融庁長官に権限委任）への届出を行う。

(4) 投資信託委託会社は，信託財産の運用の指図のほか，信託財産として保有する有価証券の議決権などの権利の行使の指図を行う。

(5) 投資信託委託会社は，投資家（受益者）への運用報告書の作成・交付および信託財産に関する帳簿書類の作成・保存を行う。

　証券投資信託は，委託者指図型投資信託のうち主として有価証券に運用するものであり，委託者指図型投資信託では，委託者の指図にもとづいて，信託財産（投資信託財産）を，主として有価証券などの特定資産に運用するものとされている。投資信託委託会社は，証券投資信託の委託者で，投資信託法および信託契約（投資信託契約）にもとづき，委託者として，投資信託の運用の指図などを行う権限を有する者であり，証券投資信託の投資家（受益者）から業務の委託を受けている者ではない。したがって，(1)は誤りであり，これが本問の正解である。

　投資信託受益証券に表示される権利等の権利者から拠出を受けた金銭を，金融商品の価値等の分析にもとづく投資判断にもとづいて，主として有価証券に対する投資として運用する行為は，投資運用業に該当し（金融商品取引法2条8項14号），金融商品取引業とされる（同法28条4項2号）。投資運用業を含む金融商品取引業は，内閣総理大臣（金融庁長官に権限委任。以下同じ）の登録を受けた者でなければ営むことができない（同法29条）。したがって，(2)は正しい。

　投資信託委託会社は，信託約款（投資信託約款）を作成し，内閣総理大臣に届け出なければならない（投信法4条1項）。したがって，(3)は正しい。なお，受益証券を取得しようとする投資家（受益者）に対して，原則として，信託約款（投資信託約款）等が記載された書面を交付することとされている（同法5条）。

　投資信託委託会社は，信託財産（投資信託財産）の運用の指図のほか，信託財産（投資信託財産）として保有する有価証券の議決権などの権利の行使の指図を行う（投信法10条）。したがって，(4)は正しい。

　投資信託委託会社は，投資家（受益者）への運用報告書の作成・交付および信託財産（投資信託財産）に関する帳簿書類の作成・保存を行う（投信法14条・15条）。したがって，(5)は正しい。

正解：(1)　正解率：24.93%

問—35　証券投資信託の受託者　

> 証券投資信託の受託者について，誤っているものは次のうちどれですか。

(1)　信託銀行は，証券投資信託を含む委託者指図型投資信託の受託者となることができる。

(2)　受託者は，投資信託委託会社の指図にもとづき，有価証券の取得，処分，ならびにこれらに伴う有価証券や金銭の受渡し，および有価証券の管理，保管を行う。

(3)　証券投資信託の信託財産である株式の議決権については，受託者は投資信託委託会社の指図にもとづき行使するため，受託者が銀行である場合であっても，独占禁止法による銀行の議決権取得規制の対象とはならない。

(4)　受託者は，信託財産の計算を行い，また，基準価額の算定を行い，投資信託委託会社の算定との照合を行っている。

(5)　受託者は，受益者に対する損失補てんの禁止の例外として，証券投資信託のうち，運用を特定した金銭信託について，損失補てん契約を締結することができる。

解答ポイント＆正解

　委託者指図型投資信託契約は，一の投資運用業者を委託者とし，一の信託会社等（信託会社または信託業務を営む金融機関）を受託者とするのでなければ，締結してはならないとされている（投信法3条）。信託銀行は，信託業務を営む金融機関に属するので，委託者指図型投資信託の受託者となることができる。したがって，(1)は正しい。

　受託者は，委託者指図型投資信託契約により，投資信託委託会社の指図にもとづき，有価証券の取得や処分ならびにこれらに伴う有価証券や金銭の受渡し，および有価証券の管理や保管を行う。したがって，(2)は正しい。

　信託財産（投資信託財産）として有する有価証券にかかる議決権等の行使

は，投資信託委託会社が指図を行うものとされている（投信法10条 1 項）。委託者が議決権行使の指図を行うときは，独占禁止法による銀行が信託財産（投資信託財産）として取得する議決権の規制（取得時から 1 年を超えて，5 ％を超える議決権を取得・保有するについての公正取引委員会の認可）の対象とならない（独禁法11条 2 項）。したがって，(3)は正しい。

受託者は，信託財産（投資信託財産）の計算を行い，また，基準価額の算定を行い，投資信託委託会社の算定との照合を行っている。したがって，(4)は正しい。

営業信託の受託者は，自己の責めに帰すべき事故による損失を補てんする場合を除き，受益権に生じた損失をてん補することは禁じられている（信託業法24条 1 項，兼営法 2 条による準用）。禁止の例外としては，信託業務を営む金融機関が締結する運用を特定しない金銭信託についての元本補てん契約等がある（兼営法 6 条）。証券投資信託は，運用を特定しない金銭信託ではないため，受託者が損失てん補契約を締結する対象とはならない。したがって，(5)は誤りであり，これが本問の正解である。なお，証券投資信託においては，運用の指図を行う投資信託委託会社（投資運用業を行う金融商品取引業者）が，運用財産の運用として行った取引により生じた受益者の損失をてん補すること等も，事故による損失を除いて，禁止されている（金融商品取引法42条の 2 第 6 号）。

正解：(5) 正解率：52.09%

5. 資産流動化に関する信託

 資産流動化の信託の対象財産

信託銀行が引き受ける**資産流動化の信託の対象財産**について，誤っているものは次のうちどれですか。

(1) 法令で譲渡が禁止されている資産は，対象資産とすることができない。

(2) 外国通貨による債権を，対象資産とすることができる。

(3) 賃借権が付いた土地で，第三者への売却が困難なものを，対象資産とすることができる。

(4) 格付会社から格付を取得していない企業に対する貸付債権は，対象資産とすることができない。

(5) 流通市場における取引価格の相場のない資産を，対象資産とすることができる。

解答ポイント＆正解

法令において譲渡が禁止されている資産を信託財産として引き受けた場合には，脱法信託（信託法9条）となるため，これを対象とすることができない。したがって，(1)は正しい。

流動化の対象となる債権は，円建債権に限定されることはなく，外国通貨による債権も対象とすることができる。したがって，(2)は正しい。

すでに賃借権が付されている土地は，実務上，安定的な地代収入が得られることや，減価償却費の負担がないこと等に着目して売買が行われており，資産流動化の対象資産となる。したがって，(3)は正しい。

実務上，業種・信用力・規模等，その属性がさまざまな企業に対する貸付債権が対象資産となっており，格付会社から格付を取得している企業に対する貸付債権に限られない。したがって，(4)は誤りであり，これが本問の正解

である。

　経済価値を合理的に見積もることができるものであれば，資産流動化の対象資産とすることができる。必ずしも流通市場で売買取引が行われるなど，売買相場としての取引価格が形成されていることを要しない。したがって，(5)は正しい。

正解：(4)　　正解率：80.22%

 問―37　　**資産流動化における信託の意義**　　

　　　　　　資産流動化において信託が利用される意義について，誤っているものは次のうちどれですか。

(1)　信託期間満了時に，委託者が信託財産を買い戻す義務を負うため，委託者の信用力にもとづいた資金調達をすることができる。

(2)　信託財産に対する，信託設定後の原因による委託者の債権者からの強制執行等を排除することができる。

(3)　対象資産の有する経済的な価値を受益権化して流通させることができる。

(4)　受益権を数量的に分割して投資単位を小口化することにより，投資をしやすくすることができる。

(5)　金銭債権を信託することにより組成された受益権を売却することで，当該金銭債権の期日前に，資金調達を実現できる。

解答ポイント＆正解

　信託を利用した場合，委託者に信託財産の買戻しが必ず義務づけられるわけではない。したがって，(1)は誤りであり，これが本問の正解である。

　信託財産は，独立性を有しているものとされ，信託財産責任負担債務にかかる債権を除き，委託者の債権者であっても信託財産責任負担債務にかかる債権以外の債権や信託設定後の原因による当該信託財産に対する強制執行等

を行うことは禁止されている（信託法23条）。したがって，(2)は正しい。

　税務上の取扱い等に留意する必要はあるが，受益権は原則として自由な設定が可能であり，大規模な資産を対象とする場合に，受益権をそのまま投資家に販売するのではなく，幅広い投資家が投資しやすくなるよう，受益権を数量的に分割して1口あたりの投資単位を小口化することができる。また，対象資産について信託を設定し，その受益権を譲渡すれば，対象資産を受託者が所有しているまま，その経済的な価値を受益権に転換して流通させることができる。したがって，(3)，(4)は正しい。

　金銭債権の流動化のメリットの一つとしては，金銭債権の期日まで資金化できない資産を信託として設定し，その受益権を売却すれば，当該金銭債権の期日前に新たなキャッシュ・フローを生むことができることがある。したがって，(5)は正しい。

正解：(1)　**正解率：64.76%**

 問—38　貸付債権信託の特徴　

貸付債権信託の特徴について，誤っているものは次のうちどれですか。

(1)　登録金融機関等の役職員が貸付債権信託の受益権の販売に従事するためには，外務員登録を受ける必要がある。

(2)　貸付債権信託の信託財産に属する貸付債権から生じる収益は，受益者が法人の場合は法人税法上の益金となり，個人の場合は総合課税の課税所得に該当する。

(3)　貸付債権信託の信託財産に生じる収益にかかる課税の取扱いは，受益者等課税信託が原則とされ，受益者が当該信託財産たる貸付債権を保有するものとみなされる。

(4)　信託財産たる貸付債権に期限前弁済事由が生じた場合などに，委託者に当該貸付債権を買い戻す義務を付すことができる。

(5) 貸付債権信託の信託財産に属する貸付債権の回収は受託者が行うことになり，第三者に委託することはできない。

解答ポイント＆正解

貸付債権信託の信託受益権は，金融商品取引法の有価証券であることから，信託銀行等のほか，証券会社や証券業務の取扱いを行う登録金融機関においても取り扱うことができる。これらの役職員が当該受益権の販売取扱いに従事するためには，外務員登録を受ける必要がある。したがって，(1)は正しい。

貸付債権信託の信託財産に属する貸付債権から生じる収益は，法人の場合には法人税法上の益金として取り扱われ，個人の場合には雑所得として総合課税の課税所得に該当することになる。したがって，(2)は正しい。

貸付債権信託の信託財産に生じる収益にかかる課税の取扱いは，受益者等課税信託が原則とされ，受益者が当該信託財産を保有するものとみなされる。したがって，(3)は正しい。

貸付債権信託では，信託財産たる貸付債権に期限前弁済事由などが生じた場合に，委託者が当該貸付債権を買い戻す義務を負うことを約するスキームを組成することができる。したがって，(4)は正しい。

貸付債権信託では，信託財産である金銭債権の回収について，実務上，受託者が委託者または第三者に事務を委託することがある。したがって，(5)は誤りであり，これが本問の正解である。

正解：(5)　**正解率：72.42%**

 問—39　**金銭債権の信託**　
....
金銭債権の信託について，誤っているものは次のうちどれですか。

(1) 金銭債権の内容（金額，支払日等）が特定されていることが必要で

ある。

(2) 信託の受託において，訴訟に巻き込まれる可能性のある金銭債権が含まれないことの確認が必要である。

(3) 金銭債権の価値の下落のリスクやスキーム当事者の信用リスクを回避する目的で，第三者による保証が付けられることがある。

(4) 委託者は，金銭債権を信託することについて，当該金銭債権の原債務者に告知しなければ，対象資産とすることができない。

(5) 受託者は，金銭債権が信託された後は，金銭債権に対して排他的管理権を有する。

解答ポイント＆正解

金銭債権信託を受託する場合には，委託者から受託者に対象資産を信託譲渡し，また，受託者が信託事務を処理するため，金銭債権の内容が特定されている必要がある。したがって，(1)は正しい。

訴訟に巻き込まれる可能性がある金銭債権については，回収に時間や労力を費やすことから，これを避けるための確認が必要である。なお，訴訟行為を目的とした信託の設定は禁止されている（信託法10条）。したがって，(2)は正しい。

金銭債権の価値の下落を回避する目的で，第三者による保証が付けられることがあり，これを外部信用補完措置という。したがって，(3)は正しい。

原債務者に対して金銭債権を委託者から受託したことを告知しない方式（サイレント方式）により，委託者から受託者に対して債権を信託譲渡する場合がある。したがって，(4)は誤りであり，これが本問の正解である。

金銭債権の信託では，委託者から受託者に対して売掛債権等の金銭債権が信託譲渡された後は，受託者は信託財産である金銭債権に対して排他的な管理権を有し，受託者自らまたは受託者が取立事務を委託した者等が金銭債権の管理・処分等の信託事務を処理することになる。第三者が金銭債権の管理・回収をしようとしてもそれを排除することができる。したがって，(5)は正しい。

6. 動産・不動産に関する信託

 問—40 　**動産設備信託（即時処分型）**

動産設備信託（即時処分型）の仕組みについて，誤っているものは次のうちどれですか。

(1) 信託目的は，動産設備のユーザーへの売却と売却代金の回収となる。

(2) 受託者は，動産設備について担保権を設定する。

(3) ユーザーは，受託者に対して動産設備の使用にかかる賃借料を支払う。

(4) 動産設備にかかる固定資産税は，ユーザーに課される。

(5) ユーザーにとっては，動産設備を長期借入金で購入したのと同様の効果がある。

解答ポイント＆正解

　動産設備信託は，製作した動産設備の早期売却を希望するメーカーと，動産設備の購入代金を延払いで支払うことを望むユーザーとの間を仲介する機能を有する。即時処分型の動産設備信託では，受託者は，委託者であるメーカーから動産設備について信託を受けると同時にその動産設備をユーザーに売却する。ユーザーはただちに動産設備の所有権を取得するが，その購入代金は売買契約の条件に従って割賦で支払う仕組みとなっている。

　即時処分型の動産設備信託の信託目的は，こうした仕組みから動産設備のユーザーへの売却とその売却代金の回収となっている。したがって，(1)は正しい。

　受託者は，ユーザーとの間で割賦販売契約を締結してユーザーに動産設備を割賦で売却するため，信託期間中はユーザーに対して割賦債権を有することになる。受託者はこの割賦債権の回収を担保するため，動産設備について

担保権設定契約を締結する。したがって，(2)は正しい。

　ユーザーは動産設備の所有権をただちに取得するので，管理処分型のようにユーザーが動産設備使用の対価を賃借料として受託者に支払うことはなく，受託者には購入代金を割賦で支払うことになる。こうした仕組みは，ユーザーにとっては動産設備を長期借入金で購入したのと同様の効果がある。動産設備の所有権はユーザーがただちに取得するので，動産設備にかかる固定資産税はユーザーに課されることになる。したがって，(3)は誤りであり，(4)，(5)は正しく，(3)が本問の正解である。

正解：(3)　正解率：8.36%

 問-41　**不動産管理処分信託の仕組み**　

　不動産管理処分信託の仕組みについて，誤っているものは次のうちどれですか。

(1)　信託受益権の譲渡について，金融商品取引法が適用される。

(2)　不動産投資信託（J-REIT）において利用される場合は，委託者による信用補完措置を講じなければならない。

(3)　受託者は，信託期間中に不動産の管理を行うとともに，その不動産から生じる賃貸料を信託収益計算期ごとに受益者に収益金として交付する。

(4)　1つの信託契約で，複数の不動産を引き受けることについて，特段の制約は設けられていない。

(5)　受益者が信託財産を保有するものとみなして課税される。

解答ポイント＆正解

　信託受益権は，金融商品取引法上の有価証券とされている。不動産管理処分信託の受益権の譲渡については，金融商品取引法の適用がある。したがって，(1)は正しい。

不動産投資信託（J-REIT）の不動産信託受益権への投資は，現物不動産の代替として行われており，委託者による信用補完措置を講じる必要はない。したがって，(2)は誤りであり，これが本問の正解である。

不動産管理処分信託の受託者は，信託期間中に不動産の管理を行うとともに，その不動産から生じる賃貸料を信託収益の計算期ごとに受益者に収益金として交付する。したがって，(3)は正しい。

1つの契約で複数の不動産を引き受けることについては，法令上特段の制約はなく，実務上も引受が行われている。したがって，(4)は正しい。

不動産管理処分信託では，信託財産の名義は受託者となるが，税法上は受益者が信託財産を保有するものとみなして課税される。したがって，(5)は正しい。

正解：(2) 正解率：43.73%

 問―42 不動産の信託の税制上の取扱い

土地信託にかかる税制上の取扱いについて，**誤っているもの**は次のうちどれですか。

(1) 受益者の課税所得の額は，受益者が交付を受ける信託配当の額と一致する。

(2) 委託者から受託者への信託譲渡に伴う信託の登記には，登録免許税が課される。

(3) 受益権が譲渡された場合において，信託終了時に受益権の譲受人が信託財産である土地または建物の交付を受けるときは，その時点で当該譲受人に不動産取得税が課される。

(4) 信託期間中，信託財産である建物の固定資産税は，受託者に課される。

(5) 信託財産である土地上に受託者が建物を建築した場合，新築建物にかかる不動産取得税は受託者に課される。

解答ポイント＆正解

　信託建物にかかる減価償却費は，受益者の課税所得の計算において，費用として認められるが，信託配当の計算においては，減価償却費は支出項目とされていないため，信託配当の額は必ずしも受益者の課税所得とは一致しない。したがって，(1)は誤りであり，これが本問の正解である。

　委託者から受託者への所有権の移転登記と同時に行われる信託の登記には，登録免許税が課される。したがって，(2)は正しい。なお，登録免許税の税率は，所有権の移転登記は本則では不動産評価額の1,000分の4，相続による土地の所有権の移転登記は2025（令和7）年3月31日までは免税となっている。また，所有権以外の権利であるときは不動産評価額の1,000分の2となっている。

　信託終了時において信託財産である土地または建物が受益者に交付される場面では，当該受益者が信託引受の当初から信託終了時まで継続して元本受益者であったかどうかで不動産取得税の取扱いが異なる。信託期間中に受益権が譲渡された場合で，当該譲受人が信託終了時に信託財産である土地または建物の交付を受けたときは，当該譲受人に不動産取得税が課される。したがって，(3)は正しい。

　土地信託における信託財産である建物にかかる固定資産税は，所得税法や法人税法の規定のような実質課税主義がとられておらず，動産設備信託にかかる固定資産税の特例もないため，所有者である受託者に課される。したがって，(4)は正しい。

　信託の設定または終了において，委託者と受託者との間で土地・建物が移転する場合には形式的な所有権の移転として不動産取得税は非課税とされるが（地方税法73条の7），信託土地上に受託者が建物を建築して取得する場合にはこのような特例の適用がないため，新築建物にかかる不動産取得税は受託者に課される。したがって，(5)は正しい。

正解：(1)　　**正解率：35.38%**

問-43 土地信託の仕組み

土地信託の仕組みについて，正しいものは次のうちどれです
か。

(1) 個人は，土地信託の委託者になることができない。

(2) 受託者は，信託財産である土地上に建築する建物の建築資金を，受
託者の銀行勘定から借り入れることはできない。

(3) 委託者から受託者への土地の信託譲渡に伴う信託の登記は，所有権
移転登記の後に別途申請される。

(4) 信託配当には，利益補足の特約を付すことができない。

(5) 信託終了時には，建物は取り壊したうえで，土地のみを受益者へ交
付しなければならない。

解答ポイント＆正解

土地信託の利用について，委託者の属性に関する制限はないため，法人の
委託者に限らず個人も委託者となることができる。したがって，(1)は誤りで
ある。

受託者が信託土地上に建物を建築する場合に，その建築資金を受託者の銀
行勘定（固有財産）から借り入れることは，受託者の忠実義務との関係が問
題となるが，信託契約に定めがある場合やあらかじめ受益者の承諾を得た場
合等，法令上の一定の要件を満たす場合には可能とされている（信託法31条
2項，信託業法29条2項）。したがって，(2)は誤りである。

信託設定に伴う信託の登記は，所有権移転の登記と同時に申請することと
されている（不動産登記法98条1項）。したがって，(3)は誤りである。

信託は，実績配当を原則とする。元本補てんや利益補足の特約の締結につ
いては，一定の要件を満たした「運用方法の特定しない金銭信託」に限られ
ている（兼営法6条）。したがって，(4)は正しく，これが本問の正解である。

信託終了時には，受託者は受益者に対し，信託財産（土地・建物等）を現
状有姿のまま交付することもできる。したがって，(5)は誤りである。

正解：(4)　正解率：60.45%

7．その他の信託・併営業務

 問―44 公益信託の特色

公益信託の特色について，正しいものは次のうちどれですか。

(1) 公益信託は，いわゆる自己信託の方法によって設定することができる。

(2) 公益信託の終了時において，帰属権利者がその権利を放棄したときは，主務官庁が，信託の本旨に従って，類似の目的のために信託を継続させることはできない。

(3) 信託の変更によって，受益者の定めを設けることはできない。

(4) 公益信託の受託者は，やむをえない事由がある場合に限り，信託管理人の許可を受けて辞任することができる。

(5) 公益信託については，信託の併合や分割をすることができない。

解答ポイント＆正解

　受益者の定めのない信託は，信託契約による方法（信託法3条1項）または遺言による方法（同法3条2項）によって設定することができる（同法258条1項）。公益信託は，受益者の定めのない信託に分類されることから，自己信託の方法によって設定することができない。したがって，(1)は誤りである。

　公益信託の終了時において，残余財産について帰属権利者の指定に関する定めがないとき，または帰属権利者がその権利を放棄したときは，主務官庁が，信託の本旨に従って，類似の目的のために信託を継続させることができる（公益信託法9条）。したがって，(2)は誤りである。

　受益者の定めのない信託においては，信託の変更によって受益者の定めを設けることはできない（信託法258条2項）。そのため，受益者の定めのない信託である公益信託では，信託の変更によって受益者の定めを設けることが

できない。したがって，(3)は正しく，これが本問の正解である。

公益信託の受託者は，やむをえない事由がある場合に限り，主務官庁の許可を受けて辞任することができる（公益信託法7条）。したがって，(4)は誤りである。

公益信託では，主務官庁の許可を条件として，信託の併合または信託の分割をすることができる（公益信託法6条）。したがって，(5)は誤りである。

正解：(3)　正解率：62.26%

 特定公益信託　☑☐☐☐☐

特定公益信託について，正しいものは次のうちどれですか。

(1) 受託者が信託財産から受ける報酬の額は，信託管理人の承諾を得ることができれば，その額について特段の制限はない。

(2) 特定公益信託の委託者について相続の開始があったときは，信託に関する権利の価額は相続税の課税価格からその一定割合を減額した価額が算入される。

(3) 信託財産を，株式や証券投資信託の受益証券，国債・地方債に運用することはできない。

(4) 委託者が個人のとき，学資の支給を行うことを目的とする特定公益信託から交付される金品について，受給者に贈与税は課されない。

(5) 委託者と受託者の合意によって信託を終了させることができる。

解答ポイント＆正解

特定公益信託の受託者が信託財産から受ける報酬の額は，信託事務の処理に要する経費として通常必要な額を超えないものとされている（所得税法施行令217条の2第1項8号，法人税法施行令77条の4第1項8号，租税特別措置法施行令40条の4第1項8号）。したがって，(1)は誤りである。

信託の委託者について相続の開始があった場合には，特定公益信託自体も

信託の類型の一つであるため，信託に関する権利は相続人が承継する相続財産として取り扱われる。ただし，特定公益信託については，信託に関する権利の価額は零（0）として取り扱われ，相続税の課税価格に算入されない（相続税法基本通達9の2－6）。したがって，(2)は誤りである。

特定公益信託の信託財産の運用対象は，預貯金，国債・地方債・特別の法律により法人の発行する債券，貸付信託の受益権など，一定のものに限られている（所得税法施行令217条の2第1項4号，法人税法施行令77条の4第1項4号，租税特別措置法施行令40条の4第1項4号）。したがって，(3)は誤りである。なお，株式や証券投資信託の受益証券をその運用対象とすることはできない。

特定公益信託の委託者が個人である場合，受給者は委託者から信託の利益を受ける権利を贈与により取得したものとみなされ（相続税法9条の2第2項），その受給者には贈与税が課される。しかし，学生もしくは生徒に対する学資の支給を行うことを目的とする特定公益信託から交付される金品については，贈与税が非課税とされている（同法21条の3第1項4号）。したがって，(4)は正しく，これが本問の正解である。

特定公益信託を設定するためには，信託行為に合意による終了ができない旨の定めをおくことが要件となっている（所得税法施行令217条の2第1項2号，法人税法施行令77条の4第1項2号，租税特別措置法施行令40条の4第1項2号）。したがって，(5)は誤りである。

正解：(4) 正解率：54.46%

 問―46 **遺言信託**

遺言により設定される信託（遺言信託）の法律上の説明について，誤っているものは次のうちどれですか。

(1) 遺言に信託の効力発生について停止条件が付されているときは，その停止条件の成就によって信託の効力が生じる。

(2) 遺言によって信託が設定された場合に，委託者の相続人は，遺言に別段の定めがない限り委託者の地位を相続により承継する。

(3) 遺言信託により受益者となる者は，相続税法上，信託に関する権利を遺言者から遺贈によって取得したものとみなされる。

(4) 遺言信託により担保権を設定することができる。

(5) 遺留分権利者の遺留分を害する遺言信託は，これにより当然には無効とならない。

解答ポイント＆正解

遺言によって設定される信託（以下，「遺言信託」という）は，遺言の効力の発生によってその効力を生じるが（信託法4条2項），信託行為に停止条件が付されているときは，当該停止条件の成就によってその効力を生じる（同法4条4項）。したがって，(1)は正しい。

遺言信託が設定された場合，委託者の相続人は，遺言に別段の定めがない限り，委託者の地位を相続により承継しない（信託法147条）。したがって，(2)は誤りであり，これが本問の正解である。

他益信託が設定された場合に，個人が受益者となるときは，信託の効力が生じた時において，信託に関する権利を委託者から贈与によって取得したものとみなされるが，委託者の死亡に起因して信託の効力が生じた場合には，相続税法上，遺贈によって取得したものとみなされる（相続税法9条の2第1項）。したがって，(3)は正しい。

遺言信託とは，特定の者に対して財産の譲渡や担保権の設定その他の財産の処分をする旨，ならびに当該特定の者が一定の目的に従って，財産の管理または処分およびその他の当該目的の達成のために必要な行為をすべき旨の遺言をする方法によって設定される信託をいう（信託法3条2号）。したがって，遺言信託による担保権の設定も可能であり，(4)は正しい。

遺言者は，包括または特定の名義で，その財産の全部または一部を処分することができる（民法964条）。遺言信託も遺留分に関する規定の適用を受け，遺留分権利者の遺留分を害するときは遺留分侵害額の請求を受けること

になるが，遺言信託が当然に無効となるのではない。したがって，(5)は正しい。

正解：(2)　正解率：67.55%

問一47　**特定贈与信託（特定障害者扶養信託）**　

特定贈与信託（特定障害者扶養信託）について，正しいものは次のうちどれですか。

(1)　信託契約は，取消または合意による終了をすることはできない。

(2)　受益者である特定障害者が死亡すると，信託受益権は国に帰属する。

(3)　特別障害者について，信託受益権の価額のうち3,000万円までの金額に相当する部分の価額は，贈与税の課税価格に算入されず，3,000万円を超過する部分の価額が贈与税の課税価格に算入される。

(4)　信託期間については委託者の希望する任意の期間を定めることができる。

(5)　株式や債券は価格変動リスクがあるため，これらを信託財産とすることはできない。

解答ポイント＆正解

　特定贈与信託の契約要件の一つとして，取消または合意による終了ができない旨の定めがあることとされている（相続税法21条の４第２項，同施行令４条の12第２号）。したがって，(1)は正しく，これが本問の正解である。

　特定贈与信託は，受益者である特定障害者の死亡の日に終了し（相続税法施行令４条の12第１号），その信託受益権は特定障害者の相続財産となる。したがって，(2)は誤りである。

　特別障害者について，特定贈与信託の信託受益権の価額のうち6,000万円までの金額に相当する部分の価額は，贈与税の課税価格に算入されない（相

続税法21条の 4 第 1 項）。このため，3,000万円を超過する部分であっても6,000万円までの金額に相当する部分の価額は贈与税の課税価格に算入されない。したがって，(3)は誤りである。なお，特別障害者以外の特定障害者については，3,000万円を限度として贈与税が非課税となる。

特定贈与信託は，その特定障害者扶養信託契約において受益者である特定障害者の死亡の日に終了することとされている必要があるので（相続税法施行令 4 条の12第 1 号），あらかじめ信託期間を定めることはできない。したがって，(4)は誤りである。

特定贈与信託の当初信託財産とすることができる財産は，①金銭，②有価証券，③金銭債権，④立木およびその生立する土地（立木とともに信託されるものに限る），⑤継続的に相当の対価を得て他人に使用させる不動産，⑥受益者である特定障害者の居住の用に供する不動産（①〜⑤までのいずれかとともに信託されるものに限る）とされている（相続税法21条の 4 第 2 項，同施行令 4 条の11）。したがって，(5)は誤りである。

正解：(1) **正解率：44.43%**

問―48 遺言執行業務

信託銀行が営む遺言執行業務について，誤っているものは次のうちどれですか。

(1) 遺言執行者は，就職後遅滞なく相続財産の目録を作成し，相続人に交付しなければならない。

(2) 遺言の執行に関する費用は，相続財産の負担となるが，かかる負担によって遺留分を減ずることができない。

(3) 遺言執行者は，相続財産の管理その他遺言の執行に必要な一切の行為をすることができる。

(4) 遺言が相続財産のうち特定の財産に関するものである場合，遺言執行者はその財産以外の財産については，遺言執行者としての管理権を

有しない。

⑸　信託銀行は，自筆証書遺言でその信託銀行が遺言執行者に指定され
ていた場合，当該遺言にもとづき遺言執行者に就任することはできな
い。

解答ポイント＆正解

　遺言執行者が就職を承諾したときは，ただちにその任務を行わなければな
らず（民法1007条），遺言執行者は，遅滞なく，相続財産の目録を作成し
て，相続人に交付しなければならない（同法1011条１項）。したがって，⑴
は正しい。

　遺言の執行に関する費用は，相続財産の負担となるが，かかる負担によっ
て遺留分を減ずることができない（民法1021条）。したがって，⑵は正しい。

　遺言執行者は，相続財産の管理その他遺言の執行に必要な一切の行為をす
る権利義務を有する（民法1012条１項）。したがって，⑶は正しい。

　遺言執行者は，遺言が相続財産のうち特定の財産に関する場合には，その
財産についてのみ排他的な管理権を有する（同法1014条）。したがって，⑷
は正しい。

　信託銀行は，兼営法にもとづき財産に関する遺言の執行を行うことが可能
である（兼営法１条１項４号）が，対象となる遺言について特段の法的な制
限はない。よって，信託銀行は，自筆証書遺言でその信託銀行が遺言執行者
に指定されていた場合，当該遺言にもとづき遺言執行者に就任することがで
きる。したがって，⑸は誤りであり，これが本問の正解である。なお，実務
上，自筆証書遺言にもとづく遺言執行を行うことが少ないのは，信託銀行や
公証人が遺言の作成に関与しない遺言については，その解釈に疑義が生じ相
続人や受遺者の関係も不明であって，その間で紛争が起きる懸念が類型的に
低くないことが理由としてあげられる。

正解：⑸　**正解率：73.26%**

 **問-49** 不動産業務

☑️□□□□

信託銀行が営む不動産業務について，正しいものは次のうちどれですか。

(1) 不動産の仲介業務において専任媒介契約を締結した場合には，国土交通大臣が指定した流通機構に物件情報を登録しなければならない。

(2) 不動産の仲介業務において専任媒介契約を締結した場合，依頼者は自らが探索した相手方であっても売買契約を締結することができない。

(3) 不動産の仲介業務において，信託銀行は，売買等の契約の相手方に対して，契約が成立するまでの間または成立後ただちに，宅地建物取引士をして，一定の重要事項を記載した書面を交付して説明をさせなければならない。

(4) 信託銀行は，兼営法上の認可とは別で宅地建物取引業法上の免許を受けて，不動産の仲介業務を営んでいる。

(5) 不動産の鑑定評価業務を営むにあたって，信託銀行は，国土交通省に備える不動産鑑定業者登録簿への登録を受ける必要がない。

解答ポイント＆正解

　宅地建物取引業者は，専任媒介契約を締結したときは，契約の相手方を探索するため，当該専任媒介契約の目的物である宅地または建物につき，所在，規模および売買価格等の事項を，国土交通大臣が指定する流通機構に登録しなければならない（宅建業法34条の2第5項）。したがって，(1)は正しく，これが本問の正解である。

　不動産の媒介とは，売買等の取引の依頼人に対して取引の相手方を斡旋し，当事者双方の間に立って取引を成立させることをいう。不動産の媒介契約において，依頼者が他の宅地建物取引業者に重ねて売買等の媒介または代理を依頼することを禁止するものを専任媒介契約という（宅建業法34条の2第3項）。宅地建物取引業者が探索した相手方以外の者との契約を締結する

ことができない旨の特約を含むものを専属専任媒介契約といい（同施行規則15条の9第2号），専属専任媒介契約を締結した場合に，依頼者は自らが探索した相手方であっても売買等の契約を締結することはできない。したがって，(2)は誤りである。

宅地建物取引業者は，宅地もしくは建物の売買，交換もしくは貸借の相手方等に対して，その売買，交換または貸借の契約が成立するまでの間に，宅地建物取引士をして，一定の重要事項を記載した書面を交付して説明をさせなければならない（宅建業法35条1項）。したがって，契約の成立後ただちに書面を交付して説明するのでは不十分であり，(3)は誤りである。

信託銀行は，兼営法上の「財産の取得，処分または貸借に関する代理または媒介」を根拠として，不動産の仲介業務を営むことが認められている（兼営法1条1項6号）。なお，不動産の仲介業務を営むためには宅地建物取引業法上の免許が必要であるが，旧兼営法にもとづきすでに仲介業務を営んでいた信託銀行については，国土交通大臣への届出により免許を受けた宅地建物取引業者とみなされる（旧宅建業法77条，銀行法等の一部を改正する法律（平成13年法律第117号）附則11条）。したがって，(4)は誤りである。

信託銀行が不動産の鑑定評価業務を営むためには，国土交通省に備える不動産鑑定業者登録簿に登録を受けなければならない（不動産の鑑定評価に関する法律22条1項）。したがって，(5)は誤りである。

正解：(1) 　正解率：69.36%

 問-50　証券代行業務

信託銀行が営む証券代行業務について，誤っているものは次のうちどれですか。

(1) 特別口座に記録されている単元未満株式について，株主が発行会社に対して買取請求や買増請求をすることはできない。

(2) 株主名簿管理人は，特別口座を開設する口座管理機関を兼ねること

ができる。

(3) 会社は，電子メールによって株主総会招集通知を発信することができる。

(4) 信託銀行が営む証券代行業務は，兼営法にもとづく併営業務である。

(5) 株主名簿管理人は，株主総会招集通知の発送や議決権行使書の集計など株主総会に関連する事務についても，会社から委託を受けて取り扱うことができる。

解答ポイント＆正解

　株主は，特別口座に記録された株式について，株主自らの口座または会社の口座以外の口座を振替先口座とする振替の申請をすることができないとされている（社債，株式等振替法133条 1 項）。単元未満株式の買取請求は，会社の口座への振替申請となり，一方，単元未満株式の買増（売渡）請求は株主自らの口座への振替申請となるため，特別口座に記録された株式であっても，いずれも可能である。したがって，(1)は誤りであり，これが本問の正解である。

　特別口座とは，株主が自ら証券会社等に開設した振替口座（一般口座）とは異なり，株券電子化制度の施行時において，会社が振替口座（一般口座）を有していない株主のために開設した振替口座をいう。また，会社がその発行する振替株式を金融商品取引所に上場するにあたって，その振替株式を記録する振替口座（一般口座）を会社に通知しなかった場合などにおいても開設される（社債，株式等振替法131条 1 項 3 号・ 3 項）。会社が特別口座を開設する口座管理機関について法令上の制約はないが，株券電子化制度の施行時に，株主名簿の記録にもとづき特別口座が開設された経緯から，実務上は，株主名簿管理人である信託銀行等に開設されている。したがって，(2)は正しい。

　株主総会の招集に際しては，株主総会の日の 2 週間前までに株主の届出住所に宛ててその招集通知を発送しなければならない（会社法299条）。この招

集通知は，書面によるほか，株主の承諾があれば，電磁的方法すなわち電子メールによっても発することができる（同法299条2項・3項）。したがって，(3)は正しい。

　信託銀行が営む証券代行業務は，会社の株主に対する債務を信託銀行が会社に代わって履行するという意味で，兼営法上の債務の履行に関する代理事務（兼営法1条1項7号ニ）と位置づけられている。したがって，(4)は正しい。

　株主名簿管理人は，株主名簿管理人委託契約にもとづき，株主総会招集通知の発送や議決権行使書の集計など株主総会関係事務についても，会社から委託を受けて取り扱っている。したがって，(5)は正しい。

正解：(1)　**正解率：66.99%**

1．信託の基礎
2．定型的な金銭の信託
3．従業員福祉に関する信託
4．証券に関する信託
5．資産流動化に関する信託
6．動産・不動産に関する信託
7．その他の信託・併営業務

※問題および各問題についての解答ポイント・正解は，原則として
　試験実施日におけるものです。
※問題文中の「信託銀行」は，当該設問にかかる信託業務または併
　営業務を営むことが認められている金融機関を総称するものとし
　ます。

1．信託の基礎

  信託の歴史

信託の歴史について，誤っているものは次のうちどれですか。

(1) イギリスの信託制度は，アメリカやオーストラリアなどの英米法系の諸国に受け継がれ，発展した。

(2) イギリスの信託制度は，衡平法（エクイティ）裁判所の判例が集積したものである。

(3) 1922（大正11）年に制定された日本の信託法のモデルは，インド法とカリフォルニア州法である。

(4) 1922（大正11）年に信託法，信託業法が制定され，信託会社の数は減少した。

(5) 2006（平成18）年の信託法改正は，信託業の担い手を拡大することが趣旨の１つであった。

解答ポイント＆正解

　信託制度は，英米法系のアメリカ・カナダ・オーストラリアなどで主に発展し，制定法中心のヨーロッパ大陸諸国など他の法体系の国々では，信託制度はなかなか広まらなかった。したがって，(1)は正しい。

　イギリスの法制は判例法体系であるが，普通法（コモン・ロー）の裁判所と王の直下の大法官府に設けられた衡平法（エクイティ）の裁判所が併存し，普通法に縛られることなく，良心と衡平とをもって裁判を行う衡平法裁判所の判例によって信託は発展した。したがって，衡平法裁判所の判決が集積したものとする(2)は正しい。

　1922（大正11）年に制定された日本の信託法のモデルは，インド法とカリフォルニア州法である。当時のインド信託法はイギリスの信託法体系を立法化しており，カリフォルニア州民法は，大陸法系であるスペイン法を基にし

た民法に信託をとり入れたところが日本の状況に似ていた。したがって，(3)は正しい。

　1922（大正11）年に旧信託法と旧信託業法が制定される以前の日本では，「信託」はあいまいな意味で使われており，信託業という名の下に，不動産仲介，貸金，株式売買，訴訟代行などの業務が行われていた。その中には資力や信用力に乏しいものもあり，その整理・取締りという社会的要請の基に，信託法・信託業法は制定された。そのため，両法の制定後，信託会社の数は減少した。したがって，(4)は正しい。

　2006（平成18）年に改正された信託法は，民法の特別法であって業者の規制法ではない。2004（平成16）年に改正された信託業法は，業者の規制法であるが，信託業の担い手の拡大と受託可能財産の拡大が改正の主なポイントであった。したがって，(5)は誤りであり，これが本問の正解である。

正解：(5)　**正解率：63.21%**

2021年（第149回）

信託の種類　☑□□□□

　信託の種類について，誤っているものは次のうちどれですか。

(1)　限定責任信託では，信託事務処理により受託者が債務を負担する際に，受託者と債権者が責任財産限定特約を締結しない場合でも，受託者の固有財産で履行責任を負わない。

(2)　委託者と受託者が同一の信託を自己信託という。

(3)　金銭信託は，当初信託財産が金銭で，信託終了時に信託財産を現状のまま交付するものである。

(4)　公益信託は，受益者の定めのない信託である。

(5)　遺言による信託は，他益信託か受益者の定めのない信託のいずれかである。

　信託の原則では，受託者が信託事務処理により負担する債務は，信託財産と受託者の固有財産の双方の負担により履行する責任を負うため，受託者が信託債権者と責任財産限定特約を個別に締結することにより初めて受託者は固有財産での履行責任を免れることができる。一方，限定責任信託では，登記などの法定要件を満たすことによって，信託債権者との特約がなくても受託者は固有財産での履行責任を負わない（信託法216条以下）。したがって，(1)は正しい。

　委託者と受託者が同一の信託を自己信託といい，公正証書その他の書面または電磁的記録による法定の方式で設定することができる。したがって，(2)は正しい。

　当初信託財産が金銭である信託（金銭の信託）のうち，信託の終了時に信託財産を金銭に換価して受益者に引き渡すものを金銭信託といい，信託財産を現状のまま引き渡すものを金外信託（金銭信託以外の金銭の信託）という。したがって，(3)は誤りであり，これが本問の正解である。

　受益者の存在を信託行為で予定していない信託は，目的信託（受益者の定めのない信託）と呼ばれる（信託法258条以下）。公益信託は，目的信託のうち，学術，技芸，慈善，祭祀，宗教その他公益を目的として主務官庁の許可を受けて税法上の特典を得ることができるものをいい（公益信託法1条），受益者の定めのない信託である。したがって，(4)は正しい。

　委託者を受益者とする信託は自益信託と呼ばれ，委託者以外の者を受益者とする信託は他益信託と呼ばれる。遺言により受益者の定めのある信託を設定する場合には，委託者の死亡によって信託が成立するため，受益者は委託者以外の者となることから他益信託となる。また，受益者の定めのない信託は，遺言により設定できる（信託法258条1項）。したがって，(5)は正しい。

正解：(3)　**正解率：71.30％**

信託の設定 ☑☐☐☐☐

わが国における信託の設定について，正しいものは次のうちどれですか。

(1) 信託を設定する方法は，委託者と受託者による契約，委託者による遺言，法定の方法による受益者の意思表示の3種類がある。

(2) 委託者と受託者が同一の信託を契約により設定できる。

(3) 遺言によって信託を設定する場合は，民法の定める遺言の方式に従い，特定の者に対し財産の譲渡，担保権の設定その他の財産の処分をする旨ならびに当該特定の者が一定の目的に従い財産の管理または処分およびその他の当該目的の達成のために必要な行為をすべき旨の遺言をする。

(4) 法令によりある財産権を享有することができない者でも，その権利を有するのと同一の利益を受益者として享受することはできる。

(5) 受託者と受益者が同一の信託を設定することはできない。

解答ポイント＆正解

信託を設定する方法は，委託者と受託者による契約，委託者による遺言，法定の方法による委託者兼受託者の意思表示（自己信託）の3種類がある。したがって，(1)は誤りである。

委託者と受託者が同一の信託（自己信託）は，契約ではなく，公正証書その他の書面または電磁的記録による法定の方式で委託者兼受託者の意思表示にもとづいて設定する。したがって，(2)は誤りである。

遺言によって信託を設定する場合は，民法の定める遺言の方式に従い，特定の者に対し，財産の譲渡，担保権の設定その他の財産の処分をする旨ならびに当該特定の者が一定の目的に従い財産の管理または処分およびその他の当該目的の達成のために必要な行為をすべき旨の遺言をする。したがって，(3)は正しく，これが本問の正解である。

脱法的な信託を禁止するため，信託法9条は，「法令によりある財産権を

享有することができない者は，その権利を有するのと同一の利益を受益者として享受することができない」と定めている。したがって，(4)は誤りである。

　専ら受託者の利益を図ることを信託目的とする信託は認められていないが（信託法2条1項），受託者が受益者となることは否定されていないので（同法8条），受託者と受益者が同一の信託を設定することはできる。したがって，(5)は誤りである。なお，受託者が受益権の全部を固有財産で有する状態が1年間継続すると信託は終了する。

正解：(3)　正解率：57.74％

 受益証券発行信託

受益証券発行信託について，誤っているものは次のうちどれですか。

(1) 受益証券発行信託の受益証券の発行に登記は不要である。

(2) 受益証券発行信託は，信託契約に受益証券を発行する旨の定めがなければ設定できない。

(3) 受益証券発行信託の受益証券は，金融商品取引法上の有価証券である。

(4) 受益証券発行信託においては，信託債権者と責任財産限定特約を締結しなくても，受託者は信託財産責任負担債務について固有財産をもって履行する責任を負わない。

(5) 証券取引所に上場されている受益証券発行信託（JDR〈Japanese Depositary Receipt〉など）は，社債，株式等の振替に関する法律により，受益証券が発行されない受益証券発行信託である。

解答ポイント＆正解

受益証券発行信託とは，信託行為に受益証券を発行する旨を定めることに

より，受益権を表示する証券を有価証券として流通させることができる信託である（信託法185条以下）。登記の制度があるのは限定責任信託で，受益証券発行信託に登記の制度はない。したがって，(1)，(2)は正しい。

受益証券発行信託の受益証券は，金融商品取引法上の有価証券である（同法2条1項14号）。したがって，(3)は正しい。なお，一般の信託受益権は証券を発行しないが，金融商品取引法2条2項1号により有価証券とみなされる。

受益証券発行信託を限定責任信託（受託者が信託財産のみをもって信託財産責任負担債務を履行する責任を負う信託）とするためには，信託法216条以下の限定責任信託の特例に従う必要がある。したがって，(4)は誤りであり，これが本問の正解である。

東京証券取引所に上場されている受益証券発行信託として，JDR（Japanese Depositary Receipt）や内国商品現物型ETFがあるが，これらは社債，株式等振替法により受益証券が発行されないこととされており，他の上場有価証券と同様に，証券保管振替機構の株式等振替制度で管理されている。したがって，(5)は正しい。

正解：(4) **正解率：52.73%**

 問―5 　**財産管理制度としての信託** ☑☐☐☐☐

財産管理制度としての信託について，正しいものは次のうちどれですか。

(1) 信託財産の瑕疵により第三者に損害を与えた場合，受託者は第三者に対して責任を負わない。

(2) 信託の受託者の任務は，受託者の破産手続開始の決定により終了しない。

(3) 受託者は受益者の指示がない場合は，信託財産を管理・処分する義務を負わない。

(4) 信託財産の管理・処分のために受託者が訴訟を提起することは認められる。

(5) 信託は受託者が死亡すれば終了する。

解答ポイント＆正解

　信託財産の瑕疵により第三者に損害を与える場合の例としては，信託財産の所有者としての工作物責任や信託財産の売却についての契約不適合責任などがあるが，第三者に対して責任を負うのは当事者である受託者であり，委託者や受益者ではない。したがって，(1)は誤りである。

　信託の受託者の任務は，破産手続開始の決定により原則として終了する（信託法56条1項3号）。したがって，(2)は誤りである。

　受託者は，信託の本旨に従って信託事務を処理する義務を負うため（信託法29条1項），信託行為の別段の定めにより受益者の指示によるとされていない限り，信託財産の管理・処分については裁量をもって行うのが原則である。したがって，(3)は誤りである。

　受託者に訴訟をさせることを主たる目的として信託を設定することはできないが（信託法10条），信託財産の管理・処分のために必要な訴訟を受託者が提起することは禁止されておらず，むしろ受託者がやらなければならない義務である。したがって，(4)は正しく，これが本問の正解である。

　信託は受託者が死亡しても終了しないことが原則であり，新たな受託者を選任することになる。他の財産管理制度との比較では，委任は受任者の死亡により終了するから，これは信託の特徴といえる。したがって，(5)は誤りである。

正解：(4)　　**正解率：68.91%**

問―6 信託銀行の利益相反取引の禁止

信託銀行の利益相反取引の禁止に関する以下の文章の空欄①～③に入る語句の組合せとして，正しいものは次のうちどれですか。

> 信託銀行は，信託法31条に加えて，信託業法29条の利益相反取引の禁止の規定を遵守しなければならない。すなわち，自己または利害関係人と信託財産との取引，および（ ① ）の取引は，利益相反取引として禁止されている。
>
> ただし，信託行為に利益相反取引を行う旨とその取引の概要についての定めがあるか，または，利益相反取引に関する重大な事実を開示して受益者から（ ② ）を得ている場合で，かつ受益者の保護に支障が生ずることがない場合として内閣府令に定められた場合であれば，利益相反取引を行ってもよい。
>
> その場合でも，原則として（ ③ ）利益相反取引の状況について受益者に開示しなければならない。

(1) ①委託者と ②書面等による事前承諾
　　③利益相反取引の後，すみやかに

(2) ①委託者と ②事前承諾 ③計算期間ごとに

(3) ①受益者と ②事前承諾
　　③利益相反取引の後，すみやかに

(4) ①信託財産間 ②書面等による事前承諾
　　③利益相反取引の後，すみやかに

(5) ①信託財産間 ②書面等による事前承諾 ③計算期間ごとに

解答ポイント＆正解

信託銀行は，民法の特別法である信託法に加えて，行政法規である信託業法と兼営法の規制を受ける。利益相反取引については，兼営法が信託業法を

2021年（第149回）

準用しているため，信託銀行は信託業法29条の定めを遵守しなければならない。信託法31条で明示されている自己と信託財産の取引，信託財産間の取引の禁止に加え，信託業法29条は，受託者の利害関係人（受託者と親子関係にある法人や関連法人等）と信託財産との取引も明文で原則禁止としている。したがって，①には「信託財産間」が入る。

　また，例外的に利益相反取引を認める場合も，信託業法は信託法よりも条件が厳しい。重要な事実を開示して受益者から利益相反取引の承諾（承認）を得る場合，信託業法では，書面等による事前承諾を求めている。したがって，②には「書面等による事前承諾」が入る。

　利益相反取引の状況を受益者に開示する方法についても，信託業法は，計算期間ごとの書面交付という形式を定めている。したがって，③には「計算期間ごとに」が入る。

　以上より，(5)が正しく，これが本問の正解である。

正解：(5)　**正解率：61.05％**

 信託事務処理の委託

信託事務処理の委託に関する以下の文章の空欄①〜③に入る語句の組合せとして，正しいものは次のうちどれですか。

　受託者は，信託事務処理を遂行する義務を負うが，分業化・専門化が著しく進んだ現代社会においては，信託事務のすべてを受託者が自ら処理することは前提とできない。

　そのため，信託法においては，受託者は，信託行為に信託事務処理を委託する，または委託できる旨を定めている場合の他に，信託行為に委託できるという定めがなくても（　①　）信託事務処理を委託することが相当な場合や，信託行為に委託してはならないという定めがあるが，（①）委託することがやむをえない場合には，信

託事務処理を委託できる。そして信託事務処理を第三者に委託するときは，（①）適切な者に委託しなければならないと定めている。

　信託銀行が信託事務処理の委託をする場合には，信託業法（兼営法により準用）は「信託業務の一部を委託すること及びその信託業務の委託先（委託先が確定していない場合は，委託先の選定に係る基準及び手続）が信託行為において明らかにされていること」を求めている。ただし，「信託財産の保存行為に係る業務，信託財産の性質を変えない範囲内において，その利用又は改良を目的とする業務」等を委託する場合，（②）よいこととされている。そのうえで，信託業法は，信託事務処理の委託先が，その事務処理によって（③）に損害を与えた場合は，信託銀行が原則として損害賠償義務を負うと定めている。

(1)　①受益者の承諾を得て　　②信託行為に定めなくても　③信託財産
(2)　①信託の目的に照らして　②信託行為に定めなくても　③信託財産
(3)　①受益者の承諾を得て　　②受益者の承諾を得れば　　③受益者
(4)　①信託の目的に照らして　②受益者の承諾を得れば　　③受益者
(5)　①信託の目的に照らして　②信託行為に定めなくても　③受益者

解答ポイント＆正解

　信託法は，受託者が自ら信託事務処理をすることを一応の前提としつつも，信託事務処理のすべてを自ら行うことは現実的でないとして，ⓐ信託行為に信託事務処理を第三者に委託すること，または委託できることについて定めている場合，ⓑ信託行為に第三者に委託できるという定めがないが，信託の目的に照らして信託事務処理を第三者に委託することが相当な場合，またはⓒ信託行為に第三者に委託してはならないという定めがあるが，信託の目的に照らして第三者に委託することがやむをえない場合には，信託事務処理を第三者に委託できるとしている（同法28条）。また，信託事務処理を第三者に委託するときは，信託の目的に照らして適切な者に委託できることを

定めている（同法35条1項）。したがって、①には「信託の目的に照らして」が入る。

　一方で信託業法は、委託することおよび委託先等を信託行為に記載することを求めているが、信託財産の保存行為にかかる業務などを委託する場合については、信託行為に定めなくてもよいこととしている（同法22条3項）。したがって、②には「信託行為に定めなくても」が入る。

　そして、委託先が受益者に損害を与えた場合は、受託者が原則として損害賠償義務を負うとしている（信託業法23条）。したがって、③には「受益者」が入る。

　信託事務処理の委託について、信託法では受託者が委託先の選任監督義務を負うことを原則としていることと比べると、信託業法はより厳格な定めを置いている。具体的には、信託法が受託者の損失てん補責任等を定めていることに加えて（同法40条）、信託業法は受益者への損害賠償責任を定めているところに特色がある。

　以上より、(5)が正しく、これが本問の正解である。

正解：(5)　正解率：66.34%

 共同受託

1個の信託にかかる受託者が複数の場合（共同受託）に関する以下の文章の空欄①～③に入る語句の組合せとして、正しいものは次のうちどれですか。

　信託事務処理は受託者の（　①　）をもって決定されるが、保存行為については、各受託者が単独で決定することができる。ただし、信託行為に受託者の職務分掌を規定した場合には、分掌に規定された受託者が決定し、執行する。

　受託者に対する意思表示は、そのうち1人に対して行えば他の受

託者にも効力が生じるが，別段の定めがあればそれに従う。

　信託財産はすべての受託者の（　②　）となる。

　信託事務処理によって負担した債務はすべての受託者が（　③　）となる（ただし，職務分掌の定めがある場合について信託法はさらに定めている）。

(1)　①全員一致　　②合有　　③案分して債務者
(2)　①過半数　　　②共有　　③案分して債務者
(3)　①全員一致　　②合有　　③連帯債務者
(4)　①過半数　　　②共有　　③連帯債務者
(5)　①過半数　　　②合有　　③連帯債務者

▶解答ポイント＆正解

　共同受託（受託者が複数いる信託）では，信託事務処理は受託者の過半数をもって決定され，決定された事務処理は単独の受託者が行うことができるが，保存行為については，各受託者が単独で決定することができる。ただし，信託行為に受託者の職務分掌を規定した場合には，分掌に規定された受託者が決定し，執行する（信託法80条1項〜4項）。したがって，①には「過半数」が入る。

　受託者に対する意思表示は，そのうち1人に対して行えば，他の受託者にも効力が生じるが，別段の定めがあればそれに従う（信託法80条7項）。

　信託財産は，すべての受託者の合有となる（信託法79条）。合有と共有は異なる概念であり，合有の場合は共同受託者間で持分がなく，共同受託者間で分割を請求したり持分の譲渡をしたりすることはできない。したがって，②には「合有」が入る。

　信託事務処理によって負担した債務は，すべての受託者が連帯債務者となる。そして，債権者との特約がない限り，受託者は固有財産をもって債務を弁済しなければならない。ただし，ある受託者がその職務分掌の定めに従って債務を負担した場合には，債権者が職務分掌の定めがあることを過失なく

知らないときを除き，当該職務を分掌されていない受託者については，連帯債務者ではあるものの，自らの固有財産によって当該債務を弁済しなくてよい（信託法83条）。したがって，③には「連帯債務者」が入る。

　以上より，(5)が正しく，これが本問の正解である。

正解：(5)　正解率：46.41%

 問一9　受託可能財産

当初信託財産に関する記述について，正しいものは次のうちどれですか。

(1)　受託者が委託者から当初信託財産として抵当権の設定を受けることで，信託を設定することはできない。

(2)　委託者が取得した抵当権を当初信託財産として受託者に移転することで，信託を設定することはできない。

(3)　土地について，委託者を賃貸人，受託者を賃借人とする賃貸借契約を締結することでその賃借権を当初信託財産とすることができる。

(4)　将来一定の期間に発生すべき債権を当初信託財産とすることはできない。

(5)　委託者の債務のみを当初信託財産とすることができる。

➡ 解答ポイント＆正解

　信託法は，契約および遺言による信託の設定のために「担保権の設定その他の処分をする」ことを認め，被担保債権と切り離して，担保権を当初信託財産とすることを認めている（同法3条1号・2号）。また，信託法55条では，「担保権が信託財産である信託において，信託行為において受益者が当該担保権によって担保される債権に係る債権者とされている場合には，担保権者である受託者は，信託事務として，当該担保権の実行の申立てをし，売却代金の配当または弁済金の交付を受けることができる」と定められてい

る。これを担保権の信託といい，抵当権を信託財産とするものには，直接信託方式と二段階設定方式とがある。直接信託方式では，受託者が委託者から抵当権の設定を受けて抵当権者となり，債権者が受益者となる。二段階設定方式は，第1段階で債権者が抵当権設定者から抵当権の設定を受けて抵当権者となり，第2段階で債権者が委託者兼受益者として抵当権を受託者に信託譲渡することによって，信託が設定される。したがって，(1)と(2)は，いずれも信託を設定することができるため，誤りである。また，信託法3条1号・2号の「その他の財産の処分」には賃貸借も含まれ，委託者が賃貸借により受託者に賃借権を取得させることができる。したがって，(3)は正しく，これが本問の正解である。

2021年（第149回）

　将来債権は譲渡可能であり（民法466条の6），当初信託財産として受託可能である。したがって，(4)は誤りである。

　債務は，信託財産責任負担債務とすることはできるが，信託財産とはならないので，受託することはできない。信託法では，信託財産に属する積極財産については「信託財産に属する財産」とし，信託に関する債務は「信託財産責任負担債務」としており，これらは対置する概念としている。したがって，(5)は誤りである。

正解：(3)　正解率：66.97％

問－10　信託財産責任負担債務　

信託財産責任負担債務について，受託者が信託財産および受託者の固有財産に属する財産をもって履行の責任を負うものは，次のうちどれですか。

(1)　受益債権にかかる債務

(2)　限定責任信託における借入債務

(3)　責任財産限定特約が付された借入債務

(4)　重要な信託の変更によって損害を受けるおそれのある受益者の受託

者に対する受益権取得請求権にかかる債務

(5) 信託財産に関する公租公課にかかる債務

解答ポイント＆正解

　信託財産責任負担債務は，受託者が信託財産に属する財産をもって履行する責任を負う債務であるが（信託法21条），そのうち，同法21条2項に列挙されたものは，受託者が信託財産に属する財産のみをもって，その履行の責任を負うものとされる。これを信託財産限定責任負担債務という（同法154条）。これにより，同法21条1項に列挙された信託財産責任負担債務のうち，同法21条2項に列挙されたものを除いたものが，受託者が信託財産および受託者の固有財産に属する財産をもって履行の責任を負うものとなる。

　(1)は信託法21条2項1号，(2)は同2号，(3)は同4号，(4)は同3号（同法103条・104条）に該当する信託財産限定責任負担債務であるから，いずれも誤りである。

　(5)は，信託法21条1項9号に該当する信託財産責任負担債務である。したがって，信託財産および受託者の固有財産に属する財産をもって履行責任を負うものは(5)であり，これが本問の正解である。

正解：(5)　正解率：31.38%

 信託の登記

信託の登記について，誤っているものは次のうちどれですか。

(1) 信託の設定にあたって委託者から受託者に不動産が移転されるとき，移転登記と同時に信託の登記を申請しなければならない。

(2) 自己保有の不動産をもって自己信託を設定するとき，権利の変更の登記と同時に信託の登記を申請しなければならない。

(3) 信託の登記は，委託者と受託者が共同して申請しなければならない。

(4) 信託された不動産に対して強制執行が行われた場合に，受益者が第三者異議の訴えを提起するためには，信託の登記を具備していなければならない。

(5) 信託の登記は，信託財産であることの対抗要件であって，信託の成立要件ではない。

解答ポイント＆正解

信託財産は，受託者個人に対する債権者からの強制執行等の対象とはならないなど，信託法により一定の保護を受ける。このため，登記または登録をしなければ権利の得喪および変更を第三者に対抗することができない財産については，信託の登記または登録をすれば，その財産が信託財産に属することを第三者に対抗することができる（信託法14条）。これを信託財産の公示といい，信託の登記は信託財産としての対抗要件とされている。

典型的な例は不動産であり，不動産を信託するにあたって行う委託者から受託者への不動産移転の登記（移転登記）と同じ書面により同時に行う信託の登記が，第三者に対する対抗要件とされる。また，自己信託の場合は財産移転行為がないことから，権利の変更の登記をするものとされており，権利の変更の登記とともに行う信託の登記が対抗要件とされる（不動産登記法98条1項・3項）。したがって，(1)，(2)は正しい。

信託の登記は，受託者が単独で申請できる（不動産登記法98条2項）。したがって，(3)は誤りであり，これが本問の正解である。

信託財産である不動産に対して強制執行が行われた場合，受益者が第三者異議の訴えを提起するためには，信託の登記がされていることが必要である（信託法23条5項）。したがって，(4)は正しい。

信託の登記は，第三者に対する対抗要件であって，信託の成立要件ではない（信託法14条）。したがって，(5)は正しい。

正解：**(3)** 正解率：62.13%

受益権の譲渡について，誤っているものは次のうちどれです
か。

(1) 受益権の性質が譲渡を許さないとき，その受益権を譲渡することが
できない。

(2) 受益権の譲渡を禁止し，または制限する旨の信託行為の定めは，そ
の定めがなされたことについて善意かつ重大な過失のない譲受人その
他の第三者に対抗することができる。

(3) 受益権の譲渡は，譲受人が確定日付のある証書によって受託者に通
知をし，または確定日付のある証書によって受託者が承諾しなけれ
ば，受託者以外の第三者に対抗することができない。

(4) 受託者は，譲渡人による受益権の譲渡の通知がされるまでに譲渡人
に対して生じた事由をもって，譲受人に対抗することができる。

(5) 受益証券発行信託の受益権の譲渡は，受益証券が発行されている場
合は，その受益権にかかる受益証券を交付しなければその効力を生じ
ない。

解答ポイント＆正解

受益権は，民法上の（指名）債権または（指名）債権に類するものとさ
れ，その性質が譲渡を許さない場合を除き，譲渡することができる（信託法
93条1項）。したがって，(1)は正しい。

また，譲渡を禁止しまたは制限することはできるが（これをまとめて譲渡
制限という），譲渡制限の定めについては，信託法上，「受益権の譲渡を禁止
し，又は制限する旨の信託行為の定めは，その譲渡制限の定めがされたこと
を知り，又は重大な過失によって知らなかった譲受人その他の第三者に対抗
することができる」とされている（信託法93条2項）。したがって，(2)は誤
りであり，これが本問の正解である。

受益権の譲渡の第三者対抗要件は，信託法上は確定日付のある証書による

譲渡人からの通知または受託者の承諾である（信託法94条1項・2項）。一方，第三者対抗要件を具備する方法としては，実際には，譲受人が譲渡人と締結した受益権譲渡契約書に確定日付を取得して譲渡人を代理して受託者に通知する方法なども考えられるところであり，(3)は正しい。

受託者は，譲渡人による受益権の譲渡の通知または受託者の承諾がされるまでに譲渡人に対して生じた事由をもって譲受人に対抗することができる（信託法95条）。したがって，(4)は正しい。

受益証券発行信託の受益権の譲渡は，有価証券法理にもとづき有価証券の交付が効力発生要件とされる。したがって，(5)は正しい。

正解：(2)　正解率：36.79%

問─13　**受益権の放棄**　

信託法上の受益権の放棄について，誤っているものは次のうちどれですか。

(1) 受益権を放棄した場合，受益者はその意思表示の時から受益権を有していないものとみなされる。

(2) 受益権の放棄によって第三者の権利を害することはできない。

(3) 委託者が受益者である場合，委託者は受益権を放棄することはできない。

(4) 信託行為の定めにより受益者として指定された者がいったん受益者となる旨の意思表示をした場合は，その後に受益権を放棄することはできない。

(5) 受益権を放棄した受益者は，放棄の時までに受けた利益を，不当利得として信託財産に返還しなければならない。

解答ポイント＆正解

信託法では，受益者として指定された者が当然に信託の利益を享受するも

のと定められているが（同法88条1項），受益者として指名されても信託の利益の享受を強制されるものではないことを明らかにするため，一般の権利放棄とは別に信託法独自の受益権の放棄が定められている。受益権の放棄をすれば，受益者は当初から受益権を有していなかったものとみなされる（同法99条2項）。したがって，(1)は誤りであり，これが本問の正解である。なお，一般的に財産権を放棄することは認められていることから，受益権を将来に向かって放棄することは可能であり，この場合は放棄の時点から受益権を失い，受益者でなくなる。

受益権の放棄によって第三者の権利を害することはできない（信託法99条2項但書）。したがって，(2)は正しい。

委託者が受益者である場合には，当該受益者は信託行為の当事者であるから，受益権の放棄は認められない（信託法99条1項）。したがって，(3)は正しい。

信託行為の定めにより受益者として指定された者は，いったん受益者となる旨の意思表示をすると，受益権を放棄する権利を放棄したものと解されている。したがって，(4)は正しい。

受益権を放棄すると，当初から受益権を有していなかったものとみなされるので，その者が受領した信託の利益は不当利得となり，当該利益の返還義務が生じる（信託法99条2項本文）。したがって，(5)は正しい。

正解：(1)　正解率：60.65%

 問一14　遺言代用の信託

遺言代用の信託のうち，委託者の死亡の時以後に受益者が信託財産にかかる給付を受ける旨の定めのあるものについて，正しいものは次のうちどれですか。

(1)　受益者は，受益権を放棄することができない。

(2)　委託者は，信託行為に別段の定めがあっても，受益者を変更するこ

とができる。

　(3)　委託者は，信託行為に別段の定めのない限り，受益者の同意なしに
　　　信託を終了することができる。

　(4)　受益者は，信託行為に別段の定めがあっても，受託者に対する監督
　　　上の権利を行使することができない。

　(5)　委託者は，遺言によっては受益者を変更することができない。

解答ポイント＆正解

　遺言代用の信託は，委託者となる者がその財産を信託して，委託者生存中
の受益者を委託者自身とし，委託者死亡後の受益者を委託者の配偶者や子供
などとすることで，自己の死後における財産の分与を信託によって実現しよ
うとするものであり，死因贈与と類似する機能を有するものとされる（信託
法90条１項）。遺言代用の信託には，「委託者の死亡の時に受益者となるべき
者として指定された者が受益権を取得する旨の定めのある信託」（同項１号）
と「委託者の死亡の時以後に受益者が信託財産に係る給付を受ける者の定め
のある信託」（同項２号）とがある。受益者は，遺言代用の信託の設定にお
ける当事者ではないから，別段の定めがなくとも受益権を放棄することがで
きる（信託法99条１項）。したがって，(1)は誤りである。

　委託者には受益者変更権があり，別段の定めがある場合に限り，その定め
るところによるとされている（信託法90条１項）。したがって，(2)は誤りで
ある。

　遺言代用の信託のうち，信託法90条１項２号に定めるものにおいては，信
託行為に別段の定めのない限り，委託者が死亡するまでは受益者としての権
利を有しない（同法90条２項）。したがって，(3)は正しく，これが本問の正
解である。すなわち，同法90条１項２号の遺言代用の信託の場合は，受益者
の定めのない信託と同様に処理することとなり，委託者のみで信託を終了さ
せることができ，または受託者との合意で信託の変更をすることができると
される。さらに，この場合の受益者は，委託者が死亡するまでは受益者とし
ての権利を有しないので，別段の定めのない限り，委託者が受託者に対する

監督的権利を行使するものとされており（同法148条），別段の定めを設ければ当該権利の行使は可能となる。したがって，(4)は誤りである。

　委託者は，遺言によって受益者を変更することができる（信託法89条2項）。したがって，(5)は誤りである。

正解：(3)　正解率：63.95%

 問―15　法人課税信託

法人課税信託について，誤っているものは次のうちどれですか。

(1)　納税義務者は受託者であり，受託者が個人の場合も法人税の納税義務がある。

(2)　法人課税信託の受託者は，信託財産にかかる所得について受託者の固有財産にかかる所得と合算して法人税が課される。

(3)　受益者・みなし受益者が存在しない目的信託は，法人課税信託である。

(4)　法人が委託者となる自己信託で，信託の効力発生時以後の信託の存続期間が20年を超える場合には，一部の例外を除き，法人課税信託とされる。

(5)　過度な課税繰延べの生じない特定受益証券発行信託を除く受益証券発行信託は，法人課税信託である。

解答ポイント＆正解

　信託段階で，受託者を納税義務者として法人税が課される信託は，法人課税信託と呼ばれる。信託税制は，「受益者課税の原則」を基本としつつも，法人税法上，受益者・みなし受益者が存在しない目的信託，法人が委託者となる自己信託で信託の効力発生時以後の信託の存続期間が20年を超えるもの（一部の例外を除く），過度な課税繰延べの生じない特定受益証券発行信託を

除く受益証券発行信託などが，法人課税信託に該当するものとして定められている（法人税法 2 条29号の 2 ）。したがって，⑶，⑷，⑸は正しい。

　法人課税信託では，納税者は受託者であり，受託者が個人であっても法人税が課される（法人税法 4 条）。したがって，⑴は正しい。

　法人課税信託の受託者は，信託財産にかかる所得について，受託者の固有財産にかかる所得とは区別して法人税が課される（法人税法 4 条の 2 ）。したがって，⑵は誤りであり，これが本問の正解である。

正解：⑵　　**正解率：64.07%**

2. 定型的な金銭の信託

 問-16 合同運用指定金銭信託（一般口）

合同運用指定金銭信託（一般口）について，正しいものは次のうちどれですか。

(1) 信託銀行は，通常，信託契約締結時の委託者に対する書面交付義務は免除されている。

(2) 委託者が受益者を変更するには，その旨を受託者に通知すればよく，受託者の承諾は必要としない。

(3) 元本補てんの特約が付されているため，元本に欠損が生じた場合，その欠損が生じた時にその欠損部分が補てんされる。

(4) 法令上，利益を補足する旨の特約を付すことは認められていない。

(5) 信託契約時に呈示される予定配当率が信託期間中，常に適用される。

解答ポイント＆正解

信託業法26条により，信託会社は，信託契約締結時に一定の事項を記載した書面（信託契約締結時の書面）を委託者に交付しなければならないとされ，信託銀行による信託の引受についても，兼営法2条1項によりこの規定が準用される。ただし，兼営法施行規則14条1項5号により，委託者の保護に支障を生ずることがない場合にはこの限りではないとされており，信託銀行が元本補てんの特約の付された契約による信託の引受を行った際に，委託者からの要請にもとづき，すみやかにこの書面を交付できる体制が整備されている場合がこれにあたる。

合同運用指定金銭信託（一般口）（以下，「合同一般口」という）は，実務上，元本補てんの特約が付されており，信託銀行は，店頭備置等により，この書面をすみやかに交付できる体制を整備していることから，通常，書面交

付義務が免除されている。したがって，(1)は正しく，これが本問の正解である。

　合同一般口の信託約款では，委託者は，受託者の承諾を得て受益者の指定または変更をすることができるとされている。したがって，(2)は誤りである。

　兼営法6条により，信託銀行は運用方法を特定しない金銭信託に限り，一定の要件を満たせば，元本に損失が生じた場合にこれを補てんする旨を定める信託契約を締結することができるとされている。合同一般口は，実務上，元本補てんの特約が付されており，信託約款では，「元本に欠損が生じた場合，信託終了の時にこれを補てんする」とされている。したがって，(3)は誤りである。

　合同一般口は，兼営法6条により，利益を補足する旨の特約を付すことが認められている。したがって，(4)は誤りである。

　信託銀行は，受託に際して受益者の目安として，あらかじめ収益の予測等にもとづいて収益計算の配当率を示している。これを予定配当率といい，予定配当率は金融情勢等の変化に応じて変更される。信託期間中に予定配当率が変更される場合，その計算期間中の決算日（毎年3月・9月の各25日）までは従来の予定配当率が適用されるが，それ以降は変更後の予定配当率が適用されることになる。したがって，(5)は誤りである。

正解：(1)　**正解率：44.31％**

 問-17 　**教育資金贈与信託** ☑☐☐☐☐

・・

教育資金贈与信託について，正しいものは次のうちどれですか。なお，2021（令和3）年4月に施行された租税特別措置法によるものとします。

(1)　受益者の養父母は，委託者になることができない。

(2)　受益者が40歳に達するまでの間，信託が終了しない場合がある。

(3) 信託財産の運用により生じる収益に対する所得税も，非課税となる。

(4) 信託が終了するまでの間に委託者が死亡した場合，受益者に相続税が課税されることはない。

(5) 認定こども園の保育料は，贈与税が非課税となる教育資金の範囲に含まれない。

解答ポイント＆正解

委託者（贈与者）は，受益者（受贈者）の祖父母，父母等の直系尊属に限られる。受益者の養父母は直系尊属であるため，委託者になることはできる。したがって，(1)は誤りである。

教育資金贈与信託は，租税特別措置法上，受益者が「30歳に達した日」もしくは「死亡した日」，または教育資金贈与信託にかかる信託財産の価額がゼロとなった場合において受益者と信託銀行との間で信託契約を終了させる合意があった際，その合意にもとづき終了する日のいずれか早い日に終了することとされており，これ以外の信託期間を別途定めることはできない。ただし，受益者が30歳に到達した時に，現に①当該受益者が学校等に在学している場合，または②当該受益者が雇用保険法にもとづく教育訓練給付金の支給対象となる教育訓練を受講している場合には，30歳到達時の翌月末日までに，その旨を記載する届出書に証明書類を添付して信託銀行に届け出ることにより，また，その翌年以降も学校等に在学等していれば，当該届出を毎年1回行うことにより，受益者が40歳に達するまでの間，教育資金贈与信託は終了しない。したがって，(2)は正しく，これが本問の正解である。

信託財産の運用により生じる収益は，受益者の所得となるため，受益者に所得税が課税される。なお，運用収益には贈与税は課税されない。したがって，(3)は誤りである。

信託等があった日から教育資金贈与信託の終了の日までの間に委託者が死亡した場合（その死亡の日において，受益者が次の(イ)〜(ハ)のいずれかに該当する場合を除く）には，その死亡の日までの年数にかかわらず，同日におけ

る管理残額（非課税拠出額から教育資金支出額を控除した残額）を，受益者が当該委託者から相続等により取得したものとみなされる。したがって，(4)は誤りである。

　(イ)　23歳未満である場合

　(ロ)　学校等に在学している場合

　(ハ)　教育訓練給付金の支給対象となる教育訓練を受講している場合

　贈与税が非課税となる教育資金の範囲は，次のとおりとされている。ただし，下記「2」の金銭については，非課税となる金額の上限は500万円である。したがって，(5)は誤りである。

　1．次の施設に直接支払われる入学金，授業料，学用品の購入費等

　　a．学校教育法1条に規定する学校（幼稚園，小学校，中学校，義務教育学校，高等学校，中等教育学校，特別支援学校，大学，高等専門学校），学校教育法124条に規定する専修学校，外国におけるこれらに相当する教育施設またはこれらに準ずる教育施設

　　b．学校教育法134条1項に規定する各種学校

　　c．保育所，認定こども園等

　　d．水産大学校，海技教育機構の施設，航空大学校等

　2．上記「1」の学校等以外の者に，教育を受けるために直接支払われる金銭（※）……学習塾や習い事の「謝礼」「月謝」，学習塾に支払う教材費等，通学定期券代，留学渡航費等

　※　23歳以上の受益者については，上記「2」のうち，学習塾や習い事の「謝礼」「月謝」，学習塾に支払う教材費等が教育資金から除外される。ただし，雇用保険法にもとづく教育訓練給付金の支給対象となる教育訓練を受講するために教育訓練実施者に支払う費用は除外されない。

正解：(2)　正解率：69.53％

（注）　教育資金贈与信託において適用される教育資金の一括贈与非課税制度については，2023（令和5）年度の税制改正において以下の見直しが行われたうえで適用期限が2026（令和8）年3月31日まで3年延長される

こととなった。次の①②の改正は2023（令和5）年4月1日以後に取得する信託受益権等にかかる相続税について①が，贈与税について②が適用され，③の改正は，同日以後に支払われる教育資金について適用される。

① 信託等があった日から教育資金管理契約の終了の日までの間に贈与者が死亡した場合において，当該贈与者の死亡にかかる相続税の課税価格の合計額が5億円を超えるときは，受贈者が23歳未満である場合等であっても，その死亡の日における非課税拠出額から教育資金支出額を控除した残額を，当該受贈者が当該贈与者から相続等により取得したものとみなされる。

② 受贈者が30歳に達した場合等において，非課税拠出額から教育資金支出額を控除した残額に贈与税が課されるときは，一般税率が適用される。

③ 本措置の対象となる教育資金の範囲に，都道府県知事等から国家戦略特別区域内に所在する場合の外国の保育士資格を有する者の人員配置基準等の一定の基準を満たす旨の証明書の交付を受けた認可外保育施設に支払われる保育料等が加えられている。

問―18 合同運用指定金銭信託（一般口以外）

一般口以外の合同運用指定金銭信託（実績配当型を含む）について，正しいものは次のうちどれですか。

(1) 信託財産の運用対象には，国債を含めることはできない。

(2) 実績配当型の金銭信託の収益金は，利子所得に該当する。

(3) 法令上，予定配当率の明示が義務付けられている。

(4) 元本補てんの特約が付されていない実績配当型の金銭信託は，原則として，契約締結前交付書面の交付・説明は不要である。

(5) 実績配当型の金銭信託は，商品によっては元本補てんの特約が付されている。

解答ポイント＆正解

　信託法では，信託行為の目的物を「財産」に限定しており，その「財産」とは，積極財産であって金銭に見積もることができ，委託者の財産から分離が可能な独立の財産として確立しているものと解釈されている。国債は，この要件を満たしているため，信託財産の運用対象に含めることができる。したがって，(1)は誤りである。

　信託の税制に関する原則的な取扱いでは，受益者が直接信託財産を有するものとして，受益者に課税される。これを実質所得者課税の原則という。合同運用指定金銭信託は，税法上，「合同運用信託」に該当し，その収益金は実質所得者課税の原則の例外とされ，受託者からの収益分配時に受益者に対して利子所得として課税される。したがって，(2)は正しく，これが本問の正解である。

　信託法，信託業法，兼営法のいずれにおいても予定配当率の明示を義務付ける規定はなく，実績配当型の合同運用指定金銭信託では，実務上も予定配当率が明示されているものもあれば，明示されていないものもある。したがって，(3)は誤りである。

　元本補てんの特約が付されていない実績配当型の合同運用指定金銭信託は，信託業法24条の2に定める「特定信託契約」に該当し，兼営法2条の2により主に販売・勧誘時のルールについて金融商品取引法が準用される。このため，契約締結前に，あらかじめ委託者に対し，リスク等の内容を記載した契約締結前交付書面の交付・説明が必要である。したがって，(4)は誤りである。

　実務上，実績配当型の合同運用指定金銭信託には，元本補てんの特約が付されたものはない。したがって，(5)は誤りである。

正解：(2)　正解率：57.12%

問−19　後見制度支援信託

後見制度支援信託（後見制度による支援を受ける方の財産管理のために活用される信託）について，正しいものは次のうちどれですか。

(1) 法定成年後見制度の被保佐人は，委託者兼受益者となることができる。

(2) 委託者兼受益者が法定成年後見制度の被後見人である場合の信託期間は，最長20年である。

(3) 委託者兼受益者が死亡した場合，信託財産は委託者兼受益者の相続財産として相続人に相続される。

(4) 解約をすることはできない。

(5) 委託者兼受益者が保有する株式は，信託財産にすることができる。

解答ポイント＆正解

　後見制度支援信託は，後見制度による支援を受ける被後見人の財産管理のために活用される信託である。当該被後見人の財産のうち，日常的な支払いをするのに必要十分な金銭を預貯金等として後見人が管理し，通常使用しない金銭を信託銀行等に信託する仕組みである。

　後見制度支援信託は，法定成年後見制度および未成年後見制度の被後見人を対象としており，法定成年後見制度の被保佐人・被補助人や任意後見制度の本人は利用することができない。したがって，(1)は誤りである。

　後見制度支援信託の信託期間は，原則として，成年後見の場合は委託者兼受益者が死亡するまで，未成年後見の場合は委託者兼受益者が成年に達するまでであり，信託期間の最長期間はとくにない。したがって，(2)は誤りである。

　後見制度支援信託の委託者兼受益者が死亡した場合，信託は終了し，信託財産は委託者兼受益者の相続財産として相続人に相続される。したがって，(3)は正しく，これが本問の正解である。

後見制度支援信託は，特別な法律にもとづく制度ではないが，信託契約の締結，一時金の交付，信託の変更，解約の手続きは家庭裁判所の指示書にもとづいて行われる。したがって，(4)は誤りである。

後見制度支援信託で利用される合同一般口は，信託できる財産は金銭に限定されている。したがって，(5)は誤りである。

正解：(3)　正解率：75.57%

 問－20　単独運用指定金銭信託（指定単） ☑☐☐☐☐

単独運用指定金銭信託（指定単）について，正しいものは次のうちどれですか。

(1) 信託金を追加することはできない。

(2) 信託財産の運用について，委託者は，対象資産の種類・運用割合等を概括的に指示するにとどまる。

(3) 信託財産の運用方法にかかわらず，法令上，元本補てんの特約を付すことができる。

(4) 複数の者が共同して委託者となることはできない。

(5) 複数の者を受益者とすることはできない。

解答ポイント＆正解

単独運用指定金銭信託（以下，「指定単」という）では，信託契約で信託金を追加できる取扱いとすることもできる。したがって，(1)は誤りである。

指定単では，委託者は，信託財産の運用について対象資産の種類・運用割合等を概括的に指示することができるが，その範囲内での運用は受託者の裁量で行われるものであり，個別具体的に指図することはできない。したがって，(2)は正しく，これが本問の正解である。

兼営法6条および同施行規則37条では，運用方法を特定しない金銭信託で，信託財産の総額の2分の1を超える額を有価証券等に投資することを目

的とする場合を除き，元本補てんまたは利益補足の特約を付すことができる旨が規定されている。したがって，(3)は誤りである。

　指定単は，信託財産を他の信託財産と合同運用せずに，信託ごとに別々に運用するという仕組みであって，委託者が単独か複数かといったことには関係なく，複数の者が共同して委託者となることもできる。また，受益者についても同様に，複数の者が受益者となることもできる。したがって，(4)，(5)は誤りである。

正解：(2)　正解率：73.12%

3．従業員福祉に関する信託

 問—21　確定給付企業年金の仕組み

確定給付企業年金制度の仕組み等について，正しいものは次の
うちどれですか。

(1)　基金または事業主は，数理計算，加入者・受給者管理業務，給付の
裁定，年金・一時金送金業務等の制度運営に必要な業務を信託銀行等
に委託することができる。

(2)　受給権者等の給付水準の減額変更を行うときは，加入者の3分の2
以上の同意があればよい。

(3)　基金型企業年金における理事，および規約型企業年金における事業
主は，それぞれ基金または加入者等のために忠実にその業務を遂行し
なければならない。

(4)　確定給付企業年金には，「基金型企業年金」と「規約型企業年金」
の2種類があり，両者の相違点としては「基金型企業年金」が国の厚
生年金保険の給付の一部を代行しているのに対し，「規約型企業年金」
は代行していないことである。

(5)　基金型企業年金，規約型企業年金ともに，保養施設の運営等の福祉
事業（福利・厚生事業）を行うことはできない。

解答ポイント＆正解

　規約型企業年金を実施する事業主および企業年金基金（以下，「事業主等」
という）は，給付の支給および掛金の額の計算に関する業務その他の業務
（給付の支給を行うために必要となる加入者等に関する情報の収集，整理ま
たは分析を含む）を信託銀行等に委託することができるが（確定給付企業年
金法93条），給付の裁定は事業主等が行うこととされている（同法30条）。し
たがって，(1)は誤りである。

受給権者等の給付水準の減額変更は加入者の3分の2以上の同意（加入者の3分の1以上で組織する労働組合があれば，当該組合の同意も必要となる）のほか，受給権者等の3分の2以上の同意も必要となる（確定給付企業年金法施行規則6条）。したがって，(2)は誤りである。

　基金型企業年金における理事，および規約型企業年金における事業主は，法令，法令にもとづいてする厚生労働大臣の処分および規約を遵守し，基金のためもしくは加入者等のため，忠実にその業務を遂行しなければならないとされている。また，自己または基金・加入者等以外の第三者の利益を図る目的をもって，資産管理運用契約を締結することなどが禁止されている（確定給付企業年金法69条・70条）。したがって，(3)は正しく，これが本問の正解である。

　「基金型企業年金」と「規約型企業年金」の違いは，実施主体が企業年金基金という母体企業とは別法人であるか，事業主自身であるかの違いである。たしかに，厚生年金基金から代行返上した場合には，引き続き母体企業とは別法人で実施する「基金型企業年金」を選択する傾向がみられるが，厚生年金基金とは異なり，厚生年金保険の給付の一部を代行していることはない。したがって，(4)は誤りである。

　基金型企業年金については，給付を行うほか，加入者等の福祉増進の目的のため，福利・厚生事業（保養施設等の設置・運営を含む）を行うことができる（確定給付企業年金法94条）。したがって，(5)は誤りである。

正解：(3)　正解率：72.84%

 確定給付企業年金の給付等

確定給付企業年金制度の給付，掛金等について，誤っているものは次のうちどれですか。

(1) 給付の種類は，老齢給付金，脱退一時金，障害給付金および遺族給付金の4種類である。

(2)　老齢給付金は，終身または5年以上にわたり，毎年1回以上定期的に支給することが必要である。

(3)　遺族給付金は，規約で定めるところにより，年金または一時金として支給することができる。

(4)　毎事業年度の財政決算時に年金資産の積立水準の検証を行い，基準に抵触した場合には掛金の見直しを行う必要がある。

(5)　積立金の額が積立上限額を上回った場合には，当該上回る額を事業主に返還することができる。

解答ポイント＆正解

　確定給付企業年金では，給付の種類として老齢給付金および脱退一時金の給付を行うものとされている。また，規約で定めるところにより，障害給付金および遺族給付金を加えることができる（確定給付企業年金法29条）。したがって，(1)は正しい。

　年金給付の支給期間および支払期月は，政令で定める基準に従い，規約に定めるところによるが，終身または5年以上にわたり，毎年1回以上定期的に支給するものでなければならないとされている（確定給付企業年金法33条）。したがって，(2)は正しい。

　遺族給付金は，規約で定めるところにより，年金または一時金として支給するものとされている（確定給付企業年金法49条）。したがって，(3)は正しい。なお，規約で定めるところにより，年金として支給することを原則とする遺族給付金を一時金として支給することも可能である。

　確定給付企業年金の実施主体は，毎事業年度の決算において，必要な積立金が確保されているかの検証を行い，基準を充足しない場合には，掛金額の再計算や追加拠出を行わなければならない（確定給付企業年金法61条～63条）。したがって，(4)は正しい。

　積立金の額が積立上限額を上回った場合には，当該上回った額を基準として算定した額を，将来拠出する掛金の額から控除しなければならないが（確定給付企業年金法64条），事業主に返還することはできない。したがって，

(5)は誤りであり，これが本問の正解である。

正解：(5) 正解率：75.74%

 問－23 **確定拠出年金制度の企業型年金**
・・・
　確定拠出年金制度の企業型年金について，誤っているものは次のうちどれですか。

(1)　企業型年金を実施するには，事業主は，厚生年金被保険者の過半数で組織される労働組合または厚生年金被保険者の過半数を代表する者の同意を得て，年金規約を作成し，厚生労働大臣の承認を得なければならない。

(2)　企業型年金では，規約に定めることにより，一定の加入資格を定めることができる。

(3)　企業型年金の加入者は同時に，個人型年金の加入者となることができない。

(4)　老齢給付金は，60歳に達するまで受け取ることができない。

(5)　信託による企業型年金の資産管理契約は，事業主を委託者，加入者または加入者であった者（受給権者）を受益者とする他益信託の形態をとる。

解答ポイント＆正解

　事業主は，企業型年金を実施しようとするときは，厚生年金被保険者の過半数で組織する労働組合または厚生年金被保険者の過半数を代表する者の同意を得て，企業型年金規約を作成し，当該規約について厚生労働大臣の承認を受けなければならない（確定拠出年金法3条）。したがって，(1)は正しい。

　企業型年金の加入者は，一定の職種のみを対象とすることや，加入を希望する従業員のみを加入者とすること等，規約で一定の加入資格を定めることができる。したがって，(2)は正しい。

企業型年金規約において企業型年金加入者が個人型年金加入者になることができる旨を定めている場合には，同時に加入者となることができる（確定拠出年金法62条）。したがって，⑶は誤りであり，これが本問の正解である。なお，「年金制度の機能強化のための国民年金法等の一部を改正する法律（2020年 6 月 5 日公布）」により，2022（令和 4 ）年10月 1 日以降，企業型年金加入者が個人型年金に同時加入するための要件が緩和され，加入者掛金拠出（マッチング拠出）をしていない企業型年金加入者であれば，個人型年金に同時加入できるようになる。

確定拠出年金の給付には，老齢給付金，障害給付金，死亡一時金の 3 種類があり，老齢給付金は60歳に達する前に受け取ることができない（確定拠出年金法33条）。したがって，⑷は正しい。

企業型年金における資産管理契約では，規約型確定給付企業年金と同様に，事業主を委託者，加入者または加入者であった者（受給権者）を受益者とする他益信託の形態をとっている。したがって，⑸は正しい。

正解：⑶ 　**正解率：72.55%**

 確定拠出年金制度の個人型年金 ☑☐☐☐☐

確定拠出年金制度の個人型年金について，誤っているものは次のうちどれですか。

⑴ 個人型年金の実施主体は，国民年金基金連合会である。

⑵ 国民年金の第 1 号被保険者であれば，保険料納付を免除されていても，個人型年金に加入できる。

⑶ 国民年金の第 1 号被保険者にかかる個人型年金の拠出限度額は，国民年金基金に加入している場合は当該掛金と合わせて年額816,000円（月額68,000円）である。

⑷ 個人型記録関連運営管理機関は，少なくとも毎年 1 回，個人型年金加入者等に対して個人別管理資産額など必要事項を通知しなければな

らない。

(5) 中小事業主掛金納付制度は，一定の要件を満たす事業主が，個人型
年金の加入者掛金に追加して，掛金を拠出することができるものであ
る。

解答ポイント＆正解

企業型年金は，事業主が実施主体となるが，個人型年金は，国民年金基金
連合会が実施主体となる（確定拠出年金法２条）。したがって，(1)は正しい。

国民年金の第１号被保険者であっても，保険料納付を免除されている者
は，個人型年金に加入できない（確定拠出年金法62条）。したがって，(2)は
誤りであり，これが本問の正解である。

国民年金の第１号被保険者（自営業者等）が個人型年金に加入する場合の
拠出限度額は年額816,000円（月額68,000円）であるが，これは国民年金基金
の掛金や国民年金の付加保険料との合算で判定される（確定拠出年金法施行
令36条）。したがって，(3)は正しい。

個人型年金規約において，個人型記録関連運営管理機関は，少なくとも毎
年１回，個人型年金加入者等に対して個人別管理資産額などの必要事項を通
知しなければならないと定められている。したがって，(4)は正しい。

中小事業主掛金納付制度は，「iDeCo＋（イデコプラス）」の愛称で呼ば
れ，①従業員（第１号厚生年金被保険者）が300人以下であること，②企業
型年金，確定給付企業年金および厚生年金基金を実施していないことの２点
をともに満たす事業主が，個人型年金の加入者掛金に追加して掛金を拠出す
ることができるものである。したがって，(5)は正しい。

正解：(2)　**正解率：86.39%**

問—25　国民年金基金制度

国民年金基金制度について，誤っているものは次のうちどれですか。

(1)　国民年金基金信託は，国民年金基金を委託者兼受益者とする自益信託である。

(2)　国民年金基金は，いったん加入すると任意脱退はできない。

(3)　国民年金基金の給付は，老齢年金と遺族一時金の2種類がある。

(4)　国民年金基金の給付は国民年金の上乗せ給付であるため，国民年金と同様の物価スライドが適用される。

(5)　国民年金基金に加入する被扶養者の掛金を，扶養者が負担する場合，当該被扶養者の掛金についても社会保険料控除の対象とされる。

解答ポイント＆正解

　国民年金基金は，払い込まれた掛金の運用のため，信託銀行との間で国民年金基金信託契約を締結する。当該信託契約は，国民年金基金を委託者兼受益者とする自益信託の形をとる。したがって，(1)は正しい。

　国民年金基金は，任意加入の年金制度であるが，いったん加入すると任意に脱退することはできない。したがって，(2)は正しい。

　国民年金基金は，加入員または加入員であった者に対し，年金の支給を行い，あわせて加入員または加入員であった者の死亡に関し，一時金の支給を行うものとされている（国民年金法128条）。給付の種類は，老齢年金と遺族一時金の2種類である。したがって，(3)は正しい。

　国民年金基金の給付は，加入時年齢と給付の型の組合せに応じて固定額として設定されているものであり，物価スライドは適用されない。したがって，(4)は誤りであり，これが本問の正解である。

　国民年金基金の掛金は，全額が社会保険料控除の対象となるため税制的に優遇されており，扶養者が被扶養者分の掛金を負担している場合も全額対象となる。したがって，(5)は正しい。なお，掛金の上限は月額68,000円（個人

型確定拠出年金にも加入している場合は，当該掛金と合わせて月額68,000円）である。また，4月から翌年3月までの1年分の掛金を前納すると0.1ヵ月分の掛金が割り引かれる制度もある。

正解：(4)　正解率：73.63%

 問－26　年金税制

年金税制について，誤っているものは次のうちどれですか。

(1) 企業型確定拠出年金の年金特定金銭信託においては，公社債・株式等の利子，配当等の受取時には所得税は課税されず，受益者への給付時に課税される。

(2) 確定給付企業年金，企業型確定拠出年金の加入者負担掛金はいずれも，生命保険料控除の対象となる。

(3) 老齢給付金の支給に代えて一時金を選択する場合，退職所得として課税されるが，企業型確定拠出年金では確定給付企業年金と異なり，加入者負担掛金分についても課税の対象となる。

(4) 国民年金基金の遺族一時金に対する相続税は，全額非課税となる。

(5) 特別法人税は現在課税が停止されているが，停止が解除された場合の納税義務者は，受託者たる信託銀行である。

解答ポイント＆正解

　信託の所得は，受益者が信託財産を所有するものとして課税するのが原則であるが，確定拠出年金信託には当該原則が適用されず，給付時に受益者に課税される。したがって，(1)は正しい。

　確定給付企業年金の加入者負担掛金は，生命保険料控除の対象となる。生命保険料控除は他の生命保険との合算で限度額が設定されるため，税制上の優遇措置の効果は限定的である。これに対し，企業型確定拠出年金の加入者負担掛金は，小規模企業共済等掛金控除の対象となる。小規模企業共済等掛

金控除はその全額が所得から控除されるため，税制上の優遇措置の効果が大きくなる。したがって，(2)は誤りであり，これが本問の正解である。

　確定給付企業年金の加入者負担掛金分は，拠出時にすでに課税されているとみなされ，当該金額を控除して退職所得として課税される。これに対し，企業型確定拠出年金の加入者負担掛金分は，拠出時には課税されていないとみなされ，当該金額は控除せずに退職所得として課税される。したがって，(3)は正しい。

　国民年金基金は，公的年金に準ずるものとして税制上優遇されており，遺族一時金に対する相続税は，全額が非課税とされる。したがって，(4)は正しい。なお，確定給付企業年金の遺族給付金や確定拠出年金の死亡一時金は，みなし相続財産として相続税が課せられる。

　所得税法上，事業主が従業員のために支払う掛金は，従業員の給与所得として課税されるが，企業年金信託の掛金については個々の従業員への帰属が明確でないため課税されず，退職等により給付が発生した時点で初めて従業員本人の所得として課税される取扱いとなっている。この課税の繰延べによる延滞利子税は積立金に課税するという考え方により，信託財産に対して特別法人税が課税され，受託者である信託銀行が納税義務者となっている。ただし，特別法人税は，2023（令和5）年3月まで課税停止（凍結）が決定されている。したがって，(5)は正しい。

正解：(2)　正解率：82.97％

（注）　2023（令和5）年度税制改正により，特別法人税については，2026（令和8）年3月までの課税停止（凍結）が決定されている。

 一般財形信託　☑☐☐☐☐
・・
　一般財形信託について，誤っているものは次のうちどれですか。

(1)　3年以上毎年定期に積立てをすることとされている。

(2) 積立ては事業主による賃金控除・払込代行によることとされている。

(3) 労働基準法の適用を受ける社内預金を事業主が廃止した場合，その貯蓄返還金を積み立てることができる。

(4) 持家個人融資制度が利用できない。

(5) 契約締結時の年齢制限はない。

解答ポイント＆正解

　一般財形信託は，利子等の非課税の恩典のない勤労者の財産形成を目的とした一般目的の天引貯蓄であり，その契約要件は，①３年以上毎年定期に積立てをすること（財形法６条１項１号イ），②個々の積立てから１年間は払出しをしないこと（同号ロ），③積立ては事業主による賃金控除・払込代行によること（同号ハ），とされている。したがって，(1)，(2)は正しい。

　一般財形信託は，住宅財形信託（財形住宅信託）や財形年金信託のような非課税貯蓄ではないことから，契約締結時の年齢制限もなく，１人で複数の契約を締結することができるほか，労働基準法の適用を受ける社内貯蓄（社内預金）を廃止した場合の貯蓄返還金や，同一勤務先に嘱託等で再雇用される場合の退職金を積み立てることもできるものとされている。したがって，(3)，(5)は正しい。

　財形制度の持家個人融資制度は，一般財形貯蓄，住宅財形貯蓄，財形年金貯蓄のいずれかの残高があれば利用することができる。したがって，(4)は誤りであり，これが本問の正解である。

正解：(4)　正解率：33.54%

4. 証券に関する信託

 問-28 有価証券の信託   ☑☐☐☐☐

有価証券の信託について，正しいものは次のうちどれですか。

(1) 信託設定の際に委託者から有価証券を受け入れ，信託終了時に受益者に有価証券を交付する信託である。

(2) 社債，株式等の振替に関する法律にもとづく口座振替の対象とされて証券が発行されない国債や株式についても，有価証券の信託の当初信託財産とすることができる。

(3) 当初信託財産として受け入れられる有価証券は，上場有価証券に限られている。

(4) 信託業務を営む銀行が保有する信託財産である株式のうち，受託者がその裁量で議決権を行使する株式は，すべて，銀行法にもとづく議決権取得制限の対象となる株式である。

(5) 法令上，信託契約に元本補てんの特約を付すことができる。

2021年（第149回）

解答ポイント＆正解

有価証券の信託は，当初の信託財産として有価証券を受け入れ，その管理，運用または処分を行うための信託であるが，その後の信託財産の管理や処分によって得られる信託財産は有価証券に限られない。受益者への信託財産の交付の内容も，信託行為で定めることができる。したがって，(1)は誤りである。

国債や上場株式など，社債，株式等振替法にもとづき口座振替の対象とされる有価証券は証券が発行されない。しかし，権利内容は証券の有無にかかわらず同一であることから，口座振替による権利を有価証券として信託が設定されている。なお，振替債は，金融商品取引法において有価証券とされており（同法2条2項），これを受けて会計上も有価証券として取り扱われて

いる（金融商品会計に関する実務指針58項）。また，税務上も国債，社債，株式などは，証券の発行の有無にかかわらず，有価証券として取り扱われる（法人税法施行令11条1号等）。したがって，(2)は正しく，これが本問の正解である。

有価証券の信託で当初信託財産として受け入れることができる有価証券については，とくに制限は設けられていない。したがって，(3)は誤りである。

金融機関は，銀行法などにより，他の内国法人の株式（議決権）の取得が制限されている。この制限の目的は，株価変動の影響を排して金融機関の健全性を確保することにある。このため，信託財産である株式は原則として銀行法による取得制限の対象ではないが，兼営法6条にもとづく元本補てん特約のある金銭信託で保有する株式だけは取得制限の対象となる。受託者の裁量で議決権を行使する株式であっても，当該信託が元本補てん特約のある金銭信託でない場合には，独占禁止法にもとづく取得制限の対象とはなるが，銀行法にもとづく取得制限の対象とはならない。したがって，(4)は誤りである。

営業として引き受ける信託に元本補てん特約や利益補足特約を付すことは，禁止されている（信託業法24条1項4号，兼営法2条による準用）。例外として，運用方法を特定しない金銭信託については，信託業務を営む金融機関が元本補てんまたは利息補足の特約を付すことが認められている（兼営法6条）。有価証券の信託には，この例外は認められていない。したがって，(5)は誤りである。

正解：(2)　正解率：82.00%

問—29　管理有価証券信託　☑☐☐☐☐

・・

管理有価証券信託について，正しいものは次のうちどれですか。

(1)　管理有価証券信託では，受託者は信託財産である有価証券を保管

し，受益者が有価証券にかかる権利を行使する。

(2)　法人が委託者兼受益者である管理有価証券信託の信託財産である有価証券の，会計上の保有目的は，「その他」に限られる。

(3)　法人が委託者兼受益者である管理有価証券信託の場合，信託設定の際に受託者に移転した有価証券については，委託者が引き続き保有する同一銘柄の有価証券とは分離して信託設定時の時価により簿価を算定する会計処理がなされる。

(4)　非居住者が委託者となって日本で発行される有価証券を管理するために，管理有価証券信託を設定できる。

(5)　受託者は株主または社債権者として，株式配当金または公社債の利金を収受した場合，金銭（あるいは預金）は有価証券以外の財産であるため，ただちに受益者に交付しなければならない。

解答ポイント＆正解

　株式が信託財産である場合，その株式にかかる権利が受託者に帰属するため，原則として受託者がその権利を行使することになる。したがって，(1)は誤りである。なお，管理有価証券信託では，独占禁止法（私的独占の禁止及び公正取引の確保に関する法律）による議決権の取得規制があるため，信託行為により委託者（通常は受益者を兼ねている）の指図に従って受託者が行使する旨を定めることが通常であるが，その場合でも議決権を行使するのは受託者である。

　法人が保有する有価証券は，その保有目的に応じて「売買目的」「満期保有目的」「子会社株式及び関連会社株式」と，それ以外の「その他」に区分される。法人が委託者兼受益者である有価証券の信託において，委託者がすでに保有していた有価証券を信託財産として移転したときは，自己で保有していたときと同じ会計処理が継続される（金融商品会計に関する実務指針78項・278項）。このため，管理有価証券信託の信託財産である有価証券の会計上の保有目的は，「その他」に限られない。したがって，(2)は誤りである。

　管理有価証券信託などの有価証券の信託においては，有価証券の保有目的

は委託者が保有していたときと同一とされ，委託者が引き続き保有する有価証券と通算して簿価を算定する会計処理がなされる（金融商品会計に関する実務指針78項・79項）。したがって，(3)は誤りである。

　管理有価証券信託の委託者には特段の制限はなく，非居住者が委託者となって設定することができる。したがって，(4)は正しく，これが本問の正解である。なお，非居住者が外国人または外国法人で，株式の取得に制限がある場合は，委託者について当該制限が適用される。

　有価証券の信託は，設定の際に委託者から受け入れる財産が有価証券であることによる分類であり，信託財産の管理や処分によって得られる信託財産は有価証券に限られない。受益者への交付の時期や内容は，信託行為で定めることができる。したがって，(5)は誤りである。

正解：(4)　正解率：52.73%

問―30　有価証券信託商品

有価証券信託商品について，正しいものは次のうちどれですか。

(1)　運用有価証券信託において，運用として行われる有価証券貸借取引契約の当事者は，委託者と有価証券の借入者である。

(2)　運用有価証券信託において，有価証券の貸付先が倒産した場合のリスクは，受益者が負担する。

(3)　インサイダー取引規制を遵守するための有価証券処分信託では，受託者は個別の取引の都度，委託者から受ける具体的な指図にもとづいて有価証券の処分を行うこととされている。

(4)　税務上，退職給付信託では，委託者である事業主が信託設定した有価証券を引き続いて保有しているものとみなされる。

(5)　顧客分別金信託は，金融商品取引業者等が，顧客から預託を受けた金銭または有価証券について，一定の場合に顧客に返還すべき額に相

当する金銭を，自己の固有財産と分別して管理するための信託である
ため，有価証券の信託で行うことはできない。

解答ポイント＆正解

有価証券貸借取引の契約は，有価証券の所有者である受託者と有価証券の
借入者との間で締結される。したがって，(1)は誤りである。

運用有価証券信託では，貸付先が倒産した場合に，貸し付けた有価証券の
返還（あるいは価格相当額の回収）が受けられない事態が発生しうるが，こ
のリスクは，受託者の任務違背により発生したものでない限り，受益者が負
担する。したがって，(2)は誤りである。

有価証券処分信託は，信託された有価証券に関するインサイダー情報が委
託者から遮断されるよう，受託者による有価証券の売却機能を活用した信託
である。受託者が個別の取引の都度，委託者から具体的な指図を受けて有価
証券の売却を行うこととなると，この情報遮断ができないため，委託者から
受託者に対して当初にインサイダー情報がない状態で売却指示がなされた後
は，委託者の関与は許されず，当該指示のみにもとづいて当該有価証券の処
分が行われる。したがって，(3)は誤りである。

退職給付信託は，事業主を委託者とし，従業員・退職給付の受給者・厚生
年金基金などを受益者とする信託で，信託財産を退職給付に充てることに限
定した他益信託である。税務上，退職給付信託の信託財産に生じた収益の取
扱いについては，委託者である事業主が引き続いて信託財産を保有している
ものとみなして課税される。したがって，(4)は正しく，これが本問の正解で
ある。

顧客分別金信託については，金銭の信託が原則と解されるが，有価証券の
信託または金銭および有価証券の包括信託によることも認められている（金
融商品取引業に関する内閣府令141条1項5号，日本証券業協会『顧客資産
の分別管理Q＆A　Q40』）。したがって，(5)は誤りである。

正解：(4)　正解率：58.77％

問―31　ファンドトラスト

有価証券運用のための指定金外信託（いわゆるファンドトラスト）について，正しいものは次のうちどれですか。

(1) ファンドトラストの受託者は，原則として信託財産と自己（または利害関係人）との間の取引について，計算期間ごとに当該取引の状況を記載した書面を作成し，受益者に交付しなければならない。

(2) ファンドトラストの委託者は法人に限られており，個人は委託者となることができない。

(3) ファンドトラストは，信託業法に定める特定信託契約には該当しない。

(4) ファンドトラストは，設定の際に委託者から金銭以外の財産を受け入れ，信託終了時に受益者に信託財産を現状有姿で交付する信託である。

(5) ファンドトラストの受託者がその裁量で信託財産の運用を行うことから，同一の内容により効率的に運用を行うために，原則として，合同運用によって行われている。

解答ポイント＆正解

　信託会社は，自己またはその利害関係人と信託財産との間における取引をした場合には，原則として，信託財産の計算期間ごとに，当該期間における当該取引の状況を記載した書面を作成し，当該信託財産にかかる受益者に対し交付しなければならないとされている（信託業法29条3項）。また，信託財産と他の信託の信託財産との間の取引，あるいは第三者との間において信託財産のためにする取引であって，自己が当該第三者の代理人となって行うものをした場合も同様である。したがって，(1)は正しく，これが本問の正解である。

　ファンドトラストなど，有価証券に運用する信託では，実務上，法人が大口資金の運用を行う場合に多く利用されているが，個人を委託者とする取扱

214

いもされている。したがって，(2)は誤りである。

特定信託契約は，金利，通貨の価格，金融商品市場における相場その他の指標にかかる変動により信託の元本について損失が生ずるおそれがある信託契約のうち，公益信託契約，元本補てん特約付き信託契約など，列挙されたものを除く信託契約とされている（信託業法24条の2，信託業法施行規則30条の2第1項）。ファンドトラストは，その仕組み上，特定信託契約に該当する。したがって，(3)は誤りである。

金外信託は，金銭信託以外の金銭の信託であり，設定の際には委託者から金銭を受け入れ，信託終了時には受益者に信託財産を現状有姿で交付する信託である。したがって，(4)は誤りである。

ファンドトラストなど，有価証券に運用する信託では，委託者の投資に関する考え方，運用期間等の条件および受託者からみた適合性を踏まえ，作成された運用方針にもとづき，受託者の裁量で有価証券への投資を行うこととなる。委託者ごとに運用方針が異なることが通常であるため，合同運用には適しておらず，ファンドトラストは単独運用の形態がとられている。したがって，(5)は誤りである。

正解：(1)　正解率：44.25%

 問—32　特定金銭信託

法人を委託者とする有価証券運用のための特定金銭信託（投資信託を除く）について，正しいものは次のうちどれですか。

(1) 委託者が信託財産の運用指図に関する権限を委任する契約（投資一任契約）を締結する場合，委任先は投資運用業者または投資助言業者でなければならない。

(2) 投資運用業者が運用指図を行う場合に限り，委託者は受益権を分割して複数の者に取得させることができる。

(3) 委託者から信託財産の運用指図に関する権限を委任された者が運用

指図を行う場合であっても，信託財産である有価証券の取得・処分
は，受託者の名義で行われる。

(4) 特定金銭信託は，信託業法に定める特定信託契約に該当する。

(5) 特定金銭信託の委託者が同一の受託者との間で，さらに別の特定金
銭信託を締結する場合，別の特定金銭信託の信託財産である有価証券
は，会計上，簿価は，委託者が保有する同一銘柄の有価証券とは分離
して算定するが，既存の特定金銭信託の信託財産である有価証券と
は，通算して算定する。

解答ポイント＆正解

投資一任契約は，内閣総理大臣の登録を受けて投資運用業を行う者でなけ
れば締結することができない（金融商品取引法29条・28条4項）。投資助言
業者は，投資一任契約を締結することができない（同法28条3項）。した
がって，(1)は誤りである。

証券投資信託を除き，信託財産を主として有価証券に運用する信託契約の
締結は禁止されているが（投信法7条），信託の受益権を分割して複数の者
に取得させることを目的としない信託は，例外とされている（同法7条但
書）。この投信法7条の禁止の例外に該当するためには，証券投資信託以外
では有価証券運用のための特定金銭信託の受益権を分割して複数の者に取得
させることはできない。したがって，(2)は誤りである。

特定金銭信託では，受託者は，委託者または委託者から権限を付与された
者の運用指図に従って，信託財産の管理・処分を行うことが信託契約に定め
られている。有価証券の取得・処分を行うのは信託財産が帰属する受託者で
あり，受託者の名義で行われる。したがって，(3)は正しく，これが本問の正
解である。

特定信託契約は，金利，通貨の価格，金融商品市場における相場その他の
指標にかかる変動により信託の元本について損失が生ずるおそれのある信託
契約のうち，公益信託契約，元本補てん特約付き信託契約など，列挙された
ものを除く信託契約とされている（信託業法24条の2，信託業法施行規則30

条の2第1項）。除外される信託契約として，委託者または委託者から指図
の権限の委託を受けた者のみの指図により信託財産の管理または処分（当該
信託の目的の達成のために必要な行為を含む）が行われる信託があげられて
いることから（同項4号），特定金銭信託は，特定信託契約には該当しな
い。したがって，(4)は誤りである。

　特定金銭信託など，金銭の信託における有価証券の簿価は，委託者が保有
する同一銘柄の有価証券とは分離し，かつ，信託契約ごとに別途算出するこ
ととされている（金融商品会計に関する実務指針98項）。したがって，(5)は
誤りである。

正解：(3)　　正解率：62.87%

 証券投資信託の仕組み　　☑□□□□
・・
**証券投資信託の仕組みについて，正しいものは次のうちどれで
すか。**

(1)　証券投資信託の委託者および受託者は，信託約款の定めがあれば，
　　複数とすることができる。

(2)　証券投資信託は，信託約款に受益証券を不発行とする定めをおくこ
　　とはできない。

(3)　証券投資信託は，信託財産の価値が変動するため，信託設定後は，
　　資金を追加して受益権を増加させることは，信託約款に定めがあって
　　もできない。

(4)　証券投資信託の解約請求の際に徴収される信託財産留保金は，解約
　　等を行う受益者に信託財産の換金コストを負担させるものである。

(5)　信託約款の重大な変更に関する書面の決議を棄権した受益者は，受
　　託者に対して自己の有する受益権の買取りを請求することができる。

　証券投資信託を含め，委託者指図型投資信託の信託契約（投資信託契約）は，一の金融商品取引業者を委託者とし，一の信託会社等（信託会社または信託業務を営む金融機関）を受託者とするのでなければ締結してはならない（投信法3条1項）とされている。したがって，(1)は誤りである。

　証券投資信託の受益証券は，社債，株式等振替法にもとづき，信託約款（投資信託約款）に定めることにより，振替債とすることができる。この場合，受益証券は発行できないものとされている（同法121条による66条2号・67条1項の準用）。証券投資信託の受益証券は，信託約款（投資信託約款）に不発行の定めを置いて，振替債とすることができる。したがって，(2)は誤りである。

　証券投資信託のうち，オープン型は，信託設定後も資金を追加できることが信託約款（投資信託約款）に定められているもので，追加設定された分も既存の信託財産（投資信託財産）と一体として取り扱われ，受益権の内容も既存のものと同一の権利を与えられる。したがって，(3)は誤りである。なお，設定ごとに独立した信託財産として単独で管理・運用され，追加設定による資金の追加は行われないユニット型もある。

　信託財産留保金は，証券投資信託の解約請求を行う受益者に，解約代金支払のための信託財産（投資信託財産）の換金コストを負担させるため，解約代金のうち信託約款（投資信託約款）に定められた一定割合の金額を，信託財産（投資信託財産）に留保するものである。したがって，(4)は正しく，これが本問の正解である。

　証券投資信託の信託約款（投資信託約款）に重大な変更を行う場合は，受益者の書面による決議が行われるが，この書面による決議に反対した受益者には，受託者に対する受益権の買取請求権が認められている（投信法18条1項）。しかし，当該決議に棄権をした受益者には，買取請求権は認められていない。したがって，(5)は誤りである。なお，信託契約期間中に，受益者が投資信託の元本の全部または一部の償還を請求したときは，投資信託委託会社が投資信託の一部を解約することにより，公正な価格が当該受益者に償還

される投資信託については，買取請求権は認められていない（同法18条２項）。

正解：(4)　正解率：72.10%

 問一34　証券投資信託の委託者

証券投資信託の委託者である投資信託委託会社について，誤っているものは次のうちどれですか。

(1) 投資信託委託会社は，内閣総理大臣の登録を受けて投資運用業を行う者でなければならない。

(2) 新たなファンドの設定にあたり，投資信託委託会社は，あらかじめ，信託約款の内容を内閣総理大臣へ届け出なければならない。

(3) 投資信託委託会社は，公募ファンドを設定するときは，金融商品取引法に定められた有価証券届出書を提出し，目論見書を作成しなければならない。

(4) 投資信託委託会社が，自らが設定するファンドについて，受益証券の発行者として投資家を募集することは，金融商品取引に該当せず，内閣総理大臣の登録を要せずして投資家を募集することができる。

(5) 証券投資信託の委託者は，任務を怠ったことにより運用指図を行うファンドの受益者に損害が生じたときは，損害を賠償しなければならない。

解答ポイント＆正解

投資信託委託会社は，投資運用業を行う金融商品取引業者とされている（投信法２条11項）。金融商品取引法では，投資信託委託業は投資運用業とされており（同法２条８項14号），投資運用業を含む金融商品取引業は，内閣総理大臣（金融庁長官に権限委任。以下同じ）の登録を受けた者でなければ行うことができないと定められている（同法29条）。したがって，(1)は正し

い。

　投資信託委託会社は，新たなファンドを設定するときは，あらかじめ内閣総理大臣に信託約款（投資信託約款）の内容を届け出る必要がある（投信法４条１項）。したがって，(2)は正しい。

　有価証券は，その発行者が内閣総理大臣に対し当該有価証券の募集に関する届出（有価証券届出書）をしているものでなければ，公募をすることができないとされている（金融商品取引法４条１項）。また，有価証券届出書を提出しなければならない発行者は，募集に際し，目論見書を作成しなければならない（同法13条）。したがって，(3)は正しい。

　投資信託委託会社が自ら発行する証券投資信託の受益証券についての自己募集を行うことは，有価証券の募集の取扱いとされ，金融商品取引法の適用対象となる（金融商品取引法施行令１条の９の２第１号イ）。具体的には，第二種金融商品取引業として，内閣総理大臣の登録を受けて行なわなければならない。したがって，(4)は誤りであり，これが本問の正解である。

　投資信託委託会社は，その任務を怠ったことにより，運用指図を行う信託財産（投資信託財産）の受益者に損害を生じさせたときは，当該受益者に対し，損害を賠償する責任を負う（投信法21条）。したがって，(5)は正しい。なお，投資信託委託会社からその運用の指図にかかる権限の全部または一部の委託を受けた者は，その任務を怠ったことにより受益者に損害を生じさせたときは，投資信託委託会社と連帯して損害を賠償する責任を負う。

正解：(4)　　正解率：87.53%

 証券投資信託の受託者

　証券投資信託の受託者について，正しいものは次のうちどれですか。

(1)　運用指図に従った有価証券の取得，処分，信託財産の管理，受益者の管理などの業務を行っている。

(2) 信託約款に定めがある場合，特定の証券投資信託に係る信託業務の全部を他の信託業務を兼営する金融機関に再信託することができる。

(3) 販売会社の期中管理手数料は，受託者が受領した信託報酬の中から支払われる。

(4) 登録金融機関であっても，自らが受託しているファンドについては，投資信託委託会社から運用指図に関する権限の委託を受けることができない。

(5) 受託者が登録金融機関であっても，自らが受託しているファンドの受益権については，募集または私募の取扱いを行うことはできない。

解答ポイント＆正解

証券投資信託の受託者は，①信託財産（投資信託財産）の保管・管理，②信託財産の計算（投資信託委託会社とともに基準価額を計算），③投資信託委託会社の指図にもとづく有価証券への運用などの業務を行っている。しかし，受益者の管理は，委託者である投資信託委託会社から委託を受けて，販売会社が行っている。したがって，(1)は誤りである。

受託者は，自らがその信託事務を処理すべきことが一応の前提であるが，その処理を第三者に委託することも，適切かつ受益者の利益にかなうと考えられる。信託業法では，一定の要件を満たす場合に，信託会社が信託業務の一部を第三者に委託することが認められており（同法22条），同様に信託業務を兼営する金融機関についても認められる（兼営法2条による信託業法の規定の準用）。しかし，信託業務の全部を委託することは認められていない。したがって，(2)は誤りである。

証券投資信託の販売会社は，投資信託委託会社から委託を受けて募集の取扱いや受益者管理を行っているため，販売会社が受領する期中管理手数料は，投資信託委託会社が収受した信託報酬から支払われる仕組みとなっている。証券投資信託の信託報酬は，信託財産（投資信託財産）の中から支払われ，投資信託委託会社と受託者との間で配分されるものであり，受託者の受領分から販売会社に支払われることはない。したがって，(3)は誤りである。

投資信託委託会社は，運用の指図を行うファンドについて，運用を行う権限の全部または一部を外部の投資運用業者等に委託することができる（投信法12条2項，金融商品取引法42条の3第1項）。信託業務を兼営する金融機関は，登録金融機関として投資運用業を営むことができるため（金融商品取引法33条の8第1項），委託者指図型投資信託について運用の権限の委託を受けることができるが，対象となるファンドの受託者である信託会社または信託業務を行う金融機関には委託することができないと定められている（投信法施行令2条1号，金融商品取引法施行令16条の12第1号）。したがって，(4)は正しく，これが本問の正解である。

　受託銀行は，登録金融機関として証券投資信託の受益権についての募集または私募の取扱いを行うことができる（金融商品取引法33条の2第4号）。登録金融機関には，募集または私募の取扱いができる証券投資信託の受益権についての制約がないため，受託銀行が自ら受託しているファンドの受益権についても募集または私募の取扱いをすることができると解されている。したがって，(5)は誤りである。

正解：(4)　**正解率：39.86％**

5．資産流動化に関する信託

 問−36 **資産流動化における信託の意義** ☑☐☐☐☐

資産流動化において信託が利用される意義について，誤っているものは次のうちどれですか。

(1) 対象資産の有する経済的価値を，受益権として流通させることができる。

(2) 信託設定後の原因によって，委託者の債権者が信託財産に強制執行等を行うことを排除することができる。

(3) 金銭債権を信託することにより組成された受益権を売却することで，当該金銭債権の期日前に，資金調達を実現することができる。

(4) 対象資産の管理について，受託者がもつ財産管理の知識・ノウハウを活用することができる。

(5) 受益権は，金融商品取引法上の有価証券となり，金融商品取引所の相場（時価）により売買することができる。

解答ポイント＆正解

対象資産について信託を設定してその受益権を譲渡すれば，外見上の対象資産は受託者の所有のままであるが，その経済的な価値は受益権に転換されて流通させることができる。したがって，(1)は正しい。

信託財産は，基本的に独立しているものとされ，委託者の債権者といえども信託設定後の原因による当該信託財産に対する強制執行等は禁止されている（信託法23条）。したがって，(2)は正しい。

金銭債権の流動化のメリットの１つとして，債権の期日まで資金化できない資産に信託を設定してその受益権を売却することで，当該金銭債権の期日前に新たなキャッシュフローを生むことができる。したがって，(3)は正しい。

資産の流動化では，特別目的会社を使った方式も利用されているが，信託方式は，受託者である信託銀行等が信託財産の管理を行うため，特別目的会社を利用する方式と比較して，受託者の財産管理の専門家としての知識・ノウハウや経験を活用することができる。したがって，(4)は正しい。

信託を利用した場合，受益権は金融商品取引法上の有価証券となるが，株式や債券のような売買市場は整備されていない。したがって，(5)は誤りであり，これが本問の正解である。

正解：(5)　正解率：73.29%

 問一37　**資産流動化の信託の対象資産**　

資産流動化の信託の対象資産について，誤っているものは次のうちどれですか。

(1)　格付会社から格付を取得していない企業に対する貸付債権は，対象資産とすることができる。

(2)　委託者による買戻しが保証されていない資産であっても，対象資産とすることができる。

(3)　電子記録債権であっても，対象資産とすることができる。

(4)　外国通貨による債権は，対象資産とすることができない。

(5)　個々の債務者の信用力の評価が困難な小口債権の集合体であっても，対象資産とすることができる。

解答ポイント＆正解

実務上，資産流動化のために信託を利用する場合の資産は，業種・信用力・規模等，その属性がさまざまな企業に対する貸付債権が対象となっており，格付会社から格付を取得している企業に対するものに限られない。したがって，(1)は正しい。

流動化スキームにおいて委託者による買戻しが利用されることがあるが，

買戻し保証がなくてもスキームを組成することができる。したがって，(2)は正しい。

　電子記録債権であっても，資産流動化の信託の対象資産とすることができる。信託譲渡に際しては，電子記録債権の譲渡記録請求をすることで対抗要件を具備する（電子記録債権法17条〜20条・48条）。したがって，(3)は正しい。

　流動化の対象となる債権は，円建ての債権だけでなく，外国通貨による債権も対象とすることができる。したがって，(4)は誤りであり，これが本問の正解である。

　小口債権の集合体については，個々の債務者の信用力を評価することが実務上困難であるが，債権プールの過去の貸倒実績等を基にリスクの評価を行ったうえで，流動化の対象資産とすることが可能である。したがって，(5)は正しい。

正解：(4)　正解率：88.61%

問—38　売掛債権信託の仕組み　

売掛債権信託の仕組みについて，誤っているものは次のうちどれですか。

(1)　信託財産である売掛債権について，通常，受益者は直接取り立てることはできない。

(2)　一括支払信託とは，売掛債権信託の仕組みを応用し，取引先企業への支払手形を廃止して，取引先企業が有する売掛債権を一括して信託するスキームである。

(3)　委託者は，信託した売掛債権が毀損した場合，他の債権と交換する義務を負う。

(4)　売掛債権信託の信託財産に生じる収益は，受益者が信託財産を保有するものとみなして課税される。

(5) 収益分配や元本償還の順位が異なる受益権を，同じ信託の中で複数
設けることが可能である。

解答ポイント＆正解

　企業から受託者への売掛債権の信託によって，受託者は信託財産である売
掛債権に対して排他的な管理権を取得することになる。このため，受益者が
事務委任契約にもとづいて売掛債権の回収事務を受託者から委託された場合
を除き，たとえ受益者であっても信託財産である売掛債権を直接取り立てる
ことはできない。したがって，(1)は正しい。

　一括支払信託とは，売掛債権信託の仕組みを応用し，取引先企業への支払
手形を廃止して，決済業務の効率化を図るスキームである。したがって，(2)
は正しい。

　信託を利用した場合，その契約において委託者に対し信託財産の買戻しや
交換の義務が必ず付されるわけではない。したがって，(3)は誤りであり，こ
れが本問の正解である。

　売掛債権信託の信託財産に生じる収益は，信託課税の原則が適用され，受
益者が当該信託財産を保有するものとみなして課税される。したがって，(4)
は正しい。

　受益権は自由な設定が可能であり，収益分配や元本償還の順位が異なる受
益権を，同じ信託の中で複数設けることが可能である。したがって，(5)は正
しい。

正解：(3)　**正解率：79.27%**

 金銭債権信託の受託

　金銭債権信託を受託するにあたっての留意事項について，誤っ
ているものは次のうちどれですか。

(1) 訴訟に巻き込まれる可能性のある金銭債権が含まれないことの確認

が必要である。

(2)　金銭債権の回収事務を第三者に委託する場合，委託先の信用力の確認が必要である。

(3)　債務者・金額・支払期日等の金銭債権の内容が特定されていることの確認が必要である。

(4)　個人向け小口債権の集合体については，個々の債務者の信用力の確認が必要である。

(5)　金銭債権の管理・処分等の信託事務において，受託者に過大な負担がかからないことの確認が必要である。

解答ポイント＆正解

訴訟に巻き込まれる可能性がある金銭債権は，回収に時間や労力を費やすことから，これを避けるための確認が必要である。したがって，(1)は正しい。なお，訴訟行為を目的とした信託の設定は禁止されている（信託法10条）。

金銭債権の回収事務を第三者に委託する場合，委託先の信用事由の発生により金銭債権の回収に支障をきたすことがないよう，その信用力の確認が必要である。したがって，(2)は正しい。

対象債権を委託者から受託者に信託譲渡して，受託者が信託事務を処理するためには，金銭債権の内容（債務者・金額・支払期日等）が特定されていることの確認が必要である。したがって，(3)は正しい。

個人向け小口債権が対象債権である場合，個々の債務者の信用力を個別に評価することは困難であるため，実務上は，小口債権の集合体（債権プール）の過去の貸倒実績等を基にリスクの評価が行われている。したがって，(4)は誤りであり，これが本問の正解である。

金銭債権信託を受託する場合は，信託財産である金銭債権の保全・換価処分・移転処分等が，受託者にとって過大な負担とならないものであることを確認する必要がある。したがって，(5)は正しい。

正解：(4)　正解率：66.46%

6. 動産・不動産に関する信託

 問—40 動産信託 ☑☐☐☐☐

動産信託について，正しいものは次のうちどれですか。

(1) 信託銀行は「業務の種類及び方法書」に，受け入れる動産の種類などの細目を記載しなければならない。

(2) 信託銀行は，動産信託契約につき利益補足の特約を付けることはできないが，元本補てんの特約を付けることはできる。

(3) 信託財産に生じた収益は，発生時に受託者の収益金として課税される。

(4) 信託財産であることを第三者に対抗するためには，その旨を表示する標識等を信託財産に取り付けなければならない。

(5) 受益権は，数量的に分割して譲渡することができない。

▶ 解答ポイント＆正解

　信託法および信託業法では，信託できる動産の種類には制限はないが，信託銀行が受け入れる動産には法令上の制限が設けられている（兼営法施行規則4条）。具体的には，法令に定める「業務の種類及び方法書」に，受け入れる動産の種類などの細目を記載したうえで受託しなければならない。したがって，(1)は正しく，これが本問の正解である。

　信託銀行が元本補てん特約や利益補足の特約を付すことができるのは，「運用方法の特定しない金銭信託」に限られるため（兼営法6条），動産信託にこの特約を付すことはできない。したがって，(2)は誤りである。

　信託財産に生じた収益は，発生時に実質的な所有者である受益者の収益金とみなして課税される。したがって，(3)は誤りである。

　登記・登録制度のない動産が信託財産である場合には，信託財産であることを表示したプレート等の標識を取り付けることがあるが，これは専ら第三

者によって当該動産が善意取得（民法192条）されることを防止するためであり，第三者に信託財産であることを対抗するためのものではない。したがって，(4)は誤りである。

　動産信託の受益権を分割して不特定多数の投資家に販売することは行われていないが，数量的に分割して特定かつ複数の投資家（年金基金等）に譲渡することは可能であり，実務でも行われている。したがって，(5)は誤りである。

正解：(1)　正解率：85.25%

 問一41 **不動産の信託にかかる税制上の取扱い**

不動産の信託にかかる税制上の取扱いについて，誤っているものは次のうちどれですか。

(1) 委託者が当初から受益者であった場合，信託終了による受託者から受益者への信託不動産の交付に伴う所有権移転の登記には，登録免許税が課されない。

(2) 受託者が信託事務処理として信託土地上に建物を建築した場合，受託者に不動産取得税が課される。

(3) 委託者から受託者への信託譲渡には，不動産取得税が課されない。

(4) 委託者が当初から受益者であった場合，信託終了による受託者から受益者への信託不動産の交付には不動産取得税が課されない。

(5) 委託者から受託者への信託譲渡に伴う信託の登記には，登録免許税が課されない。

解答ポイント＆正解

　不動産取得税は，不動産を取得する者に対して課される。しかし，委託者が当初から元本の受益者であった場合，信託終了により受託者から当該委託者（兼受益者）が信託不動産の交付を受けることは形式的な譲渡にあたるた

め，不動産取得税は課されない。同様に，委託者から受託者への信託譲渡も形式的な移転にあたるため，不動産取得税は課されない（地方税法73条の7）。また，信託譲渡に伴う所有権移転登記が上記の形式的な移転に該当する場合は，登録免許税が課せられない。したがって，(1)，(3)，(4)は正しい。

信託土地上に受託者が建築した建物は，形式的な移転にあたらないため，当該建物の不動産取得税は受託者に課される。したがって，(2)は正しい。

委託者から受託者への移転登記と同時に行われる信託の登記には，登録免許税が課される（本則では，所有権の信託の登記は不動産評価額の1,000分の4，所有権の移転の登記は不動産評価額の1,000分の20であるが，2023〈令和5〉年3月31日までは，所有権の信託の登記は不動産評価額の1,000分の3，所有権の移転の登記は不動産評価額の1,000分の15に軽減されている）。したがって，(5)は誤りであり，これが本問の正解である。

正解：(5)　正解率：26.37%

（注）　2023（令和5）年度税制改正により，土地の所有権の信託の登記等に対する税率の軽減措置の適用期限が2026（令和8）年3月31日まで延長されている。

 土地信託の仕組み

土地信託の仕組みについて，正しいものは次のうちどれですか。

(1)　信託不動産にかかる固定資産税は，実質的な所有者である受益者に課される。

(2)　受益者である法人は，法人としての会計処理において，信託建物の減価償却費を計上することができない。

(3)　国・公有地の普通財産を，信託財産とすることができる。

(4)　信託した土地上に建築された建物は，信託の登記をすることで信託財産に帰属する。

(5) 受益権が譲渡されたことを第三者に対抗するためには，不動産登記法にもとづき受益者の変更を登記する必要がある。

解答ポイント＆正解

　土地信託における土地・建物にかかる固定資産税は，所得税や法人税等における実質課税主義がとられておらず，また，動産設備信託におけるような固定資産税の特例もないため，その納税義務者は信託不動産の名義上の所有者である受託者となる。したがって，(1)は誤りである。

　受益者である法人は，法人としての会計処理において，信託建物の減価償却を行うことができる。したがって，(2)は誤りである。

　国・公有地の行政財産は信託財産にできないが，普通財産は信託財産とすることができる。したがって，(3)は正しく，これが本問の正解である。

　信託法16条は，「信託財産に属する財産の管理，処分，滅失，損傷その他の事由により受託者が得た財産」は，信託財産に属すると規定し，信託財産の物上代位性について定めている。信託した土地上に受託者が建築した建物は，信託の登記がない場合でも当然に信託財産に帰属する。したがって，(4)は誤りである。

　不動産所有権の第三者対抗要件は不動産登記であるが，信託受益権の譲渡は民法上の債権譲渡と同様の方法がとられる。土地信託における信託受益権の譲渡の第三者対抗要件は，受託者への通知または受託者の承諾（いずれも確定日付による）である（信託法94条）。したがって，(5)は誤りである。

正解：(3)　正解率：69.59%

 問−43　賃貸型土地信託の仕組み

賃貸型土地信託の仕組みについて，誤っているものは次のうちどれですか。

(1) 受託者は，信託事務の処理に要した費用の支払いにあたって，信託

財産にある金銭が不足する場合は，立替払いをすることがある。

(2)　受託者は，建物の建設のために必要な借入を行う場合，法令上，受託者の銀行勘定からは借り入れることができない。

(3)　受託者は，信託が終了した場合，信託財産（土地・建物等）を現状有姿で受益者に交付する。

(4)　受託者は，賃料等の収入から，諸経費の支払い，借入金の元利金返済および信託報酬を差し引いた額を信託配当として受益者に交付する。

(5)　受託者は，テナントの募集を専門の仲介業者に委託することができる。

▶ 解答ポイント＆正解

　信託財産の所有者は受託者であり，信託事務の処理に要した費用の支払いにあたって信託財産の金銭が不足する場合は，受託者の固有財産で立替払いをすることがある。この場合，受託者は，信託財産から当該費用の償還を受けることができる。したがって，(1)は正しい。

　建物の建築資金を受託者の固有勘定から借り入れることは，信託契約に定めがある場合や，あらかじめ受益者の承認を得た場合等，法令上の一定の要件を満たす場合に認められる（信託法31条2項，信託業法29条2項）。したがって，(2)は誤りであり，これが本問の正解である。

　賃貸型土地信託は，処分型土地信託とは異なり，土地を手放さずに有効利用する仕組みであるため，信託が終了した場合，受託者は信託財産を現状有姿で受益者に交付する。したがって，(3)は正しい。

　受託者は，賃料等の収入から，諸経費の支払い，借入金の元利金の返済，および信託報酬を差し引いた額を信託配当として受益者に交付する。したがって，(4)は正しい。

　受託者は，信託契約の定め等に従って信託の事務処理を第三者に委託することができるため（信託法28条1項），テナントの募集を専門の仲介業者に委託することができる。したがって，(5)は正しい。

正解：(2)　正解率：78.53%

7. その他の信託・併営業務

 問―44　公益信託の特色　☑☐☐☐☐

公益信託の特色について，正しいものは次のうちどれですか。

(1)　受給者の存する範囲が１つの都道府県の区域内に限られる公益信託については，一定のものを除いて，当該都道府県の知事が主務官庁の権限に属する事務を行う。

(2)　公益信託の受託者は，やむをえない事由がある場合に限り，信託管理人の許可を受けて辞任することができる。

(3)　信託の変更によって，受益者の定めを設けることができる。

(4)　公益信託は，いわゆる自己信託の方法によって設定することができる。

(5)　公益信託の終了時において，帰属権利者がその権利を放棄したときは，主務官庁が，信託の本旨に従って，類似の目的のために信託を継続させることができない。

解答ポイント＆正解

　公益信託法１条に規定する公益信託であって，その受益の範囲が１つの都道府県の区域内に限られるものに対する主務官庁の権限に属する事務は，教育委員会が行うものを除き，当該都道府県の知事が行うものとされている（公益信託に係る主務官庁の権限に属する事務の処理等に関する政令１条１項）。したがって，(1)は正しく，これが本問の正解である。

　公益信託の受託者は，やむをえない事由がある場合に限り，主務官庁の許可を受けて辞任することができる（公益信託法７条）。したがって，(2)は誤りである。

　受益者の定めのない信託においては，信託の変更によって受益者の定めを設けることはできない（信託法258条２項）。そのため，受益者の定めのない

2021年（第149回）

信託である公益信託では，信託の変更によって受益者の定めを設けることができない。したがって，(3)は誤りである。

　受益者の定めのない信託は，信託契約による方法（信託法3条1項）または遺言による方法（同法3条2項）によって設定することができる（同法258条1項）。公益信託は，受益者の定めのない信託に分類されることから，自己信託の方法によって設定することはできない。したがって，(4)は誤りである。

　公益信託の終了時において，残余財産について帰属権利者の指定に関する定めがないとき，または帰属権利者がその権利を放棄したときは，主務官庁が，信託の本旨に従って，類似の目的のために信託を継続させることができる（公益信託法9条）。したがって，(5)は誤りである。

正解：(1)　**正解率：70.79%**

 特定公益信託

特定公益信託について，正しいものは次のうちどれですか。

(1) 受託者が信託財産として受け入れることができる財産は，金銭と公社債に限られている。

(2) 法人が特定公益信託の信託財産とするために支出した金銭は寄附金として扱われ，一般の寄附金の損金算入限度額の範囲で損金算入が認められる。

(3) 信託目的に応じて運営委員会の設置がされる場合とされない場合がある。

(4) 特定公益信託の委託者について相続の開始があったときは，信託に関する権利の価額は相続税の課税価格からその一定割合を減額した価額が算入される。

(5) 委託者と受託者の合意によって，信託を終了させることができる。

特定公益信託では，受託者が信託財産として受け入れることができる資産は金銭に限られるものとされている（所得税法施行令217条の2第1項3号，法人税法施行令77条の4第1項3号，租税特別措置法施行令40条の4第1項3号）。したがって，(1)は誤りである。

法人が特定公益信託の信託財産とするために支出した金銭は，寄附金とみなされ，事業年度における所得金額の計算上，一般の寄附金の損金算入限度額の範囲内で損金算入が認められる（法人税法37条1項・6項）。したがって，(2)は正しく，これが本問の正解である。

信託管理人は，受託者を監督し，重要な事項について受託者に承認を与える。一方，運営委員会は，学識経験者等によって構成されており，助成先を推薦するほか，重要事項について受託者に助言・勧告を行う。特定公益信託では，税法にもとづき信託管理人および運営委員会を設置することが義務付けられている（所得税法施行令217条の2第1項5号・6号，法人税法施行令77条の4第1項5号・6号，租税特別措置法施行令40条の4第1項5号・6号）。したがって，(3)は誤りである。

信託の委託者について相続の開始があった場合には，信託に関する権利は相続人が承継する相続財産として取り扱われるのが原則である。しかし，特定公益信託については，信託に関する権利の価額は零（0）として取り扱われ，相続税の課税価格に算入されない（相続税法基本通達9の2－6）。したがって，(4)は誤りである。

特定公益信託を設定するためには，合意による終了ができない定めをおくことが要件となっている（所得税法施行令217条の2第1項2号，法人税法施行令77条の4第1項2号，租税特別措置法施行令40条の4第1項2号）。したがって，(5)は誤りである。

正解：(2) **正解率：67.82%**

問―46 遺言信託

遺言により設定される信託（遺言信託）の法律上の説明について，誤っているものは次のうちどれですか。ただし，遺言には別段の定めはないものとします。

(1) 遺言信託は，遺言者の死亡によってその効力が生じる。

(2) 遺言によって信託が設定された場合に，委託者の相続人は，委託者の地位を相続により承継しない。

(3) 遺言信託により受益者となる者は，相続税法上，信託に関する権利を遺言者から遺贈によって取得したものとみなされる。

(4) 遺言信託により担保権を設定することができる。

(5) 遺留分権利者の遺留分を害する遺言信託は，当然に無効である。

解答ポイント＆正解

遺言により設定される信託（以下，本問において「遺言信託」とする）は，遺言の効力の発生によってその効力を生じ（信託法4条2項），遺言は遺言者の死亡の時からその効力が生じるため（民法985条1項），遺言信託は，遺言者の死亡によってその効力が生じる。したがって，(1)は正しい。

遺言信託が設定された場合，委託者の相続人は，遺言に別段の定めがない限り，委託者の地位を相続により承継しない（信託法147条）。したがって，(2)は正しい。

他益信託が設定された場合で，個人が受益者となるときは，信託の効力が生じた時に信託に関する権利を委託者から贈与によって取得したものとみなされるが，委託者の死亡に起因して信託の効力が生じたときは，相続税法上，遺贈によって信託に関する権利を取得したものとみなされる（同法9条の2第1項）。したがって，(3)は正しい。

遺言信託とは，特定の者に対して財産の譲渡や担保権の設定その他の財産の処分をする旨，ならびに当該特定の者が一定の目的に従って財産の管理または処分およびその他の当該目的の達成のために必要な行為をすべき旨の遺

言をする方法によって設定される信託をいう（信託法3条2号）。したがって，(4)は正しい。

　遺言者は，包括または特定の名義で，その財産の全部または一部を処分することができる（民法964条）。遺言信託も遺留分に関する規定の適用を受けるが，遺留分を侵害しても遺言信託が当然に無効となるわけではない。したがって，(5)は誤りであり，これが本問の正解である。

正解：(5)　正解率：78.13%

 問—47　特定贈与信託

特定贈与信託（特定障害者扶養信託）について，正しいものは次のうちどれですか。

(1)　株式や債券は価格変動リスクがあるため，これらを信託財産とすることはできない。

(2)　特別障害者について，信託受益権の価額のうち3,000万円までの金額に相当する部分の価額は，贈与税の課税価格に算入されず，3,000万円を超過する部分の価額が贈与税の課税価格に算入される。

(3)　信託の引受に際して，受託者は，障害者非課税信託申告書を受益者の納税地の所轄税務署長に提出しなければならない。

(4)　委託者の承諾を得れば，信託受益権を譲渡し，または担保に供することができる。

(5)　受益者である特定障害者が死亡すると，信託受益権は国に帰属する。

解答ポイント＆正解

　特定贈与信託では，①金銭，②有価証券，③金銭債権，④立木およびその生立する土地（立木とともに信託されるものに限る），⑤継続的に相当の対価を得て他人に使用させる不動産，⑥受益者である特定障害者の居住の用に

供する不動産（①～⑤までのいずれかとともに信託されるものに限る）を当初信託財産とすることができる（相続税法21条の4第2項，同施行令4条の11）。したがって，(1)は誤りである。

特別障害者について，特定贈与信託の信託受益権の価額のうち6,000万円までの金額に相当する部分の価額は，贈与税の課税価格に算入されない（相続税法21条の4第1項）。したがって，(2)は誤りである。なお，特別障害者以外の特定障害者については，3,000万円を限度として贈与税が非課税となる。

特定贈与信託の引受に際しては，特定障害者を受益者として，法令に定める要件を充足した信託契約を締結し，障害者非課税信託申告書を受益者の納税地の所轄税務署長に提出する必要がある（相続税法21条の4第1項）。したがって，(3)は正しく，これが本問の正解である。

特定贈与信託では，信託受益権について，譲渡にかかる契約を締結し，またはこれを担保に供することができない旨の定めをおくことが契約要件の1つとされている（相続税法21条の4第2項，同施行令4条の12第5号）。したがって，(4)は誤りである。

特定贈与信託は，受益者である特定障害者の死亡の日に終了し（相続税法施行令4条の12第1号），その信託受益権は特定障害者の相続財産となる。したがって，(5)は誤りである。

正解：(3) **正解率：72.32%**

 遺言執行業務

・・

信託銀行が営む遺言執行業務について，誤っているものは次のうちどれですか。

(1) 信託銀行は，自筆証書遺言でその信託銀行が遺言執行者に指定されていた場合，当該遺言にもとづき遺言執行者に就任することができる。

(2)　信託銀行は，遺言執行業務の過程において，相続人間の紛争の仲裁
　　をすることはできない。

(3)　遺留分の侵害がない場合，遺言の執行に関する費用は，相続財産の
　　負担とされる。

(4)　遺言執行者が複数いる場合，各遺言執行者は単独で保存行為をする
　　ことはできない。

(5)　遺言執行者は，就職後遅滞なく相続財産の目録を作成し，相続人に
　　交付しなければならない。

解答ポイント＆正解

　信託銀行は，兼営法にもとづき財産に関する遺言の執行を行うことが可能
である（同法１条１項４号）が，対象となる遺言について法的な制限はな
い。そのため，信託銀行は，自筆証書遺言でその信託銀行が遺言執行者に指
定されていた場合には，当該遺言にもとづき遺言執行者に就任することがで
きる。したがって，(1)は正しい。なお，実務上，自筆証書遺言にもとづく遺
言執行を行うことが少ない理由は，信託銀行や公証人が遺言の作成に関与し
ない遺言については，その解釈に疑義が生じ，相続人や受遺者の関係も不明
であって，その間で紛争が起きる懸念が類型的に低くないからである。

　弁護士または弁護士法人でない者は，報酬を得る目的で法律事件に関して
鑑定，代理，仲裁もしくは和解その他の法律事務を取り扱うことが禁止され
ている（弁護士法72条）。したがって，(2)は正しい。

　遺言の執行に関する費用は，遺留分を減ずることがない限り，相続財産の
負担とされる（民法1021条）。したがって，(3)は正しい。

　遺言執行者が数人ある場合には，遺言者がその遺言に別段の意思表示をし
ていない限り，その任務の執行は過半数で決するが（民法1017条１項），保
存行為については各遺言執行者が単独ですることができる（同法1017条２
項）。したがって，(4)は誤りであり，これが本問の正解である。

　遺言執行者が就職を承諾したときは，ただちにその任務を行わなければな
らず（民法1007条），遺言執行者は，遅滞なく，相続財産の目録を作成し

て，相続人に交付しなければならない（同法1011条1項）。したがって，(5)
は正しい。

正解：(4)　正解率：71.58%

 問―49　不動産業務

信託銀行が営む不動産業務について，誤っているものは次のう
ちどれですか。

(1)　不動産の仲介業務において，信託銀行は，その事務所ごとに国土交
　　通大臣が定めた報酬の額を掲示しなければならない。

(2)　信託銀行は，不動産の仲介業務に関して，仲介を行う不動産の買主
　　に対し，手付について貸付をすることにより契約の締結を誘引する行
　　為をしてはならない。

(3)　不動産の仲介業務において専任媒介契約を締結した場合，依頼者は
　　自らが探索した相手方であっても売買契約を締結することができな
　　い。

(4)　専任媒介契約を締結した場合には，国土交通大臣が指定した流通機
　　構に物件情報を登録しなければならない。

(5)　不動産の鑑定評価業務を営むにあたって，信託銀行は，国土交通省
　　に備える不動産鑑定業者登録簿への登録を受けている。

解答ポイント＆正解

　宅地建物取引業者が宅地または建物の売買，交換または貸借の代理または
媒介に関して受けることのできる報酬の額は，国土交通大臣によって定めら
れており（宅建業法46条1項），宅地建物取引業者は，その事務所ごとに，
国土交通大臣が定めた報酬の額を掲示しなければならない（同条4項）。し
たがって，(1)は正しい。

　宅地建物取引業者（信託銀行）は，その業務に関して，その相手方等に対

し，手付について貸付その他信用の供与をすることにより契約の締結を誘引する行為をしてはならない（宅建業法47条3号）。したがって，(2)は正しい。

　不動産の媒介とは，売買等の取引の依頼人に対して取引の相手方を斡旋し，当事者双方の間に立って取引を成立させることをいう。不動産の媒介契約において，依頼者が他の宅地建物取引業者に重ねて売買等の媒介または代理を依頼することを禁止するものを専任媒介契約といい（宅建業法34条の2第3項），宅地建物取引業者が探索した相手方以外の者との契約を締結することができない旨の特約を含むものを専属専任媒介契約という（同施行規則15条の7第2号）。依頼者自らが探索した相手方であっても売買等の契約を締結することができないのは，専属専任媒介契約を締結した場合であって，専任媒介契約においては可能である。したがって，(3)は誤りであり，これが本問の正解である。

　宅地建物取引業者は，専任媒介契約を締結したときは，契約の相手方を探索するため，当該専任媒介契約の目的物である宅地または建物につき，所在，規模および売買価格等の事項を，国土交通大臣が指定する流通機構に登録しなければならない（宅建業法34条の2第5項）。したがって，(4)は正しい。

　信託銀行が不動産の鑑定評価業務を営むためには，国土交通省に備える不動産鑑定業者登録簿に登録を受けなければならない（不動産の鑑定評価に関する法律22条1項）。したがって，(5)は正しい。

正解：(3)　**正解率：68.34%**

 問―50　**証券代行業務**

・・・

　信託銀行が営む証券代行業務について，誤っているものは次のうちどれですか。

(1)　会社は，株主の承諾があれば，電子メールによって株主総会招集通知を発信することができる。

(2) 四半期ごとの総株主通知にもとづいて，株主名簿の記録を更新することができる。

(3) 個別株主通知は，少数株主権等を行使しようとする者が，自らが株主であることを発行会社以外の第三者に対抗するための特例制度である。

(4) 信託銀行が営む証券代行業務は，兼営法にもとづく併営業務である。

(5) 株主名簿管理人は，株主総会招集通知の発送や議決権行使書の集計など株主総会に関連する事務についても，会社から委託を受けて取り扱うことができる。

解答ポイント＆正解

　株主総会の招集に際しては，総会の日の2週間前までに株主に対して招集通知を発送しなければならない（会社法299条）。この招集通知は，書面によるほか，株主の承諾があれば，電磁的方法（電子メールなど）によっても発することができる（同法299条2項・3項）。したがって，(1)は正しい。

　振替株式の発行会社は，法令等にもとづき株主に対して通知をするために必要があるとき，あるいは法令等にもとづき株主に関する情報を公表または官公署もしくは証券取引所に提供するために必要があるときなど，正当な理由がある場合には，株主名簿管理人を通じて証券保管振替機構に対して総株主通知の請求を行うことで（社債，株式等振替法151条8項），株主名簿の記録を更新することができる。また，発行会社はあらかじめ証券保管振替機構に請求しておけば，期末および中間期末のほかに，第1四半期末および第3四半期末にも総株主通知を出してもらうことができ，四半期ごとに株主名簿の記録を更新することができる。したがって，(2)は正しい。

　株主権のうち，会社法124条1項の基準日により定まる権利以外の権利を，少数株主権等という（社債，株式等振替法147条4項）。株主が少数株主権等を行使するときには，口座を開設している証券会社等の口座管理機関に個別株主通知の申出をしなければならない（同法154条3項・4項）。個別株

主通知は，株主が少数株主権等を行使するときの会社に対する対抗要件であり，株主名簿の記載または記録を会社に対する対抗要件と定めた会社法130条の特例制度である。したがって，発行会社以外の第三者に対する対抗要件ではなく，(3)は誤りであり，これが本問の正解である。

　信託銀行が営む証券代行業務は，会社の株主に対する債務を信託銀行が会社に代わって履行するという意味で，兼営法上の債務の履行に関する代理事務（兼営法１条１項７号ニ）と位置づけられている。したがって，(4)は正しい。

　株主名簿管理人は，株主名簿管理人委託契約にもとづき，株主総会招集通知の発送や議決権行使書の集計など株主総会関係事務についても，会社から委託を受けて取り扱っている。したがって，(5)は正しい。

正解：(3)　　**正解率：51.08%**

※問題および各問題についての解答ポイント・正解は，原則として試験実施日におけるものです。

※問題文中の「信託銀行」は，当該設問にかかる信託業務または併営業務を営むことが認められている金融機関を総称するものとします。

1. 信託の基礎

 信託の歴史

日本の信託の歴史について，正しいものは次のうちどれですか。

(1) 現在の日本の信託法は，大陸法体系にて発展したものを明治時代以降に導入している。

(2) 1922（大正11）年に制定された日本の信託法のモデルは，インド法とカリフォルニア州法である。

(3) 1922（大正11）年に信託法，信託業法が制定され，信託会社の数は拡大した。

(4) 日本の信託業は，2004（平成16）年の信託業法改正により，新規参入が改正前よりも厳しく制限された。

(5) 2006（平成18）年の信託法改正は，信託業の担い手を拡大することが趣旨の1つであった。

解答ポイント＆正解

日本にも織田信長が京都の商人に金銀を預け，皇室のために運用させたという例があるように，古くから信託類似の考え方はあったが，現在の近代的法制度としての信託法は，英米で発展した法体系をとり入れたものである。したがって，大陸法体系で発展したとする(1)は誤りである。

1922（大正11）年に制定された日本の信託法のモデルは，インド法とカリフォルニア州法である。当時のインド信託法はイギリスの信託法体系を立法化しており，カリフォルニア州民法は，大陸法系であるスペイン法を基にした民法に信託をとり入れたところが日本の状況に似ていた。したがって，(2)は正しく，これが本問の正解である。

日本では，1922（大正11）年に旧信託法と旧信託業法が制定される以前

248

は，「信託」はあいまいな意味で使われており，信託業という名の下に，不動産仲介，貸金，株式売買，訴訟代行などの業務が行われていた。その中には資力や信用力に乏しいものもあり，その整理・取締という社会的要請のもとに，信託法・信託業法は制定された。そのため，両法の制定後，信託会社の数は減少した。したがって，(3)は誤りである。

2004（平成16）年に改正された信託業法は，信託業の担い手の拡大と受託可能財産の拡大が改正の主なポイントであった。したがって，(4)は誤りである。

2006（平成18）年に改正された信託法は，民法の特別法であって業者の規制法ではない。したがって，(5)は誤りである。

正解：(2)　**正解率：4.54%**

 問一2　**信託に関連する法律**

信託に関連する法律について，誤っているものは次のうちどれですか。

(1)　信託業法は，営業信託について定めており，信託取引の公正を確保することによって，信託の委託者および受益者の保護を図り，国民経済の健全な発展に資することを目的としている。

(2)　銀行は，信託業務を信託業法の免許にもとづいて営む。

(3)　信託会社は，商号の中に信託の文字を使わなければならない。

(4)　金融商品取引法の行為規制は，信託業法や兼営法で，投資性の強い信託の契約締結を行う場合に準用されている。

(5)　信託の受益権は，有価証券とみなされて金融商品取引法が適用される。

解答ポイント＆正解

行政法規である信託業法は，営業信託について定めており，信託取引の公

正を確保することによって，信託の委託者および受益者の保護を図り，国民経済の健全な発展に資することを目的としている（信託業法1条）。したがって，(1)は正しい。

　銀行その他の金融機関は，兼営法により，内閣総理大臣の認可を受けて，信託業務を営むので，信託業法による免許によるのではない。したがって，(2)は誤りであり，これが本問の正解である。

　信託業法は誤認防止の観点から，商号制限の規定を置いており，信託業法によって免許を受ける信託会社は，商号の中に信託の文字を使わなければならないとされている（同法14条1項）。したがって，(3)は正しい。

　投資性の強い信託の契約を「特定信託契約」といい，その信託の引受をする場合に，広告規制，適合性の原則，契約締結前書面・契約締結時書面の交付等の金融商品取引法の規定に従わねばならないこととされている（信託業法24条の2，兼営法2条の2による金融商品取引法の準用）。したがって，(4)は正しい。

　金融商品取引法は，有価証券の発行と金融商品等の取引を公正にすることを目的の1つとしている。信託の受益権もその目的の対象として，有価証券とみなされて金融商品取引法が適用される。したがって，(5)は正しい。

正解：(2)　正解率：67.65%

(注)　特定信託契約とは，金利，通貨の価格，金融商品市場における相場その他の指標にかかる変動により信託の元本について損失が生ずるおそれがある信託契約である（ただし，公益信託，元本補てん付信託，預貯金のみで運用する信託，管理型信託，物または権利の管理処分のための信託は，特定信託契約ではない）。

目的信託

目的信託（受益者の定めのない信託）について，誤っているものは次のうちどれですか。

(1) 現時点では，受託者は信託事務を適正に処理するに足りる財産的基礎および人的構成を有する一定の法人に限定されている。

(2) 信託契約に記載がなくても委託者の監督権限が強化される。

(3) 存続期間は20年を超えることができない。

(4) 信託の変更によって受益者の定めを設けることはできない。

(5) 信託の設定方法は契約に限定されている。

解答ポイント＆正解

「目的信託」は2006（平成18）年改正の新しい信託法によってつくられた新しい制度で，受益者の定めのない信託として，信託法258条以下に定められている信託である。

目的信託は，別途法律で定める日までは，信託法の附則によって，受託者は信託事務を適正に処理するに足りる財産的基礎および人的構成を有する一定の法人に限定されている。したがって，(1)は正しい。

目的信託では受益者が存在しないため，委託者が受益者に代わって監督権限をもつことが定められている（信託法260条）。したがって，(2)は正しい。

目的信託の存続期間は20年を超えることができない（信託法259条）。信託目的によっては財産の合理的な利用が妨げられる状態が継続することが可能となり，国民経済の利益の観点から期間制限を設けているのである。したがって，(3)は正しい。

目的信託は，受益者の定めのある他の信託とはかなり異なっているため，信託の変更によって目的信託を受益者の定めのある信託に変えることも，受益者の定めのある信託を目的信託に変えることもできないとされている（信託法258条2項・3項）。したがって，(4)は正しい。

自己信託は委託者と受託者が同一であるため，委託者による監督はできな

（第147回）2020年

いので，目的信託を設定できないとされており，契約による信託と遺言による信託では認められている。したがって，(5)は誤りであり，これが本問の正解である。

正解：(5)　正解率：55.87%

 問−4　信託の設定

わが国における信託の設定について，正しいものは次のうちどれですか。

(1)　受託者と受益者が同一の信託を設定することはできない。

(2)　遺言によって信託を設定する場合は，民法の定める遺言の方式ですることができる。

(3)　委託者と受託者が同一の信託を設定することはできない。

(4)　他益信託の契約は，受託者と受益者の二者で締結する。

(5)　法令により，ある財産権を享有することができない者でも，その権利を有するのと同一の利益を受益者として享受することはできる。

解答ポイント＆正解

信託は，専ら受託者の利益を図ることを信託目的とすることはできない（信託法2条1項）。しかし，受託者が受益者となることは否定されない（同法8条）。もっとも，受託者が受益権の全部を固有財産で有する状態が1年間継続すると，信託は終了する。以上より，受託者と受益者が同一の信託を設定することはできる。したがって，(1)は誤りである。

遺言によって信託を設定する場合は，民法の定める遺言の方式によってする。したがって，(2)は正しく，これが本問の正解である。

委託者と受託者が同一の信託を自己信託といい，公正証書その他の書面または電磁的記録による法定の方式で設定することができる。したがって，(3)は誤りである。

委託者を受益者とする信託を自益信託，委託者以外の者を受益者とする信託を他益信託という。いずれの信託の場合も，信託契約は，受託者と委託者で締結する。したがって，(4)は誤りである。

脱法的な信託を禁止するため，信託法9条は，「法令によりある財産権を享有することができない者は，その権利を有するのと同一の利益を受益者として享受することができない」と定めている。したがって，(5)は誤りである。

正解：(2)　正解率：77.33%

 問—5 **受託者の義務**

受託者の義務について，誤っているものは次のうちどれですか。

(1) 信託銀行が受託者となる場合，善良なる管理者の注意義務として求められる水準は，一般的な個人に求められる水準より高い。

(2) 分別管理義務によって，動産（金銭を除く）を信託財産とする場合は物理的な分離が原則であるが，信託行為により，その他の方法を定めることもできる。

(3) 信託事務処理の委託先の選任・監督義務は，信託行為によって指名された委託先については負わない。

(4) 忠実義務違反の一類型である利益相反行為を例外的に認める場合について，信託業法は，受益者の保護に支障を生ずることがない場合として定められた条件を満たさなければならない等の信託法より厳格な制限を設けている。

(5) 公平義務によって，信託行為に別段の定めがなければ，異なる信託の受益者を公平に取り扱わなければならない。

　善良なる管理者の注意（善管注意）とは，その職業や地位にある者として通常要求される程度の注意を意味する。受託者が信託銀行のような専門家である場合，通常要求される注意の水準は，一般的な個人が受託者となる場合よりも高いと考えられている。したがって，(1)は正しい。

　分別管理義務は，財産の性質にふさわしい管理方法を受託者に求めている。動産の場合は物理的な分離が原則であるが，信託行為により，その他の方法を定めることもできる。したがって，(2)は正しい。なお，不動産のように登記登録制度のある財産の場合は，信託の登記登録をしなければならない。債権の場合は，計算を明らかにする方法による。

　信託法は，信託事務の処理を第三者に委託するときは受託者に選任・監督義務を課している。すなわち，信託の目的に照らして適切な者に委託しなければならないし，信託の目的の達成のために必要かつ適切な監督を行わなければならない。もっとも，これらの義務は，信託行為で委託先を指名している場合には課せられない。また，信託業法は，委託先が業務を行ったことによる損害の受益者への賠償責任を課しているが，これも信託行為で委託先を指名している場合には課せられない。したがって，(3)は正しい。

　信託法は，信託財産と固有財産との取引などを利益相反行為として受託者に禁じているが，信託行為でそれを認めることを定めているなどの場合には，その利益相反行為を行うことができる。信託業法は，信託行為の定めだけでなく，受益者の保護に支障を生ずることがない場合として内閣府令に定められた条件を満たすことなどをさらに求めている。したがって，(4)は正しい。

　1つの信託に受益者が複数いる場合，受託者は，複数の受益者にとって公平になるように職務を行わねばならないとされ，これを公平義務という。公平義務は異なる信託の受益者を対象とするものではない。したがって，(5)は誤りであり，これが本問の正解である。

正解：(5)　正解率：63.28％

問一6 信託銀行の説明義務等

信託銀行の説明義務等について，誤っているものは次のうちどれですか。

(1)　契約により信託を引き受ける際には，委託者の保護の観点から，委託者の知識，経験および財産の状況を踏まえて説明を行うという信託業法に定める義務を負う。

(2)　信託契約の締結の前に説明するという信託業法に定める義務において，書面の交付は法定の義務ではないが，契約締結時の書面の交付は法定の義務である。

(3)　不動産の管理・処分を受託者の裁量で行うことを目的とする信託の引受を勧誘するときは，一定の事項を記載した金融商品取引法を準用した法定書面を契約締結より前に顧客に交付する義務はない。

(4)　信託財産の運用方法が特定されていない金銭信託の契約締結に際して，金融商品の販売等に関する法律上の重要事項の説明をしなかったときは，これによって生じた顧客の損害につき同法にもとづく賠償責任を負う。

(5)　信託財産の保存行為にかかる業務を委託する場合には，信託行為でその信託業務を委託すること，およびその信託業務の委託先または委託先の選定にかかる基準・手続きを明らかにする義務がある。

▶解答ポイント＆正解

　信託会社・信託銀行は，委託者の知識，経験，財産の状況および信託契約を締結する目的に照らして適切な信託の引受を行い，委託者の保護に欠けることのないように業務を営まなければならない（信託業法24条2項）。そのことを踏まえて，同法25条に定める事項を委託者に説明しなければならない。したがって，(1)は正しい。

　信託会社・信託銀行は，信託契約より前に委託者に一定の事項を説明する義務を負い，信託契約による信託の引受を行ったときは遅滞なく，委託者に

一定の事項を明らかにした書面を交付する義務を負う（信託業法25条・26条）。したがって，(2)は正しい。もっとも，実務上は説明時にも書面を用いることが一般的である。

　信託業法と兼営法は金融商品取引法を準用しており，特定信託契約について金融商品の契約の場合と同様に，契約締結前書面の交付を信託会社・信託銀行に義務づけている。つまり，金利，通貨の価格，金融商品市場における相場その他の指標にかかる変動により信託の元本について損失が生ずるおそれがある信託契約について，特定信託契約となるものの説明義務を加重しているのである。しかし，不動産の管理処分を目的とする信託契約は，特定信託契約に含まれていない。したがって，(3)は正しい。

　金融商品の販売等に関する法律では，信託会社・信託銀行が元本欠損のおそれや元本を上回る損失が発生するおそれなどについての重要事項の説明をせずに金銭の信託の契約の締結をし，それによって顧客に損害が生じた場合に，信託会社・信託銀行に賠償責任を課している。信託財産の運用方法が特定されていない金銭の信託は，この法律の対象で，信託財産の運用方法が特定されている金銭の信託は，この法律の対象外である。したがって，(4)は正しい。

　信託会社・信託銀行が信託業務を第三者に委託する場合には，信託行為でその業務を委託すること，およびその信託業務の委託先または委託先の選定にかかる基準・手続きを明らかにする義務がある。ただし，信託財産の保存行為にかかる業務を委託する場合など，一定の場合にはその義務は適用されない。したがって，(5)は誤りであり，これが本問の正解である。

正解：(5)　正解率：12.95％

(注)　「金融商品の販売等に関する法律」は，2021（令和2）年に法律の題名が「金融サービスの提供に関する法律」に改められ，さらに2023（令和5）年11月29日公布，2024（令和6）年2月1日に施行された法改正により，題名を「金融サービスの提供及び利用環境の整備等に関する法律」に改められている。

問一7　受託者の報告義務，帳簿等の作成義務

受託者の報告義務，帳簿等の作成義務について，誤っているものは次のうちどれですか。

(1)　受託者は帳簿等を備え，各信託事務の計算，信託財産と債務の状況を明らかにしなければならない。

(2)　委託者は，帳簿等につき，受託者に閲覧または謄写を求めることができない。

(3)　受託者は，帳簿等を作成したときは，原則10年間保存しなければならない。

(4)　信託財産にかかる債権者は，受託者に対して信託の貸借対照表，損益計算書等の閲覧・謄写を請求できない。

(5)　委託者または受益者は，信託事務の処理の状況につき受託者に報告を求めることができる。

解答ポイント＆正解

　受託者は，信託事務に関する計算ならびに信託財産に属する財産および信託財産で負担する債務の状況を明らかにするため，信託財産にかかる帳簿その他の書類または電磁的記録を作成し，また，年１回，貸借対照表，損益計算書等を作成しなければならない（信託法37条１項・２項）。したがって，(1)は正しい。

　受益者は，帳簿その他の書類または電磁的記録を閲覧したり，貸借対照表，損益計算書等について報告を受けたりすることにより，受託者を監督することができる（信託法37条３項・38条）。委託者は，受益者ほど信託に対する利害が直接的でないため，信託行為に定めない限り，帳簿その他の書類または電磁的記録を閲覧・謄写する権利はなく，利害関係人として貸借対照表・損益計算書等のみを閲覧・謄写することが認められている（同法38条６項）。したがって，(2)は正しい。

　受託者は，帳簿その他の書類または電磁的記録について，原則として10年

間の保存義務を負う（信託法37条4項）。したがって，(3)は正しい。

　信託債権者は，利害関係人として貸借対照表・損益計算書等のみを閲覧・謄写することが認められている（信託法38条6項）。したがって，(4)は誤りであり，これが本問の正解である。

　受益者だけでなく委託者も，信託事務の処理の状況ならびに信託財産に属する財産および信託財産責任負担債務の状況を，受託者に対して報告を求めることができる（信託法36条）。したがって，(5)は正しい。

正解：(4)　　正解率：64.28%

 信託契約代理店

　　信託契約代理店について，誤っているものは次のうちどれですか。

(1)　信託契約代理店は，内閣総理大臣の登録を受けた者でなければ，営むことができない。

(2)　信託契約代理店は，信託会社・信託銀行の代理人であって委託者の代理人とはならない。

(3)　信託契約代理店は，法人のみなることができる。

(4)　信託契約代理店が信託契約の締結の代理または媒介を行うときは，信託業法における信託会社等と同様の義務を負う。

(5)　信託契約代理店の所属信託会社は，信託契約代理店が行った信託契約の締結の代理または媒介につき顧客に加えた損害を賠償する責任がある。

解答ポイント＆正解

　信託契約代理店は，内閣総理大臣の登録を受けた者でなければ，営むことができない。したがって，(1)は正しい。

　信託契約代理店は，信託会社・信託銀行等の委任を受けて，信託契約の締

結の代理・媒介を行う。そのため，委託者の代理人とはならない。したがって，(2)は正しい。

　信託契約代理店は，法人，個人ともになることができる。したがって，(3)は誤りであり，これが本問の正解である。

　受託者が信託を引き受ける際の信託業法24条（虚偽説明，断定的判断の提供，特別の利益の提供，損失補てん，利益補足などの委託者の保護に欠ける行為の禁止，適合性の原則），信託法25条（契約締結前の説明事項）の義務は，信託契約代理店が信託契約の締結の代理または媒介を行う場合についても同様に課されている。したがって，(4)は正しい。

　信託契約代理店の所属信託会社は，信託契約代理店が行った信託契約の締結の代理または媒介につき顧客に加えた損害を賠償する責任があり，所属信託会社が信託契約代理店への委託につき相当の注意をし，かつ，信託契約代理店が行う信託契約の締結の代理または媒介につき顧客に加えた損害の発生の防止に努めた場合でなければ免責されない。したがって，(5)は正しい。

正解：(3)　**正解率：73.22%**

 問—9　**信託財産の範囲**

信託財産に属する財産となるものについて，誤っているものは次のうちどれですか。

(1)　信託行為において，信託財産に属すべきものと定められた財産

(2)　信託財産に属する財産の管理，処分，滅失，損傷その他の事由により，受託者が得た財産

(3)　受託者がその任務を怠ったことにより，信託財産に生じた損失について，てん補した金銭

(4)　受託者が信託のために行った消費貸借にもとづく借入債務

(5)　信託財産に対する寄附によって受託者が無償で取得した財産

解答ポイント＆正解

信託財産とは，「受託者に属する財産であって，信託により管理又は処分すべき一切の財産をいう」（信託法2条3項）と定められ，「信託行為において信託財産に属すべきものと定められた財産」（同法16条柱書）のほか，「信託財産に属する財産の管理，処分，滅失，損傷その他の事由により受託者が得た財産」も信託財産に属するとされている（同法16条1号）。したがって，(1)，(2)は正しい。

受託者がその任務を怠ったことにより信託財産に生じた損失について，てん補した金銭（信託法40条），信託財産に対する寄附によって無償で受託者が取得した財産も信託財産となるので，(3)，(5)は正しい。

信託法は，信託財産を構成すべきものは積極財産に限り，消極財産，すなわち債務は信託財産とはならないとしているので，(4)が誤りであり，これが本問の正解である。なお，借り入れた金銭そのものは信託財産となる。

正解：(4)　正解率：52.68％

問一10　信託財産への強制執行等

信託財産への強制執行等について，誤っているものは次のうちどれですか。

(1) 受託者個人の債権者（受託者の固有財産のみをもって履行すべき債務にかかる債権者）は，信託財産に対して強制執行することができない。

(2) 委託者個人の債権者は，その債権が信託設定前の原因にもとづいて生じた債権であって，その債権にかかる債務を信託財産責任負担債務とする旨が信託行為で定められている場合であっても，信託財産に対して強制執行することができない。

(3) 委託者が受益権の全部を有する自己信託の場合で，委託者が債権者を害することを知って信託したときは，委託者（受託者である者に限

る）に対して信託設定前に生じた債権の債権者は，信託財産に対して強制執行することができる。

(4)　担保権が設定された財産が信託された場合，担保権者はその担保権を実行することができる。

(5)　受益者は，その受益債権をもって，同一の受託者における他の信託の信託財産に属する財産に強制執行することはできない。

解答ポイント＆正解

　信託財産は，受託者の名義とされるが，信託目的に従い受益者のために管理または処分される財産であり，受託者個人の財産（固有財産）からは独立した財産とされる。このため，信託法上，信託財産に対して強制執行等をすることは，その債権が信託財産責任負担債務にかかる債権でない限り認められない（信託法23条1項）。受託者個人に対する債権は，信託財産責任負担債務にかかる債権ではないから，信託財産に強制執行することはできないので，(1)は正しい。

　委託者に対し信託設定前に生じた債権であって，その債権にかかる債務を信託財産責任負担債務とする旨の信託行為の定めがあるものは信託財産責任負担債務となるから（信託法21条1項3号），信託財産に対して強制執行することができる。したがって，(2)は誤りであり，これが本問の正解である。

　委託者が受益権の全部を有する自己信託の場合，委託者がその債権者を害することを知って信託したときは，その信託設定前に生じた債権の債権者は詐害行為の取消訴訟の提起を要することなく，ただちに強制執行等をすることができるから（信託法23条2項），(3)は正しい。

　担保権が設定された財産が信託された場合，その担保権にかかる債務は信託財産責任負担債務となり（信託法21条1項2号），債権者は担保権を実行することができるので，(4)は正しい。

　受益債権は，信託財産責任負担債務にかかる債権であるが，その責任財産は当該信託の信託財産に属する財産に限られているから（信託法21条2項1号），同一の受託者における受益者が異なる他の信託財産に属する財産につ

いて強制執行することはできない。したがって，(5)は正しい。

正解：(2)　正解率：72.22%

 問一11　相殺の制限　

・・・
信託財産にかかる相殺の制限について，誤っているものは次の
うちどれですか。

(1) 受託者が固有財産に属する債権と信託財産責任負担債務にかかる債
　　権を相殺することは，受託者の忠実義務に反するためできない。

(2) 受託者が信託財産に属する債権と固有財産に属する財産のみをもっ
　　て履行する責任を負う債務にかかる債権を相殺することは，受託者の
　　忠実義務に反しないのであればできる。

(3) 受託者が固有財産に属する財産のみをもって履行する責任を負う債
　　務にかかる債権を有する債権者は，原則として，その債権をもって信
　　託財産に属する債権にかかる債務と相殺することはできない。

(4) 受託者が信託財産に属する財産のみをもって履行する責任を負う信
　　託財産責任負担債務にかかる債権を有する債権者は，原則として，そ
　　の債権をもって固有財産に属する債権にかかる債務と相殺することは
　　できない。

(5) 受託者は，受託者の忠実義務に反しないのであれば，相殺契約を締
　　結することができる。

解答ポイント＆正解

　信託法では，信託財産の独立性にもとづき，信託財産に対する第三者から
の相殺を制限しているが，受託者からの相殺については，特段の規定を定め
ず，忠実義務の規律に任せており，利益相反行為とならない限り認められ
る。受託者が固有財産に属する債権と信託財産責任負担債務にかかる債権を
相殺することは，固有財産に属する財産をもって信託財産責任負担債務を

（第三者）弁済したのと同じであるから利益相反行為とはならず，相殺が認められるので，⑴は誤りであり，これが本問の正解である。

　また，信託財産に属する債権と固有財産に属する財産のみをもって履行する責任を負う債務にかかる債権を相殺することは，固有財産に属する財産をもって弁済すべき債務を信託財産に属する財産で弁済しているのと同じであるから，利益相反行為にあたる（信託法31条1項4号）。もっとも，「信託行為に当該行為をすることを許容する旨の定めがあるとき」，明示の禁止の定めがない場合で「受託者が当該行為について重要な事実を開示して受益者の承認を得たとき」など，利益相反行為禁止の例外にあたるときは，受託者からの相殺が認められる（同法31条2項1号・2号・4号）。したがって，⑵は正しい。

　信託財産に属する債権に対する第三者からの相殺については，受託者が固有財産に属する財産のみをもって履行する責任を負う債務にかかる債権を有する債権者は，原則として，その債権をもって信託財産に属する債権にかかる債務と相殺することはできないので（信託法22条1項），⑶は正しい。それを認めれば，受託者が固有財産に属する財産のみをもって履行する責任を負う債務について信託財産に属する財産をもって弁済したことになり，信託財産に対する強制執行禁止等の制限（同法23条1項）に反するからである。

　また，受託者が信託財産に属する財産のみをもって履行する責任を負う信託財産責任負担債務にかかる債権を有する債権者は，原則として，その債権をもって固有財産に属する債権にかかる債務と相殺することはできないので（信託法22条3項），⑷は正しい。それを認めれば，信託財産限定責任負担債務（同法154条・21条2項）について受託者の固有財産が責任を負わないとした趣旨に反するからである。

　さらに，受託者が第三者との間で相殺契約を締結することは，民法の一般原則から可能であり，その場合，忠実義務に関する規定が適用される。したがって，⑸は正しい。

正解：⑴　**正解率：29.37%**

問-12　信託の公示（対抗要件）

登記しなければ権利の得喪，変更を第三者に対抗することができない財産が信託財産であるときの，信託の登記がある場合とない場合の法的効果について，正しいものは次のうちどれですか。

(1)　受託者個人の債権者（受託者の固有財産のみをもって履行すべき債務にかかる債権者）が信託財産に属する財産に対し強制執行をした場合，信託の登記がなくても，受託者または受益者は異議を主張することができる。

(2)　自己信託において，委託者の債権者が信託財産に属する財産に対して強制執行をした場合，信託の登記がなくても，受託者は異議を主張することができる。

(3)　受託者が破産手続開始決定を受けた場合，信託の登記があれば，受益者は信託財産に属する財産が破産財団に属さないことを主張できる。

(4)　受託者が権限なくして信託財産に属する財産を処分した場合，信託の登記がなくても，受益者はその処分行為を取り消すことができる。

(5)　受託者が権限なくして信託財産に属する財産を処分した場合，信託の登記があれば，その処分の相手方が受託者の権限違反であることについて，善意かつ重過失がないときであっても，受益者はその処分行為を取り消すことができる。

解答ポイント＆正解

　不動産や知的財産権のように，登記または登録しなければ権利の得喪，変更を第三者に対抗することができない財産については，信託の登記または登録をしなければ，その財産が信託財産に属することを第三者に主張することができない（信託法14条）。

　(1)のように，受託者の固有財産を責任財産とする債務にかかる債権によっ

て信託財産に対し強制執行がされた場合に受託者または受益者が異議を主張するとき（信託法23条5項），(2)のように，自己信託において委託者の債権者から信託財産に対し強制執行がされた場合に受託者または受益者が異議を主張するとき（同法23条5項），(3)のように，受託者が破産手続開始の決定を受けた場合において，信託財産が受託者の破産財団に属さないことを主張するとき（同法25条1項），(4)のように，受託者が信託財産のためにした行為がその権限に属さない場合において，受益者がその行為を取り消すとき（同法27条2項）は，信託の登記がなされていることが必要となる。したがって，(1)，(2)，(4)は誤りであり，(3)が正しく，これが正解である。

なお，(5)のように，受託者が権限なくして信託のために信託財産を処分した場合，信託の登記があっても，その処分の相手方が受託者の権限違反であることについて，善意かつ重過失がないときは，受益者はその処分行為を取り消すことができない。したがって，(5)は誤りである。

正解：(3)　正解率：57.01%

 問-13　信託管理人　

信託法に規定される信託管理人について，正しいものは次のうちどれですか。

(1)　受益者の一部が未存在の場合は，信託管理人を選任することはできない。

(2)　信託行為の定めまたは裁判所の職権によって，信託管理人を選任することができる。

(3)　信託管理人は，原則として，受益者が有する信託法上の権利のうち監督権限だけを行使することができる。

(4)　信託管理人は，受益者から権限を委譲された代理人である。

(5)　受託者は，受託している信託の信託管理人になることができる。

解答ポイント＆正解

　信託法は，受益者が現に存しない場合，受益者の利益を保護し，受託者の信託事務を監督すべき地位にある者として，信託管理人の制度を設けた。受益者の一部が存在する場合は，受託者の監督や信託に関する意思決定については，現存する受益者によって適切に行われると考えられるので，信託管理人の選任は認められていない（信託法123条1項）。したがって，(1)が正しく，これが本問の正解である。

　裁判所は，利害関係人の申立てにより信託管理人を選任することはできるが，職権によって選任することはできないから（信託法123条4項），(2)は誤りである。

　信託管理人は，受益者が現に存しない場合，受益者に代わって受託者を監督し，信託に関する意思決定をすべき者で，受益者のために自己の名をもって受益者の権利に関する一切の裁判上または裁判外の行為を行う権限を有する者であり，受益者の代理人ではないから（信託法125条），(3)，(4)は誤りである。

　信託管理人は，受託者を監督する権利を有する者であるから，受託者からの独立性を確保すべく，受託者はその信託の信託管理人にはなれないものとされているので（信託法124条2号），(5)は誤りである。

正解：(1)　　**正解率：13.44%**

 信託の終了　　

信託の終了事由として，誤っているものは次のうちどれですか。

(1) 受託者が受益権の全部を固有財産で有する状態が1年間継続したとき

(2) 受託者が欠けた場合であって，新受託者が就任しない状態が1年間継続したとき

(3)　信託財産についての破産手続開始の決定があったとき

(4)　信託財産が費用等の償還等に不足している場合の措置に関する信託
　　法の規定に従って，受託者が信託を終了させたとき

(5)　委託者および受託者が信託の終了を合意したとき

▶ 解答ポイント＆正解

　信託法は，信託終了事由として9つの事項を定めるとともに（信託法163条），委託者と受益者の合意による終了を認めている（同法164条1項）。

　受託者が受益権の全部を固有財産で取得したときは，受託者と受益者が同一となって，受託者と受益者の信頼関係ないし監督関係を観念することができず，受託者が他人のために信託財産を管理・処分するという信託の構造が認められないため，1年の猶予期間を設けて信託が終了することとされている（信託法163条2号）。したがって，(1)は正しい。

　すべての受託者が辞任しまたは解任され，受託者が欠けた状態は望ましい状態とはいえないが，ただちに信託を終了させるのではなく，新受託者が就任しないまま1年経過したときに終了するものとされている（信託法163条3号）。したがって，(2)は正しい。

　信託財産について破産手続開始の決定があった場合には，信託は終了する（信託法163条7号）。したがって，(3)は正しい。

　受託者が信託事務を処理するのに必要と認められるために支出した費用等の償還等を受けるのに信託財産が不足している場合，一定の手続きを経たうえで，信託を終了させることができるとされている（信託法52条・163条4号）。したがって，(4)は正しい。

　信託は委託者と受益者との合意で終了することはできるが（信託法164条1項），委託者と受託者との合意では終了することができない。したがって，(5)が誤りであり，これが本問の正解である。

正解：(5)　正解率：40.76%

問一15　信託税制　

　受益者等課税信託における課税上の取扱いについて，誤っているものは次のうちどれですか。ただし，委託者，受益者，みなし受益者はいずれも自然人とします。

(1)　受益者等課税信託の受益者（受益者としての権利を現に有する者に限る）は，当該信託の信託財産に属する資産および負債を有するものとみなされる。

(2)　受益者等課税信託の信託財産に帰せられる収益および費用は，当該信託の受益者の収益および費用とみなされる。

(3)　受益者等課税信託について，信託の変更をする権限（軽微な変更をする権限を除く）を現に有し，かつ当該信託財産の給付を受けることとされている者は，みなし受益者として課税対象となる。

(4)　遺言代用信託で委託者の死亡の時に受益者となるべき者として指定された者は，委託者死亡前の期間も受益者等課税信託における受益者として取り扱われる。

(5)　受益者等課税信託の受益者またはみなし受益者が有する権利の譲渡が行われた場合には，その権利の目的となっている当該信託の信託財産に属する資産および負債が譲渡されたことになる。

解答ポイント＆正解

　実質所得者課税の原則は，信託税制の基本とされ，この原則の適用される信託（受益者等課税信託）では，受益者（受益者としての権利を現に有する者に限る）に信託財産に属する資産・負債ならびに信託財産について生ずる収益・費用が帰属するものとして，受益者に信託の収益が分配されるかどうかを問わず，信託財産に収益が発生したときに課税関係が生ずるという発生時課税が適用される（所得税法13条１項）。したがって，(1)，(2)は正しい。

　信託法改正に伴う信託税制の整備において，受益者等課税信託について，信託の変更をする権限（軽微な変更をする権限を除く）を現に有し，かつ当

該信託財産の給付を受けることとされている者は，みなし受益者として課税対象とされた（受益者とみなし受益者をあわせて「受益者等」という。信託法13条2項）。したがって，⑶は正しい。

　遺言代用信託で委託者の死亡の時に受益者となるべき者として指定された者は，委託者死亡前の期間は受益者としての権利を一切有さないことから（信託法90条1項1号），受益者等課税信託における受益者とは扱われないので（所得税基本通達13－7），⑷は誤りであり，これが本問の正解である。

　受益者等課税信託の受益者またはみなし受益者が有する権利の譲渡が行われた場合には，その権利の目的となっている当該信託の信託財産に属する資産および負債が譲渡されたことになるので（所得税基本通達13－6），⑸は正しい。

正解：⑷　**正解率：84.21％**

2．定型的な金銭の信託

 問—16 合同運用指定金銭信託（一般口）

合同運用指定金銭信託（一般口）について，正しいものは次の
うちどれですか。

(1) 信託財産は，受託者の固有財産と合同して運用されている。

(2) 収益金の計算は，毎年3月，9月の年2回および信託終了時に行わ
れる。

(3) 信託銀行は，実務上，すべての受益者に対して，計算期間ごとの信
託財産状況報告書を交付している。

(4) 受益者は，受託者の承諾を得て委託者を変更することができる。

(5) 委託者および受益者は，信託期間満了に際し，信託期間を延長する
ことはできない。

解答ポイント＆正解

　合同運用指定金銭信託（一般口）（以下，「合同一般口」という）の信託約
款では，運用方法について，「信託財産は，運用方法を同じくする他の信託
財産と合同して運用する」旨が定められているが，受託者の固有財産と合同
して運用することはとくに定められていない。したがって，(1)は誤りであ
る。

　合同一般口の収益金の計算日は，信託約款において毎年3月・9月の各25
日（年2回）および信託終了の時とされている。したがって，(2)は正しく，
これが本問の正解である。

　信託業法27条により，信託会社は，その受託する信託財産について，当該
信託財産の計算期間ごとに，信託財産状況報告書を作成し，受益者に交付し
なければならないこととされ，信託銀行においても，兼営法2条1項によ
り，この規定が準用される。ただし，受益者の保護に支障を生じることがな

い場合には，この限りではないとされており，信託銀行が元本補てんの特約が付された契約による信託の引受を行った場合において，受益者からの信託財産の状況に関する照会に対してすみやかに回答できる体制が整備されている場合がこれにあたる。合同一般口は，実務上，元本補てんの特約が付されており，信託銀行は，店頭備置等により，この信託財産状況報告書をすみやかに交付できる体制を整備していることから，通常，書面交付義務が免除されているため，すべての受益者に対して交付しているものではない。したがって，(3)は誤りである。

信託約款では，委託者は受託者の承諾を得て，受益者を指定または変更できることが定められているが，委託者の地位および権利は委託者に専属することとされており，受益者による委託者を変更する権利は定められていない。したがって，(4)は誤りである。

合同一般口は，適用される予定配当率に応じて，1年，2年，5年の区分があるが，信託約款では，委託者および受益者の申出により延長することができるとされている。したがって，(5)は誤りである。

正解：(2) **正解率：66.05%**

問−17 教育資金贈与信託

教育資金贈与信託について，正しいものは次のうちどれですか。

(1) 受益者が30歳に達した場合においても，信託が終了しない場合がある。

(2) 贈与税非課税の適用を受けるためには，受益者自身が「教育資金非課税申告書」を，受益者の納税地の所轄税務署長に直接提出しなければならない。

(3) 受益者の死亡により信託が終了した場合には，信託財産は受益者の相続人に相続されるが，相続税の課税対象とはならない。

 ⑷ 百貨店で購入した学用品の購入費は，贈与税が非課税となる教育資金の範囲に含まれる。

 ⑸ 信託をする日の属する年の前年の委託者の合計所得金額が1,000万円を超える場合には，本措置の適用を受けることができない。

＝＝＝ 解答ポイント＆正解

 教育資金贈与信託は，租税特別措置法上，「受益者が30歳に達した日」もしくは「死亡した日」または教育資金贈与信託にかかる信託財産の価額がゼロとなった場合において受益者と信託銀行との間で信託契約を終了させる合意があった際，その合意にもとづき終了する日，のいずれか早い日に終了することとされており，これ以外の信託期間を別途定めることはできない。ただし，受益者が30歳に到達した時に，現に①当該受益者が学校等に在学している場合，または②当該受益者が雇用保険法にもとづく教育訓練給付金の支給対象となる教育訓練を受講している場合には，30歳到達時の翌月末日までに，その旨を記載する届出書に証明書類を添付して信託銀行に届け出ることにより，また，その翌年以降も学校等に在学等していれば，当該届出を毎年1回行うことにより，受益者が40歳に達するまでの間，教育資金贈与信託は終了しない。したがって，⑴は正しく，これが本問の正解である。

 贈与税非課税の特例の適用を受けるためには，その適用を受けようとする受益者が，「教育資金非課税申告書」をその申告書に記載した信託銀行の営業所等を経由して，信託がされる日までに，その受益者の納税地の所轄税務署長に提出しなければならない。なお，「教育資金非課税申告書」が信託銀行の営業所等に受理された場合には，その受理された日にその受益者の納税地の所轄税務署長に提出されたものとみなされる。したがって，⑵は誤りである。

 信託終了時に，非課税拠出額（特例の適用を受けて信託された金銭等の合計金額）から教育資金支出額（教育資金として払い出した金額の合計金額）を控除した残額がある場合は，信託が終了した日に贈与があったものとして，その残額に対して，受益者に贈与税が課税される。なお，受益者の死亡

により信託が終了した場合には，信託財産は受益者の相続人に相続され，相続税の課税対象になり，贈与税は課税されない。したがって，(3)は誤りである。

　贈与税が非課税となる教育資金の範囲は，次のとおりとされている。したがって，(4)は誤りである。なお，後述の「2」の金銭については，非課税となる金額の上限は500万円である。

　1．次の施設に直接支払われる入学金，授業料，学用品の購入費等

　　a．学校教育法1条に規定する学校（幼稚園，小学校，中学校，義務教育学校，高等学校，中等教育学校，特別支援学校，大学，高等専門学校），学校教育法124条に規定する専修学校，外国におけるこれらに相当する教育施設またはこれらに準ずる教育施設

　　b．学校教育法134条1項に規定する各種学校

　　c．保育所，認定こども園等

　　d．水産大学校，海技教育機構の施設，航空大学校等

　2．上記「1」の学校等以外の者に，教育を受けるために直接支払われる金銭（※）……学習塾や習い事の「謝礼」「月謝」，学習塾に支払う教材費等，通学定期券代，留学渡航費等

　　※　23歳以上の受益者については，上記「2」のうち，学習塾や習い事の「謝礼」「月謝」，学習塾に支払う教材費等が教育資金から除外される。ただし，雇用保険法にもとづく教育訓練給付金の支給対象となる教育訓練を受講するために教育訓練実施者に支払う費用は除外されない。

　信託等をする日の属する年の前年の受益者の合計所得金額が1,000万円を超える場合には，当該信託等により取得した信託受益権等については，本措置の適用を受けることができない。したがって，(5)は誤りである。

正解：(1)　正解率：46.86%

（注1）　教育資金贈与信託において適用される教育資金の一括贈与非課税制度については，2021（令和3）年度の税制改正において以下の見直し

が行われたうえで適用期限が2023（令和 5）年 3 月31日まで 2 年延長
された。

1．信託等があった日から教育資金贈与信託の終了の日までの間に委
託者（贈与者）が死亡した場合（その死亡の日において，受益者
（受贈者）が次のいずれかに該当する場合を除く）には，その死亡
の日までの年数にかかわらず，同日における管理残額（＊ 1）を，
受益者（受贈者）が当該委託者（贈与者）から相続等により取得し
たものとみなす。

　㋑　23歳未満である場合

　㋺　学校等に在学している場合

　㋩　教育訓練給付金の支給対象となる教育訓練を受講している場合

2．上記「1」により相続等により取得したものとみなされる管理残
額（＊ 1）について，委託者（贈与者）の子以外の直系卑属に相続
税が課される場合には，当該管理残額に対応する相続税額を，相続
税額の 2 割加算の対象とする。

　＊ 1　非課税拠出額から教育資金支出額を控除した残額をいう。

　＊ 2　上記「1」および「2」の改正は，2021（令和 3）年 4 月 1
　　　　日以後に新たに設定される教育資金贈与信託について適用され
　　　　る。

　　本措置の対象となる教育資金の範囲に，1 日あたり 5 人以下の乳幼
児を保育する認可外保育施設のうち，都道府県知事等から一定の基準
を満たす旨の証明書の交付を受けたものに支払われる保育料等を加え
る（2021〈令和 3〉年 4 月 1 日以後に支払われる教育資金について適
用）。

（注 2）　教育資金贈与信託において適用される教育資金の一括贈与非課税制
度については，2023（令和 5）年度の税制改正において以下の見直し
が行われたうえで適用期限が2026（令和 8）年 3 月31日まで 3 年延長
されることとなった。次の①②の改正は2023（令和 5）年 4 月 1 日以
後に取得する信託受益権等にかかる相続税について①が，贈与税につ

いて②が適用され，③の改正は，同日以後に支払われる教育資金について適用される。

①　信託等があった日から教育資金管理契約の終了の日までの間に贈与者が死亡した場合において，当該贈与者の死亡にかかる相続税の課税価格の合計額が5億円を超えるときは，受贈者が23歳未満である場合等であっても，その死亡の日における非課税拠出額から教育資金支出額を控除した残額を，当該受贈者が当該贈与者から相続等により取得したものとみなされる。

②　受贈者が30歳に達した場合等において，非課税拠出額から教育資金支出額を控除した残額に贈与税が課されるときは，一般税率が適用される。

③　本措置の対象となる教育資金の範囲に，都道府県知事等から国家戦略特別区域内に所在する場合の外国の保育士資格を有する者の人員配置基準等の一定の基準を満たす旨の証明書の交付を受けた認可外保育施設に支払われる保育料等が加えられている。

 合同運用指定金銭信託（一般口以外）

　一般口以外の合同運用指定金銭信託（実績配当型を含む）について，正しいものは次のうちどれですか。

(1)　国内債券で運用する実績配当型の金銭信託の場合，信託終了時に償還前の債券については，債券のまま交付される。

(2)　7割を国債，3割を国内株式で運用する実績配当型の金銭信託については，元本補てんの特約を付すことができる。

(3)　信託期間を1年とすることができる。

(4)　国内株式で運用する実績配当型の金銭信託の収益金は，配当所得に該当する。

(5)　運用目的で設定されることが多いため，他益信託とすることはできない。

　金銭信託とは，金銭を当初信託財産として設定し，信託終了時も金銭によって交付を受けるものをいう。実績配当型の合同運用指定金銭信託も金銭信託の１つであり，受益者は信託終了時には，原則として，信託財産の交付を金銭で受けることとされている。したがって，(1)は誤りである。

　兼営法６条により，信託銀行は，運用方法の特定しない金銭信託に限り，一定の要件を満たせば，元本に損失を生じた場合にこれを補てんする旨を定める信託契約を締結することができるとされている。ただし，兼営法施行規則37条により，信託財産の総額の２分の１を超える額を有価証券に運用する信託契約は除かれているため，７割を国債，３割を国内株式で運用する実績配当型の金銭信託については，元本補てんの特約を付すことはできない。したがって，(2)は誤りである。

　実績配当型の合同運用指定金銭信託の信託期間については，法令上，特段の制限はないため，１年とすることもできる。したがって，(3)は正しく，これが本問の正解である。

　信託の税制に関する原則的な取扱いでは，受益者が直接信託財産を有するものとして，受益者に課税される。これを実質所得者課税の原則という。合同運用指定金銭信託は，税法上，「合同運用信託」に該当し，その収益金は実質所得者課税の原則の例外とされ，受託者からの収益分配時に受益者に対して利子所得として課税される。したがって，(4)は誤りである。

　合同運用指定金銭信託は，商品性により，自益信託だけでなく，他益信託として設定することもできる。したがって，(5)は誤りである。

正解：(3)　正解率：60.52%

問―19 後見制度支援信託

後見制度支援信託（後見制度による支援を受ける方の財産管理のために活用される信託）について，正しいものは次のうちどれですか。

(1) 未成年後見制度の被後見人は，委託者兼受益者となることができない。

(2) 被後見人の財産管理を目的とするものであるため，信託財産は，すべて国内債券に運用される。

(3) 信託できる財産は金銭に限定されている。

(4) 信託銀行等にて信託契約締結手続きを行った後，家庭裁判所の指示書を得なければならない。

(5) 信託の変更をすることはできない。

> **解答ポイント＆正解**

　後見制度支援信託は，後見制度による支援を受ける被後見人の財産管理のために活用される信託である。当該被後見人の財産のうち，日常的な支払いをするのに必要十分な金銭を預貯金等として後見人が管理し，通常使用しない金銭を信託銀行等に信託する仕組みである。

　後見制度支援信託は，法定成年後見制度および未成年後見制度の被後見人を対象としており，法定成年後見制度の被保佐人・被補助人や任意後見制度の本人は利用することはできない。したがって，(1)は誤りである。

　後見制度支援信託は，合同一般口にさまざまな特約を付すものであり，すべて国内債券に運用されるものではない。したがって，(2)は誤りである。

　後見制度支援信託で利用される合同一般口は，金銭のみを信託することができるものであるため，信託できる財産は金銭に限定されている。したがって，(3)は正しく，これが本問の正解である。

　後見制度支援信託は，特別な法律にもとづく制度ではないが，信託契約の締結，一時金の交付，信託の変更，解約の手続きは家庭裁判所の指示書にも

とづいて行われる。したがって，(4)，(5)は誤りである。

正解：(3)　**正解率：40.65%**

 問—20　**単独運用指定金銭信託（指定単）**　

**単独運用指定金銭信託（指定単）について，正しいものは次の
うちどれですか。**

(1)　公益信託は指定単として設定することができない。

(2)　指定単の運用収益は，実質所得者課税の原則により，収益金の分配
時に利子所得として課税される。

(3)　単独運用であるため，信託財産を1つの種類の財産に運用しなけれ
ばならない。

(4)　帰属権利者を指定することはできない。

(5)　委託者の死亡の時に受益者となるべき者として指定された者が受益
権を取得する旨の定めのある信託（遺言代用の信託）とすることがで
きる。

▶ 解答ポイント＆正解

　単独運用指定金銭信託（以下，「指定単」という）の仕組みを利用した商
品には，公益信託，特定贈与信託，特定寄附信託などがある。したがって，
(1)は誤りである。

　信託の税制に関する原則的な取扱いでは，受益者が直接信託財産を有する
ものとして，受益者に課税される。これを実質所得者課税の原則といい，指
定単についても，受益者が個人の場合，その信託財産から生じた運用収益
（たとえば株式の配当等）は，所得税法上，その運用収益が発生した時点で
受益者の所得とみなされ，所得の種類に応じて課税される。したがって，(2)
は誤りである。

　単独運用とは，信託財産を他の信託財産と合同運用せずに，信託ごとに

別々に運用するという意味であり，信託財産を１つの種類の財産に運用しなければならないというものではなく，複数の財産に運用することもできる。したがって，(3)は誤りである。

　信託法では，残余財産は信託行為で指定した者に帰属することとされ，信託行為で指定がない場合や指定された者全員が残余財産にかかる権利を放棄した場合には，委託者またはその相続人等の一般承継人に帰属することとされている。指定単の信託契約（信託行為）においても，残余財産の帰属すべき者（帰属権利者）を指定することができる。したがって，(4)は誤りである。

　指定単の信託契約（信託行為）においては，委託者の死亡の時に受益者となるべき者として指定された者が受益権を取得する旨（遺言代用）を定めることができる。したがって，(5)は正しく，これが本問の正解である。

正解：(5)　　正解率：52.29%

3. 従業員福祉に関する信託

 問—21 確定給付企業年金の仕組み ☑☐☐☐☐

確定給付企業年金の仕組みについて，誤っているものは次のうちどれですか。

(1) 確定給付企業年金を実施するにあたり，実施しようとする事業所に労働組合がないときは，事業所に使用される厚生年金保険の被保険者の過半数を代表する者の同意を得る必要がある。

(2) 確定給付企業年金では，規約で一定の加入資格を定めることができるが，加入を希望する従業員のみを対象とすることはできない。

(3) 基金型企業年金の場合には，加入者数300人以上という人数要件がある。

(4) 規約型企業年金においては，事業主自らの裁量で積立金の運用を行う自家運用は認められていない。

(5) 確定給付企業年金の年金運用で使われている年金投資基金信託は，委託者，受託者，受益者いずれも信託銀行である。

解答ポイント＆正解

確定給付企業年金を実施しようとするときは，被保険者の過半数で組織する労働組合があるときは当該労働組合，被保険者の過半数で組織する労働組合がないときは，被保険者の過半数を代表する者の同意を得る必要がある（確定給付企業年金法3条）。労働組合そのものがない場合は後者に該当するため，(1)は正しい。

確定給付企業年金制度は公的年金制度を補完し，企業の従業員の老後の所得保障を充実させる重要な役割をもつ制度であることから，制度の実施にあたっては，実施事業所の従業員全員をその対象とすることが原則である。ただし，年金規約で定めることにより，実施企業における就業形態等の実情に

応じて，加入に一定条件を付すことが可能であり，その中には「加入者となることを希望した者」という条件も含まれている。したがって，(2)は誤りであり，これが本問の正解である。

　確定給付企業年金には，規約型企業年金（事業主自らが制度を運営）と，基金型企業年金（事業主が特別法人である企業年金基金を設立して当該基金が制度を運営）の2種類がある。基金型企業年金は，独立した基金を設立するという観点から人数要件があり，当該要件は加入者数300人以上である（確定給付企業年金法12条，同施行令6条）。したがって，(3)は正しい。

　企業年金自らが運用を行ういわゆる「自家運用」は，基金型企業年金にのみ認められており，規約型企業年金では認められていない（確定給付企業年金法65条・66条）。したがって，(4)は正しい。

　信託銀行が行う年金資産運用においては，受託した財産を個別の委託者ごとに有価証券等に直接運用する方法と，複数の委託者の年金資産を合同で運用する年金投資基金信託を通じて運用する方法がある。年金投資基金信託は，年金信託の運用のためだけに設けられた専用の合同運用指定金銭信託で，委託者・受託者・受益者はいずれも信託銀行になる。したがって，(5)は正しい。なお，年金投資基金信託を採用するメリットは，単独で運用する場合と比してスケールメリットを享受できることにある。より多くの年金資産を合同で運用することにより，資金の効率的運用，投資リスクの分散，運用の多様化などを図ることができる。

正解：(2)　**正解率：48.88％**

 確定給付企業年金の給付等

問-22

確定給付企業年金の給付等について，誤っているものは次のうちどれですか。

(1) 老齢給付金は，受給権者の利便性に配慮して，年金に代えて一時金としても支給できるよう，年金規約に定める必要がある。

(2) 基金型企業年金，規約型企業年金ともに，障害給付金の支給を行うことができる。

(3) 毎事業年度の財政決算時に年金資産の積立水準の検証を行い，基準に抵触した場合には掛金の見直しを行う必要がある。

(4) 事業主等は掛金納付状況，資産運用状況，財政状況について，加入者への情報開示（周知）および厚生労働大臣への報告が求められる。

(5) リスク分担型企業年金は，事業主がリスクへの対応分を含む掛金を拠出することにより一定のリスクを負う一方，加入者は財政のバランスが崩れた場合に給付の調整が行われることにより一定のリスクを負う，双方がリスクを分担する仕組みによって運営される。

解答ポイント＆正解

老齢給付金は，規約でその全部または一部を一時金として支給することができることを定めた場合には，政令で定める基準に従い規約で定めるところにより，一時金として支給することができる（確定給付企業年金法38条）。すなわち，原則的な「年金支給」に加えて，「一時金支給」できる選択肢は設けることができるが，これを強制されるものではない。したがって，(1)は誤りであり，これが本問の正解である。

確定給付企業年金では，年金規約に定めることにより障害給付金を支給することができるが（確定給付企業年金法29条），当該取扱いに基金型企業年金と規約型企業年金とによる差異はない。したがって，(2)は正しい。

確定給付企業年金の実施主体は，毎事業年度の決算において，必要な積立金が確保されているかの検証を行い，基準を充足しない場合には掛金額の再計算や追加拠出を行わなければならない（確定給付企業年金法61条～63条）。したがって，(3)は正しい。

事業主等は毎事業年度終了後4ヵ月以内に，厚生労働省令で定めるところにより，確定給付企業年金の事業および決算に関する報告書を作成し，厚生労働大臣に提出しなければならない（確定給付企業年金法100条）。また，事業主等は，厚生労働省令で定めるところにより，その確定給付企業年金にか

かる業務の概況について，加入者に周知させなければならない（確定給付企業年金法73条）。したがって，(4)は正しい。

　リスク分担型企業年金は，確定給付企業年金の新しい類型として，2017（平成29）年1月より導入されたものである。事業主がリスクへの対応分を含む掛金を拠出することにより一定のリスクを負う一方，加入者は財政のバランスが崩れた場合に給付の調整が行われることにより一定のリスクを負う，双方がリスクを分担する仕組みで運営される。したがって，(5)は正しい。なお，リスク分担型企業年金では，運用結果が加入者等の給付に反映される可能性があることから，運用の基本方針の作成等にあたっては加入者の意見を聴き，その意見を十分に考慮することとされている。

正解：(1) 　正解率：32.71％

 問－23　確定拠出年金制度の企業型年金

確定拠出年金制度の企業型年金について，誤っているものは次のうちどれですか。

(1)　企業型年金における給付の種類は，老齢給付金，障害給付金および死亡一時金の3種類である。

(2)　企業型年金を実施している事業主は，加入者期間の計算の基礎となる各月につき，毎月，掛金を拠出しなければならない。

(3)　企業型年金において，年金規約に定めることにより，加入者自らが掛金を拠出することができる。

(4)　企業型年金において，記録関連運営管理機関等は，少なくとも毎年1回，加入者等に個人別管理資産額など必要事項を通知しなければならない。

(5)　退職金制度から企業型年金へ資産移換を行う場合，減額（ないしは廃止）となる要支給額を基準に算定される額を，移行日の属する年度から，当該年度の翌年度から起算して3年度以上7年度以内で各年度

に均等分割して移換しなければならない。

解答ポイント＆正解

　企業型年金の給付の種類は，老齢給付金，障害給付金，死亡一時金の3種類である（確定拠出年金法28条）。したがって，(1)は正しい。なお，老齢給付金と障害給付金は年金として支給することが原則であるが，企業型年金規約で，その全部または一部を一時金として支給することができることを定めた場合には，一時金として支給することができる（同法35条・38条）。

　事業主は，年1回以上，定期的に掛金を拠出するものとされている（確定拠出年金法19条）。2018（平成30）年1月より，掛金の拠出は「毎月」から「年1回以上定期的」に行えばよいと要件が緩和されている。したがって，(2)は誤りであり，これが本問の正解である。

　確定拠出年金法の施行の当初は，企業型年金において掛金拠出ができるのは事業主のみであったが，2012（平成24）年1月より，拠出限度額の枠内および事業主拠出額を超えない範囲で加入者も拠出が可能となった（マッチング拠出。確定拠出年金法4条・19条・20条）。したがって，(3)は正しい。

　企業型年金において，記録関連運営管理機関等は，少なくとも毎年1回，加入者等に個人別管理資産額など必要事項を通知しなければならない（確定拠出年金法27条）。したがって，(4)は正しい。

　退職金制度から企業型年金へ資産移換を行う場合，減額（ないしは廃止）となる要支給額を基準に算定される額を，移行日の属する年度から，当該年度の翌年度から起算して3年度以上7年度以内で各年度に均等分割して移換しなければならない（確定拠出年金法施行令22条）。

　とくに，翌年度から起算した年度として規定されていることに留意が必要となる。したがって，(5)は正しい。

正解：(2)　　**正解率：42.96%**

（注）　「年金制度の機能強化のための国民年金法等の一部を改正する法律（2020〈令和2〉年6月5日公布）」により，2022（令和4）年10月1日

以降，企業型年金加入者が個人型年金に同時加入するための要件が緩和されている。従前は，個人型年金に同時加入できるのは，企業型年金規約に個人型年金の加入を認める定めがあり，かつ，事業主掛金の上限を月額35,000円以下に引き下げた場合に限られていたが，同日以降，加入者掛金拠出（マッチング拠出）をしていない企業型年金加入者であれば，個人型年金に同時加入できるようになった。ただし，当該要件緩和は，企業型年金の掛金と個人型年金の掛金がともに各月拠出となっている場合に限られることに留意されたい。

 問−24　確定拠出年金制度の個人型年金

確定拠出年金制度の個人型年金について，誤っているものは次のうちどれですか。

(1)　個人型年金に関する運営管理業務については，国民年金基金連合会から運営管理機関に委託されている。

(2)　個人型年金の掛金を毎月拠出する場合，掛金額は5,000円以上1,000円単位で決定しなければならない。

(3)　国民年金の第3号被保険者の拠出限度額は，年額144,000円（月額12,000円）である。

(4)　国民年金の第1号被保険者であっても，保険料納付を免除されている者は，個人型年金に加入できない。

(5)　2019（令和元）年7月から，運営管理業務のうち「運用方法の提示及び情報提供」については，運営管理機関の業務管理体制の整備等，加入者等のために忠実に業務を行うための措置を講じたうえで，金融機関の営業担当者が兼務できるようになった。

▶ **解答ポイント＆正解**

企業型年金は事業主が実施主体となるが，個人型年金は国民年金基金連合会が実施主体となる（確定拠出年金法2条）。また，国民年金基金連合会

は，政令で定めるところにより，運営管理業務を運営管理機関に委託しなければならないとされている（同法60条）。したがって，⑴は正しい。

　個人型年金規約において，掛金を毎月拠出する場合，掛金額は5,000円以上1,000円単位で決定しなければならないと定められている。したがって，⑵は正しい。

　国民年金の第3号被保険者とは，2017（平成29）年1月より，新たに個人型年金の対象となった厚生年金保険の被保険者の被扶養配偶者のことであり，いわゆる「専業主婦（主夫）」のことであるが，拠出限度額は年額276,000円（月額23,000円）と定められている（確定拠出年金法施行令36条）。したがって，⑶は誤りであり，これが本問の正解である。

　2017（平成29）年1月より，公務員や専業主婦（主夫）が新たに対象になるなど，対象範囲が拡大されたが，国民年金の第1号被保険者であっても，保険料納付を免除されている者は従前通り対象外のままである（確定拠出年金法62条）。したがって，⑷は正しい。

　2019（令和元）年7月から，運営管理業務のうち「運用方法の提示及び情報提供」については，運営管理機関の業務管理体制の整備等，加入者等のために忠実に業務を行うための措置を講じたうえで，金融機関の営業担当者が兼務できるようになった。したがって，⑸は正しい。当該改正は，「運用商品の選定」に関しては自社商品等を選ぶ利益相反のおそれがあることから緩和しない取扱いとしつつ，「運用方法の提示及び情報提供」に関しては利益相反のおそれが低いため，業務管理体制の整備等の措置を講じたうえで，営業担当者も行えるようにしたものである。金融機関等の窓口にDC業務の専任担当者をおかずとも，営業担当者により情報提供を行うことが可能となったため，加入者が運用商品の説明を受け，運用商品について理解を深め，自ら運用商品を選択しやすくなることが期待されている。

　個人型年金は「iDeCo（イデコ）」の愛称で呼ばれ，政府としても活用を推進し，広く注目されていることに留意されたい。

正解：⑶　正解率：70.70%

問一25　国民年金基金制度

国民年金基金制度について，誤っているものは次のうちどれで
すか。

(1)　国民年金基金には，国民年金の第1号被保険者のほか，65歳未満の
　　国民年金の任意加入被保険者も加入できる。

(2)　国民年金基金は，いったん加入すると任意脱退はできない。

(3)　国民年金基金における給付の種類は，老齢年金，障害給付金および
　　遺族一時金の3種類である。

(4)　国民年金基金の掛金は口数制となっており，1口目は終身年金のA
　　型またはB型のいずれかを選択しなければならない。

(5)　国民年金基金信託は，国民年金基金を委託者兼受益者とする自益信
　　託である。

▶ 解答ポイント＆正解

　国民年金基金には，国民年金の第1号被保険者のほか，60歳以上65歳未満
の者や海外に居住している者であって，国民年金の任意加入被保険者が加入
できる。したがって，(1)は正しい。

　国民年金基金は，任意加入の年金制度であるが，いったん加入すると任意
に脱退することはできない。したがって，(2)は正しい。

　国民年金基金は，加入員または加入員であった者に対し，年金の支給を行
い，あわせて加入員または加入員であった者の死亡に関し，一時金の支給を
行うものとされている（国民年金法128条）。給付の種類は，老齢年金と遺族
一時金の2種類である。したがって，(3)は誤りであり，これが本問の正解で
ある。

　国民年金基金の加入員は，給付の型（終身年金2タイプ，確定年金5タイ
プ），口数を選択するが，1口目は終身年金タイプ（A型，B型）から選択
しなければならない。2口目以降は確定年金タイプ（Ⅰ型，Ⅱ型，Ⅲ型，Ⅳ
型，Ⅴ型）から選択することも可能であるが，自由に選択することはでき

ず，確定年金の年金額が終身年金の年金額を上回るような選択をすることはできない。したがって，(4)は正しい。

　国民年金基金は，払い込まれた掛金の運用のため，信託銀行との間で国民年金基金信託契約を締結する。当該信託契約は，国民年金基金を委託者兼受益者とする自益信託の形をとる。したがって，(5)は正しい。

　なお，2019（平成31）年4月1日に，全国47都道府県の地域型国民年金基金と（全25のうち）22の職能型国民年金基金は，厚生労働大臣の認可を受け，新基金「全国国民年金基金」を合併設立し，合併に参加しなかった職能型国民年金基金3基金とあわせ，国民年金基金は全4基金となっていることに留意されたい。全国国民年金基金の設立により，都道府県を越えた住所移転などの際に必要であった脱退，加入手続きが，住所変更手続きだけで済むなど，手続きが簡素化され，利便性が高まるとともに，事業運営規模が大きくなることにより，経済・社会の環境変化への対応力が高まることが期待されている。

正解：(3)　正解率：29.27％

 問－26　**年金税制**　

年金税制について，誤っているものは次のうちどれですか。

(1)　確定給付企業年金，確定拠出年金ともに，老齢給付金について，年金として支給を受ける場合は，公的年金等にかかる雑所得として所得税が課税される。

(2)　企業型確定拠出年金の老齢給付金について，年金の支給に代えて一時金を選択する場合，退職所得として課税されるが，確定給付企業年金と異なり，加入者負担掛金分についても課税の対象となる。

(3)　確定給付企業年金の遺族給付金や確定拠出年金の死亡一時金は，みなし相続財産として，相続税が課せられる。

(4)　確定給付企業年金，企業型確定拠出年金の加入者負担掛金は，いず

れも生命保険料控除の対象となる。

(5)　確定給付企業年金信託で積立金を運用する際に受け取る利子・配当等の所得に対して，所得税は課税されない。

解答ポイント＆正解

　確定給付企業年金，確定拠出年金ともに，老齢給付金について，年金として支給される場合は，公的年金等にかかる雑所得として所得税が課税される。ただし，確定給付企業年金については加入者負担掛金相当分を控除した額に対して課税されるのに対して，確定拠出年金については加入者負担掛金の有無によらず全額が課税対象となるという相違がある（所得税法35条，同施行令82条の2）。したがって，(1)は正しい。

　確定給付企業年金，企業型確定拠出年金ともに，老齢給付金について，年金の支給に代えて一時金を選択する場合は，退職所得として課税される。ただし，(1)と同様に，確定給付企業年金については加入者負担掛金相当分を控除した額に対して課税されるのに対して，企業型確定拠出年金については加入者負担掛金の有無によらず全額が課税対象となるという相違がある（所得税法30条・31条，同施行令72条）。したがって，(2)は正しい。

　確定給付企業年金の遺族給付金や確定拠出年金の死亡一時金は，みなし相続財産として，相続税が課せられる。したがって，(3)は正しい。一方で，国民年金基金の遺族一時金は厚生年金基金の遺族給付金と同様，相続税は全額非課税であり，確定給付企業年金等と比較して優遇されている。

　確定給付企業年金の加入者負担掛金は生命保険料控除の対象となる。当該生命保険料控除は他の生命保険との合算で限度額が設定されていることから，税制上の優遇措置の効果は限定的である。これに対し，企業型確定拠出年金の加入者負担掛金は小規模企業共済等掛金控除の対象となる。当該小規模企業共済等掛金控除はその全額が所得から控除されるため，税制上の優遇措置の効果が大きくなる。したがって，(4)は誤りであり，これが本問の正解である。

　確定給付企業年金信託の信託財産に関する収入および支出は，信託税制の

原則の例外（法人税法12条1項の但書に規定されているので，「但書信託」という）とされ，課税されない。信託財産を公社債，株式，金銭信託等で運用する場合には，利子，配当，売却益が発生するが，これらの所得に対しても所得税は課税されない。したがって，(5)は正しい。

正解：(4) **正解率：75.88%**

 問─27 一般財形信託

一般財形信託について，誤っているものは次のうちどれですか。

(1) 3年以上毎年定期に積立てをすることとされている。

(2) 個々の預入れから1年間は払出しをしないこととされている。

(3) 定年退職後に同一勤務先で継続勤務する場合は，退職金を積み立てることができる。

(4) 利子にかかる非課税の適用はなく，源泉分離課税の扱いとなる。

(5) 住宅財形信託や財形年金信託と同様に，1人1契約の制約がある。

解答ポイント＆正解

一般財形信託は，利子等の非課税の恩典のない勤労者の財産形成を目的とした使途を制限しない一般目的の天引貯蓄であり，契約要件としては，①3年以上毎年定期に積立てをすること（財形法6条1項1号イ），②個々の積立てから1年間は払出しをしないこと（同法6条1項1号ロ），および③積立ては事業主による賃金控除，払込代行によること（同法6条1項1号ハ）とされている。したがって，(1)，(2)は正しい。

住宅財形信託（財形住宅信託）や財形年金信託と異なり，20%（所得税15%，住民税5%）の源泉分離課税扱いであり（ただし，現在は復興特別所得税の追加課税がされている），非課税の適用はないから，積立てができる資金の範囲は広く，社内預金の廃止資金，定年退職後に同一勤務先の嘱託等

で再雇用される場合の退職金等を積み立てることができる。したがって，(3)，(4)は正しい。また，非課税という恩典はないので，住宅財形信託や財形年金信託と異なり，１人１契約の制約はないので，(5)が誤りであり，これが本問の正解である。

正解：(5) 　**正解率：52.96％**

4．証券に関する信託

問－28　有価証券の信託　☑☐☐☐☐

有価証券の信託について，正しいものは次のうちどれですか。

(1) 有価証券の信託とは，当初の信託財産として受け入れた有価証券または当初の信託財産として受け入れた金銭（信託金）で取得した有価証券について，その管理，運用または処分を行うための信託である。

(2) 有価証券の信託の信託財産として，非上場株式を受け入れることができる。

(3) 有価証券の信託においては，信託財産に属する株式の議決権は，委託者が直接行使するのが原則である。

(4) 金融機関である受託者は，兼営法にもとづき，有価証券の信託の信託契約に元本補てんの特約を付すことができる。

(5) 顧客分別金信託は，金融商品取引業者が，顧客から預託を受けた金銭または有価証券について，一定の場合に顧客に返還すべき額に相当する金銭を，自己の固有財産と分別して管理するための信託であり，有価証券の信託で行うことはできない。

▶ 解答ポイント＆正解

当初の信託財産として受け入れる財産の種類により，信託の分類や，会計・税務の取扱いが定められる等している。有価証券の信託とは，当初の信託財産として有価証券を受け入れ，その管理，運用または処分を行うための信託である。したがって，(1)は誤りである。

有価証券の信託において，当初信託財産として受け入れることができる有価証券にはとくに制限は設けられていない。したがって，(2)は正しく，これが本問の正解である。

信託財産は受託者に帰属する財産であり，信託財産である株式の株主は受

託者である。このため，議決権については株主である受託者が行使する。なお，信託契約により，議決権については委託者等の指図に従って行使するなどの内容が定められている場合があるが，この場合でも，議決権の行使自体は株主である受託者が行う。したがって，(3)は誤りである。

営業として引き受ける信託については，元本補てん契約や利益補足契約は禁止されている（信託業法24条1項4号）。その例外が認められるのは，信託業務を兼営する金融機関が引き受ける「運用方法の特定しない金銭信託」に限られており（兼営法6条），有価証券の信託は該当していない。したがって，(4)は誤りである。

顧客分別金信託に用いられる信託には，金銭の信託，有価証券の信託ならびに金銭と有価証券による包括信託がある（金融商品取引業等に関する内閣府令141条1項5号）。したがって，(5)は誤りである。

正解：(2) **正解率：68.75%**

 管理有価証券信託

管理有価証券信託について，正しいものは次のうちどれですか。

(1) 管理有価証券信託では，受託者は信託財産である有価証券を保管し，受益者が有価証券にかかる権利を直接行使する。

(2) 管理有価証券信託においては，必ず，委託者または委託者から指図の権限の委託を受けた者の指図のみにより，信託財産である有価証券の管理が行われなければならないとされている。

(3) 管理有価証券信託は，個人が委託者となって設定することはできない。

(4) 法人が委託者兼受益者である管理有価証券信託の信託財産である有価証券の会計上の保有目的は，信託移転した有価証券を自己で保有していたときと同一の保有目的区分となる。

(5) 管理有価証券信託では，受益者が直接信託財産である有価証券を所有しているものとみなされ，受益者の債権者は信託財産である有価証券に対して強制執行することができる。

解答ポイント＆正解

管理有価証券信託では，信託財産である有価証券は受託者に帰属しており，受託者が，その保管ならびに一切の権利の行使などを行う。受益者は，信託財産について直接の権利の行使を行うことはできない。したがって，(1)は誤りである。

信託契約により，受託者は，委託者または委託者から指図の権限の委託を受けた者の指図のみにより，信託財産の管理等を行うと定めることは可能であるが，それに限られてはいない。したがって，(2)は誤りである。なお，委託者または委託者から指図の権限の委託を受けた者の指図のみにより，信託財産の管理等を行う信託の引受は，管理型信託会社の行う信託業務の類型の１つである。

管理有価証券信託の委託者には制限はなく，個人，法人を問わず委託者になることができる。したがって，(3)は誤りである。

法人が委託者兼受益者である有価証券の信託においては，委託者がすでに保有していた有価証券を信託財産として移転したときは，自己で保有していたときと同様の会計処理が継続されることとされている。したがって，(4)は正しく，これが本問の正解である。

管理有価証券信託など有価証券の信託では，原則として，受益者が信託財産である有価証券を所有しているものとみなされて課税される場合がほとんどであるが，信託財産は受託者に帰属する財産である。受益者に対する債権ということだけで信託財産責任負担債務とはならないため，受益者の債権者が強制執行することは，原則としてできない。したがって，(5)は誤りである。

正解：(4) **正解率：70.81%**

運用有価証券信託

☑☐☐☐☐

運用有価証券信託について，正しいものは次のうちどれですか。

(1) 信託財産である有価証券を担保として借り入れた資金を用いた有価証券への投資や売買による運用のほか，信託財産である有価証券の貸付（貸借契約）による運用が行われている。

(2) 有価証券の貸付としては，現金担保付債券貸借取引（債券レポ取引）は，現先取引類似であること，および担保金銭の運用ともなることなどから，行われていない。

(3) 運用として行われる有価証券の貸借契約の当事者は，委託者と有価証券の借入者である。

(4) 信託財産である有価証券に関しては，有価証券の借入者が倒産した場合のリスクは受託者が負担し，有価証券の価格低下のリスクは受益者が負担する。

(5) 運用として行われる有価証券の貸借契約にもとづき，貸付期間中に支払われる当該有価証券の利息・利子または配当などに相当する額を，借入者から受託者が受領することとされている。

▶ 解答ポイント＆正解

　運用有価証券信託における運用方法には，信託財産である有価証券自体を貸し付けて貸付料を取得するもの（貸付運用型）と，信託財産である有価証券を担保として借り入れた資金を貸付や有価証券投資に運用して借入利息との差を収益として取得するもの（担保運用型）とが考えられるが，現在は貸付運用型のみが行われ，担保運用型は行われていない。したがって，(1)は誤りである。

　現金担保付債券貸借取引は，運用有価証券信託においては，担保付の債券貸借取引として行われている。したがって，(2)は誤りである。

　債券貸借取引の契約は，受託者と有価証券の借入者との間で締結される契

約である。したがって，(3)は誤りである。

　運用有価証券信託においては，借入者が倒産した場合には貸し付けた有価証券の返還（あるいは価格相当額の回収）が受けられない事態が発生しうるが，このリスクは受益者が負担する。したがって，(4)は誤りである。

　運用として貸し付けた有価証券について，貸付期間中に生じた利息・利子または配当は，貸借契約にもとづき，その相当額が受託者に支払われ，信託収益として受益者に配当されることとされている。したがって，(5)は正しく，これが本問の正解である。なお，受益者の運用有価証券信託による収益は，有価証券の貸付料および有価証券の利息・利子または配当から信託報酬を控除したものとなる。

正解：(5)　正解率：29.90%

問―31　ファンドトラスト

法人を委託者とする有価証券運用のための指定金外信託（いわゆるファンドトラスト）について，正しいものは次のうちどれですか。

(1)　受託者は，金銭のほか有価証券を，当初の信託財産として受け入れることができる。

(2)　委託者は，受託者の承諾を得ても信託金の追加をすることはできない。

(3)　信託財産に属する有価証券の会計上の保有目的は，一般には「満期保有目的」と推定されている。

(4)　信託財産が収受する利子に課された源泉所得税は，受益者の法人税額から控除することができる。

(5)　受益者の依頼があっても，信託終了時に，受託者は，有価証券を換価処分して金銭で交付することはできない。

　ファンドトラストは，金銭信託以外の金銭の信託（金外信託）であり，金銭を当初の信託財産として受け入れるものである。したがって，(1)は誤りである。なお，金銭の信託においては，有価証券投資による運用に適した会計上・税務上の簿価分離の取扱いが認められていることが特徴である。本肢のような，金銭と有価証券など複数の種類の財産を受け入れる信託（包括信託）においては，そのような会計上・税務上の取扱いが認められないため，有価証券投資による運用には用いられていない。

　ファンドトラストの信託金の追加についての制限はない。委託者および受託者が合意すれば，信託金を追加することができる。したがって，(2)は誤りである。

　有価証券運用の金銭の信託の保有目的は，運用目的，満期保有目的またはその他目的があるが，一般には運用目的とされている。運用目的の場合，信託財産である有価証券は，売買目的有価証券とみなして時価評価，会計処理を行うこととされている。したがって，(3)は誤りである。

　ファンドトラストの信託財産に帰属する収入および支出については，受益者が信託財産を有するものとみなされて課税される。受益者が課税法人の場合，信託財産である有価証券に生じた利子については，受益者が当該有価証券を有する場合と同じく源泉徴収される。そして，利子所得について源泉徴収された税は，法人税額から控除できるとされている。したがって，(4)は正しく，これが本問の正解である。

　金銭信託以外の金銭の信託においては，金銭信託のように信託終了時に信託財産を換価して金銭で受益者に交付する義務を負担していないが，受益者との合意で，信託財産として換価処分して交付することは可能である。したがって，(5)は誤りである。

正解：(4)　　**正解率：35.12%**

法人を委託者とする有価証券運用のための特定金銭信託（投資信託を除く）について，正しいものは次のうちどれですか。

(1) 信託終了時には，受託者は信託財産を金銭に換価して，受益者に交付しなければならない。

(2) 委託者または委託者から権限を付与された者が運用指図を行うため，信託財産である有価証券の取得・処分は，委託者の名義で行われる。

(3) 信託財産である有価証券の会計上の保有目的は，一般には「その他」目的と推定されている。

(4) 信託財産である有価証券について，税務上，委託者が保有する有価証券と通算して帳簿価額を算出しなければならない。

(5) ファンド決算による収益分配金に対して，所得税の源泉徴収が行われている。

解答ポイント＆正解

金銭信託とは，受益者に対して，信託終了時に信託財産を金銭で交付することが信託契約で定められている信託である。したがって，(1)は正しく，これが本問の正解である。

特定金銭信託では，受託者は，委託者または委託者から権限を付与された者の運用指図に従って，信託財産の管理・処分を行うことが信託契約に定められているが，管理・処分を行うのは信託財産が帰属する受託者であり，受託者の名義で行われる。したがって，(2)は誤りである。

有価証券運用の金銭の信託の保有目的は，運用目的，満期保有目的またはその他目的があるが，一般には運用目的と推定されている。したがって，(3)は誤りである。なお，運用目的の場合，信託財産である有価証券は，売買目的有価証券とみなして時価評価，会計処理を行うこととされている。

税務上，委託者が自ら保有している有価証券と受託者が金銭の信託の信託

財産として取得した有価証券については，種類および銘柄を同じくする場合であっても，帳簿価額を分離して算出できる簿価分離が認められている。したがって，(4)は誤りである。

　特定金銭信託の信託財産に帰属する収入および支出については，受益者が信託財産を有するものとみなされて課税される。信託財産である有価証券に生じた利子所得等については受益者が当該有価証券を有する場合と同じく源泉徴収される。しかし，受益者に交付される信託収益金については，源泉徴収されない。したがって，(5)は誤りである。

正解：(1)　**正解率：71.55%**

問-33　**証券投資信託の仕組み**　

証券投資信託の仕組みについて，正しいものは次のうちどれですか。

(1)　証券投資信託は，委託者指図型投資信託のうち，信託財産を，主として有価証券に運用する信託である。

(2)　信託約款を変更しようとするときは，受益者の半数以上かつ当該受益者の議決権の3分の2を超える賛成による書面決議を経なければならない。

(3)　ファミリーファンド方式をとる場合のマザーファンドの委託者は，ベビーファンドの受託者である。

(4)　解約請求の際に徴収される信託財産留保金は，販売会社が受け入れる手数料となる。

(5)　販売会社の期中管理手数料は，受託者が受領する受託者の信託報酬の中から支払われる。

解答ポイント＆正解

　証券投資信託は，委託者指図型投資信託のうち，信託財産（投資信託財

産）の２分の１を超える額を，有価証券に運用する信託とされている（投信法２条４項，同施行令６条）。法律上「主として」とされているものは，この施行令の要件を満たすものが該当する。したがって，(1)は正しく，これが本問の正解である。

　信託約款（投資信託約款）の変更についての書面の決議は，議決権を行使することができる受益者の議決権の３分の２以上の賛成によるものとされている（投信法17条８項）。したがって，(2)は誤りである。なお，信託約款（投資信託約款）の変更について書面による決議を要するのは，重大な変更として内閣府令で定められている場合に限られる（同法17条１項）。重大な変更とは，法令により信託約款（投資信託約款）に定めるべき事項であって，当該投資信託の商品としての基本的性格を変更させることとなるものとされている（同施行規則29条）。また，全受益者の書面等による同意がある場合には，書面決議を要しない（同法17条10項）。

　ファミリーファンド方式をとる場合のマザーファンドの委託者は，ベビーファンドの委託者である。したがって，(3)は誤りである。

　信託財産留保金は，証券投資信託の解約請求を行う受益者に，解約代金支払のための信託財産（投資信託財産）の換金コストを負担させるために，解約代金のうち信託約款（投資信託約款）に定められた一定割合の金額を，信託財産（投資信託財産）に留保するものである。したがって，(4)は誤りである。

　販売会社は投資信託委託会社の委託を受けて，受益証券の募集の取扱いおよび受益者管理を行っている。このため，期中管理手数料は，投資信託委託会社が信託財産（投資信託財産）から受領する信託報酬の中から支払われる。したがって，(5)は誤りである。

正解：(1)　正解率：46.29%

問−34 証券投資信託の委託者

証券投資信託の委託者である投資信託委託会社について，正しいものは次のうちどれですか。

(1) 信託約款の作成，受益証券の発行，信託財産の運用の指図などを行っている。

(2) 受託会社が，新たなファンドの信託約款の内容を，内閣総理大臣あてに届出する際には，投資信託委託会社の承諾書の添付が必要である。

(3) 運用報告書（全体版）と，運用報告書に記載すべき事項のうち重要な事項を記載した書面（交付運用報告書）との2種類の運用報告書を作成し，交付運用報告書を受益者に対して交付したときは，運用報告書（全体版）は，受益者が請求した場合にだけ，交付すればよいこととされている。

(4) 原則として，自己と運用指図を行うファンドとの間の取引を行う内容の運用指図を行うことはできないが，運用指図を行うファンドと別の運用指図を行うファンドとの間で取引を行う内容の運用指図を行うことは特段の制限なくできる。

(5) 運用指図を行うファンドの受益者に対する損失の補てんが禁じられているため，任務を怠ったことにより受益者に損害が生じても，受益者に対して損害を賠償する責任を負わない。

解答ポイント＆正解

証券投資信託の委託者である投資信託委託会社の主な業務は，信託約款（投資信託約款）の作成，受益証券の発行，信託財産（投資信託財産）の運用の指図，運用報告書の作成・交付，収益分配金の決定，信託財産（投資信託財産）に属する株式の議決権行使の指図などとされている。したがって，(1)は正しく，これが本問の正解である。

新たなファンドを設定するときは，投資信託委託会社が内閣総理大臣に信

託約款（投資信託約款）の内容を届け出る必要があり，また，この際に受託会社の承諾書を添付することとなっている。したがって，(2)は誤りである。

　投資信託委託会社は，ファンドの決算の都度，運用報告書（全体版）と運用報告書に記載すべき事項のうち重要なものとして内閣府令で定めるものを記載した書面（交付運用報告書）との，2種類の運用報告書を作成する（投信法14条1項・4項）。運用報告書は知れているすべての受益者に交付しなければならない（同法14条4項）。交付運用報告書を受益者に交付したときであっても，運用報告書（全体版）を知れたる受益者に交付する義務は影響を受けない。したがって，(3)は誤りである。なお，信託約款（投資信託約款）で，運用報告書（全体版）に記載すべきすべての事項をホームページに掲載するなどの方法で提供することを定めた場合には，この提供により交付したものとみなされる（同法14条2項）。この場合でも，受益者から請求があれば，運用報告書（全体版）を交付しなければならない（同法14条3項）。

　投資信託委託会社は，金融商品取引法における投資運用業者として，自己（または自己と同視される者）とファンドとの間における取引を行うことを内容とした運用を行うこと，ならびに運用するファンド相互間において取引を行うことを内容とした運用を行うことが一定の場合を除き禁止されている（金融商品取引法42条の2第1号・2号）。したがって，(4)は誤りである。

　投資信託委託会社は，金融商品取引法における投資運用業者として，運用指図を行うファンドの受益者に対する損失の補てんが禁じられているが，事故により受益者に生じた損失の全部または一部を補てんする場合などは除かれている（金融商品取引法42条の2第6号）。したがって，(5)は誤りである。

正解：(1)　正解率：47.39%

問―35 証券投資信託の受託者

・・
証券投資信託の受託者について，正しいものは次のうちどれで
すか。

(1) 信託財産の管理，基準価額計算，受益者管理等の業務を行っている。

(2) 証券投資信託の受託者となることができるのは，信託会社または信託業務を営む金融機関に限られている。

(3) 受託者の役割を分担により効率的に遂行するため，信託約款の定めにより，複数受託者による信託引受をすることができる。

(4) 信託財産に属する株式の議決権を行使することはできない。

(5) 受託者である金融機関は，受託しているファンドの受益証券については，登録金融機関として募集の取扱いを行うことができない。

解答ポイント＆正解

受託者の業務は，有価証券や金銭の受渡し，信託財産（投資信託財産）である有価証券の保管・管理，信託財産（投資信託財産）の計算などであるが，受益者管理は，販売会社の業務であり，受託者としては行っていない。したがって，(1)は誤りである。

証券投資信託など委託者指図型投資信託の受託者は，信託会社または信託業務を営む金融機関でなければならない（投信法3条）。したがって，(2)は正しく，これが本問の正解である。

委託者指図型投資信託の受託者は，一の信託会社または信託業務を営む金融機関でなければならないため（投信法3条），複数の信託会社等で受託することはできない。したがって，(3)は誤りである。

証券投資信託など委託者指図型投資信託の信託財産である有価証券にかかる議決権等の行使については，投資信託委託会社がその指図を行うこととされているが（投信法10条1項），行使するのは信託財産（投資信託財産）が帰属している受託者である。したがって，(4)は誤りである。

受託者である金融機関が，受託しているファンドの受益証券について，投資信託委託会社から委託を受けて，登録金融機関としての募集の取扱いをすることに制限はない。したがって，(5)は誤りである。

正解：(2)　**正解率：52.25%**

5. 資産流動化に関する信託

資産流動化における信託の意義 ☑☐☐☐☐

資産流動化において信託が利用される意義について，誤っているものは次のうちどれですか。

(1) 大規模な資産でも，受益権を小口に分割することで，幅広い投資家層から資金を調達することができる。

(2) 対象資産の有する経済的な価値を，受益権化して流通させることができる。

(3) 対象資産の管理について，受託者がもつ財産管理の知識・ノウハウを活用することができる。

(4) 受益権は，金融商品取引法上の有価証券となり，金融商品取引所の相場（時価）により売買することができる。

(5) 信託設定後の原因によって，委託者の債権者が信託財産に強制執行等を行うことを排除することができる。

解答ポイント＆正解

　税務上の取扱い等に留意する必要はあるが，受益権は原則として自由な設定が可能であり，対象資産について信託を設定し，その受益権を譲渡すれば，外見上，対象資産は受託者の所有のままであるが，その経済的な価値は受益権に転換されて流通させることができる。また，大規模な資産を対象資産とする場合に，受益権をそのまま投資家に販売するのではなく，幅広い投資家が投資しやすくなるよう，受益権を数量的に分割して1口あたりの投資単位を小口化することができる。したがって，(1)，(2)は正しい。

　資産の流動化では，特別目的会社を使った方式も利用されているが，信託方式は，受託者である信託銀行等が信託財産の管理を行うため，特別目的会社を利用する方式と比較して，受託者の財産管理の専門家としての知識・ノ

ウハウや経験を活用することができる。したがって，(3)は正しい。

　信託を利用した場合，受益権は金融商品取引法上の有価証券となるが，株式や債券のような売買市場は整備されていない。したがって，(4)は誤りであり，これが本問の正解である。

　信託財産は原則として独立しているものとされ，委託者の債権者といえども信託設定後の原因によって信託財産に対する強制執行等を行うことは禁止されている（信託法23条）。こうした信託の倒産隔離機能によって，流動化対象資産を委託者から隔離することができる。したがって，(5)は正しい。

正解：(4)　正解率：67.40%

 問−37　資産流動化の信託の対象資産　
・・
　　資産流動化の信託の対象資産について，誤っているものは次のうちどれですか。

(1)　委託者による買戻しが保証されていない資産であっても，対象資産とすることができる。

(2)　電子記録債権であっても，対象資産とすることができる。

(3)　外国通貨による債権であっても，対象資産とすることができる。

(4)　個々の債務者の信用力の評価が困難な小口債権の集合体であっても，対象資産とすることができる。

(5)　売買市場における取引相場のない資産は，対象資産とすることができない。

解答ポイント＆正解

　実務上，委託者による買戻しがスキームの中で利用されることがあるが，委託者による買戻保証が流動化スキームのストラクチャリング上の必須要件とはなっていない。したがって，(1)は正しい。

　電子記録債権であっても，資産流動化の信託の対象資産とすることができ

る。信託譲渡に際し，電子記録債権の譲渡記録請求をすることで対抗要件を具備する（電子記録債権法17条〜20条・48条）。したがって，(2)は正しい。

　流動化の対象となる債権は，円建債権に限定されることはなく，外国通貨による債権も対象とすることができる。したがって，(3)は正しい。

　小口債権の集合体については，個々の債務者の信用力を評価することは実務上困難であるが，債権プールの過去の貸倒実績等をもとにリスクの評価を行ったうえで流動化の対象資産とすることが可能である。したがって，(4)は正しい。

　売買市場における取引相場のない資産であっても，経済価値が測定できる資産であれば，流動化の対象とすることができる。したがって，(5)は誤りであり，これが本問の正解である。

正解：(5)　**正解率：80.81％**

 金銭債権の信託

2020年（第147回）

　金銭債権の信託について，誤っているものは次のうちどれですか。

(1)　金銭債権の回収事務について，委託者以外の第三者に委任することがある。

(2)　金銭債権が信託財産とされた後，受託者は金銭債権に対して排他的管理権を有する。

(3)　金銭債権の価値の下落のリスクやスキーム当事者の信用リスクを回避する目的で，金銭債権に第三者による保証が付けられることがある。

(4)　委託者は，金銭債権を信託することについて，当該金銭債権の原債務者に告知しなければ，対象資産とすることができない。

(5)　信託受益権を譲り受ける者は，金融機関に限定されておらず，投資家には一般企業も含まれる。

解答ポイント＆正解

　信託財産である金銭債権の回収については，実務上，受託者が委託者または第三者に事務を委託することがある。したがって，(1)は正しい。

　金銭債権の信託では，委託者から受託者に対して売掛債権等の金銭債権が信託譲渡された後は，受託者は信託財産である金銭債権に対して排他的管理権を有し，受託者自らが金銭債権の管理・処分等の信託事務を処理することになる。したがって，(2)は正しい。

　金銭債権の価値の下落を回避する目的で，信託財産である金銭債権に第三者による保証が付けられることがあり，これを外部信用補完措置という。したがって，(3)は正しい。

　原債務者に対して，金銭債権を委託者から受託したことを告知しない方式（サイレント方式）で債権を信託譲渡する場合もある。したがって，(4)は誤りであり，これが本問の正解である。

　金銭債権信託受益権は，金融商品取引法上の有価証券に該当する。受益権の譲受人は金融機関等の機関投資家であることが多いが，必ずしも機関投資家に限定されておらず，投資家には一般企業も含まれる。したがって，(5)は正しい。

正解：(4)　正解率：80.35％

 売掛債権信託の仕組み

　売掛債権信託の仕組みについて，誤っているものは次のうちどれですか。

(1)　売掛債権信託の受益権の販売にあたり，当該受益権について格付取得の義務は課されていない。

(2)　売掛債権信託の信託財産に生じる収益にかかる課税の取扱いは，受益者が信託財産を保有するものとみなして取り扱われる。

(3)　委託者は，売掛債権を買い戻し，または，他の債権と交換する義務

（問－39の画像：「問－39」の見出し）

(4) 受益権は自由な設定が可能であり，収益分配や元本償還の順位が異なる受益権を，同じ信託の中で複数設けることが可能である。

(5) 受益権の譲渡は，確定日付のある証書による譲渡人からの受託者への通知または受託者の承諾をもって，第三者に対抗することができる。

解答ポイント＆正解

　売掛債権信託の受益権の販売にあたり，格付を取得するかどうかは任意であり，格付取得の義務は課されていない。したがって，(1)は正しい。

　売掛債権信託の信託財産に生じる収益にかかる課税の取扱いは，信託課税の原則が適用され，受益者が当該信託財産を保有するものとみなして取り扱われる。したがって，(2)は正しい。

　信託を利用した場合，委託者に対して信託財産の買戻しや交換の義務が必ず付されるわけではない。したがって，(3)は誤りであり，これが本問の正解である。

　受益権は自由な設定が可能であり，収益分配や元本償還の順位が異なる受益権を，同じ信託の中で複数設けることが可能である。したがって，(4)は正しい。

　売掛債権信託の受益権の譲渡は，当該信託を受益証券発行信託としない限り，民法上の債権譲渡と同様の手続きによることとされており，第三者対抗要件の具備には確定日付のある証書による受託者への通知または受託者の承諾が必要となる（信託法94条）。したがって，(5)は正しい。

正解：(3)　正解率：72.61％

6. 動産・不動産に関する信託

 問―40 **動産の信託** ☑□□□□

動産の信託について，誤っているものは次のうちどれですか。

(1) 動産設備信託は，信託財産として受け入れた動産を，信託終了時までに売却処分することが一般的である。

(2) 信託銀行は「業務の種類及び方法書」に，受け入れる動産の種類などの細目を記載しなければならない。

(3) 受託できる財産は，登記・登録制度が設けられている財産に限られない。

(4) 信託財産に生じた収益は，発生時に受託者の収益金として課税される。

(5) 受益権は，数量的に分割して譲渡することができる。

解答ポイント＆正解

　動産設備信託において，信託の受託と同時に売却処分する場合（即時処分型），一定期間賃貸借契約期間満了時にユーザーに対して売却処分する場合（管理処分型）のいずれにおいても，信託終了時に受益者には金銭を交付する形態となっており，このような利用形態が動産設備信託の一般的な形態となっている。したがって，(1)は正しい。

　信託銀行は，信託業務の兼営の認可を受ける際に，信託業務の種類および方法を定めて申請し（兼営法1条2項），動産信託を取り扱う場合には，申請書に添付する「業務の種類及び方法書」に引受を行う動産の種類などの細目を記載しなければならない（同施行規則4条）。したがって，(2)は正しい。

　「業務の種類及び方法書」に記載する動産の種類などの細目については，法令上特段の制限はなく，登記・登録制度が設けられている財産に限られない。したがって，(3)は正しい。

信託財産に生じた収益は，受託者に対して課税されず，実質的な所有者である受益者の収益金とみなして課税される。したがって，(4)は誤りであり，これが本問の正解である。

動産信託の受益権を分割して，不特定多数の投資家に販売することは行われていないが，同質の受益権として数量的に分割して，特定かつ複数の投資家（年金基金等）に譲渡することは可能であり，実務上行われている。したがって，(5)は正しい。

正解：(4) 　**正解率：72.19%**

問―41　土地信託の仕組み

土地信託の仕組みについて，正しいものは次のうちどれですか。

(1) 受益者である法人は，法人としての会計処理において，信託建物の減価償却費を計上することができる。

(2) 国・公有地のうちの普通財産は，信託財産とすることができない。

(3) 受益権が譲渡されたことを第三者に対抗するためには，不動産登記法にもとづき受益者の変更を登記する必要がある。

(4) 受託者は，信託土地上に建築する建物の建築資金を，受託者の銀行勘定から借り入れることはできない。

(5) 信託終了時には，建物は取り壊したうえで，土地のみを受益者へ交付しなければならない。

解答ポイント＆正解

土地信託の会計処理には，総額方式と純額方式があり，総額方式の場合には，受益者である法人は，信託財産から生じた収益および費用を損益計算書上にすべて計上することになるため，信託建物にかかる減価償却費は費用として計上することができる。したがって，(1)は正しく，これが本問の正解で

ある。

国・公有地の行政財産は信託財産とすることができないが，普通財産は信託財産とすることができる。したがって，(2)は誤りである。

土地信託の受益権が譲渡された場合，当該譲渡を第三者に対抗するためには，受託者への通知または受託者の承諾を確定日付のある証書によって行わなければならない（信託法94条2項）。受益者の変更の登記は，受益権譲渡の第三者対抗要件ではなく，受益者確知のための手段にすぎない。したがって，(3)は誤りである。

建物建築資金の受託者の銀行勘定（固有財産）からの借入は，受託者の忠実義務との関係が問題となるが，信託契約に定めがある場合やあらかじめ受益者の承認を得た場合等の法令上の一定の要件を満たす場合には，可能とされている（信託法31条2項，信託業法29条2項）。したがって，(4)は誤りである。

信託終了時には，受託者は受益者に対し，信託財産（土地・建物等）を現状有姿のまま交付することもできる。したがって，(5)は誤りである。

正解：(1)　正解率：60.13%

 問―42　土地信託の税制上の取扱い

土地信託にかかる税制上の取扱いについて，**誤っているもの**は次のうちどれですか。

(1) 信託期間中，受益権が譲渡された場合，所得税法または法人税法上，信託財産の各構成物が一括して譲渡されたものとして取り扱われる。

(2) 受託者が信託事務処理として信託土地上に建物を建築した場合，受託者に不動産取得税が課される。

(3) 委託者から受託者に信託の設定のために土地の所有権を移転する場合，受託者に不動産取得税は課されない。

(4) 委託者から受託者に信託の設定のために土地の所有権を移転する場合，所有権移転にかかる登録免許税は課されない。

(5) 信託財産である建物の固定資産税は，受益者に課される。

解答ポイント＆正解

　土地信託は，受益者自らが信託財産そのものを所有しているものとみなして課税の扱いがなされ，受益権が譲渡された場合には，信託財産の構成物が一括して譲渡されたものとして取り扱われる。したがって，(1)は正しい。

　不動産取得税は，信託の設定および終了において委託者・受託者間で信託財産を移す場合には，形式的な所有権の移転として非課税とされる（地方税法73条の7）。したがって，(3)は正しい。しかしながら，信託土地上に受託者が建築した建物に関してはこのような特例はないため，当該建物の不動産取得税は受託者に課される（同法73条の2第2項）。したがって，(2)は正しい。

　土地信託の設定および終了において，信託当事者間で信託財産を移転する場合における所有権移転の登記にかかる登録免許税は課さないこととされている（登録免許税法7条）。したがって，(4)は正しい。

　土地信託における信託建物にかかる固定資産税は，所得税法や法人税法における実質課税主義がとられておらず，動産設備信託における固定資産税の特例もないため，名義上の所有者である受託者に課税される。したがって，(5)は誤りであり，これが本問の正解である。

正解：(5)　**正解率：54.03%**

 問一43　**不動産管理処分信託の仕組み**

不動産管理処分信託の仕組みについて，正しいものは次のうちどれですか。

(1) 信託受益権が譲渡された場合は，信託受益権譲渡時に新受益者に不

動産取得税が課される。

(2)　信託受益権の売買について，金融商品取引法は適用されない。

(3)　不動産投資信託（J−REIT）において利用される場合は，委託者による信用補完措置を講じなければならない。

(4)　委託者が信託財産を保有するものとみなして課税される。

(5)　1つの信託契約で，複数の不動産を引き受けることについて，特段の制約は設けられていない。

▶ 解答ポイント＆正解

　受益権が譲渡された場合，信託終了時には委託者以外の受益者に不動産が交付されることとなるが，不動産取得税が課されるのは，受益権の譲渡時ではなく，委託者以外の受益者に不動産が交付された時点である。したがって，(1)は誤りである。

　信託受益権は，金融商品取引法上の有価証券とされており，不動産管理処分信託の受益権の譲渡については金融商品取引法の適用がある。したがって，(2)は誤りである。

　不動産投資信託（J−REIT）では，不動産信託受益権が投資対象となることがある。J−REITでの不動産信託受益権への投資は，現物不動産の代替として行われており，委託者による信用補完措置を講じる必要はない。したがって，(3)は誤りである。

　不動産管理処分信託では，信託財産の名義は受託者となるが，税法上は受益者が信託財産を保有するものとみなして課税される。したがって，(4)は誤りである。

　1つの信託契約で，複数の不動産を引き受けることについて制約はなく，実務上も引受が行われている。したがって，(5)は正しく，これが本問の正解である。

正解：(5)　正解率：68.25％

7. その他の信託・併営業務

 問—44　公益信託の特色

公益信託の特色について，誤っているものは次のうちどれですか。

(1)　公益信託の存続期間は，20年を超えて設定することができる。

(2)　公益信託の終了時において，帰属権利者の定めがなく，または帰属権利者がその権利を放棄したときは，主務官庁が，信託の本旨に従って，類似の目的のために信託を継続させることができる。

(3)　公益信託の受託者は，毎年1回，信託事務および財産の状況を公告しなければならない。

(4)　受給者の存する範囲が1つの都道府県の区域内に限られる公益信託については，一定のものを除いて，当該都道府県の知事が主務官庁の権限に属する事務を行う。

(5)　公益信託については，信託の変更をすることができない。

> **解答ポイント＆正解**

　信託法上，受益者の定めのない信託の存続期間は20年を超えることができないが（信託法259条），公益信託法によって，公益信託の存続期間についてはこの規定の適用が排除されており，存続期間に関して制約はない（公益信託法2条2項）。したがって，(1)は正しい。

　公益信託の終了時において，残余財産について帰属権利者の指定に関する定めがないとき，または帰属権利者がその権利を放棄したときは，主務官庁が，信託の本旨に従って，類似の目的のために信託を継続させることができる（公益信託法9条）。したがって，(2)は正しい。

　公益信託の受託者は，毎年1回一定の時期に，信託事務および財産の状況を公告しなければならない（公益信託法4条2項）。したがって，(3)は正し

い。

公益信託法1条に規定する公益信託であって，その受益の範囲が1つの都道府県の区域内に限られるものに対する主務官庁の権限に属する事務は，当該都道府県の知事が行うものとされている（公益信託に係る主務官庁の権限に属する事務の処理等に関する政令1条1項）。したがって，(4)は正しい。

公益信託では，主務官庁の許可を条件として，信託の変更をすることができる（公益信託法6条）。したがって，(5)は誤りであり，これが本問の正解である。

正解：(5) 正解率：39.98％

 問―45 **特定公益信託**

特定公益信託について，正しいものは次のうちどれですか。

(1) 受託者が信託財産として受け入れることができる財産は，金銭に限られている。

(2) 受託者が信託財産の処分を行う場合には，信託管理人の意見を聴かなければならない。

(3) 信託管理人に対して，信託財産から報酬を支払うことはできない。

(4) 信託終了の場合において，信託財産は委託者またはその相続人に帰属することがある。

(5) 個人が認定特定公益信託の信託財産とするために支出した金銭は，全額が所得控除として認められる。

解答ポイント＆正解

特定公益信託では，受託者が信託財産として受け入れることができる資産は金銭に限られるものとされている（所得税法施行令217条の2第1項3号，法人税法施行令77条の4第1項3号，租税特別措置法施行令40条の4第1項3号）。したがって，(1)は正しく，これが本問の正解である。

特定公益信託の受託者がその信託財産を処分する場合には，当該特定公益信託の目的に関し，学識経験を有する者の意見を聴かなければならない（所得税法施行令217条の2第1項6号，法人税法施行令77条の4第1項6号，租税特別措置法施行令40条の4第1項6号）。したがって，(2)は誤りである。

　特定公益信託の信託管理人および学識経験を有する者に対して，その任務の遂行のために通常必要な費用の額を超えないものであれば，その信託財産から報酬を支払うことができる（所得税法施行令217条の2第1項7号，法人税法施行令77条の4第1項7号，租税特別措置法施行令40条の4第1項7号）。したがって，(3)は誤りである。

　特定公益信託では，信託終了の場合において，その信託財産が国もしくは地方公共団体に帰属し，または当該公益信託が類似の目的のための公益信託として継続するものであることが要件となっている（所得税法施行令217条の2第1項1号，法人税法施行令77条の4第1項1号，租税特別措置法施行令40条の4第1項1号）。したがって，(4)は誤りである。

　個人が認定特定公益信託の信託財産とするために支出した金銭は，特定寄附金とみなされ，その支出した特定寄附金の額の合計額とその年の総所得金額の40％に相当する金額のいずれか低い金額から2千円を控除した金額の所得控除が認められている（所得税法78条3項・1項）。したがって，(5)は誤りである。

正解：(1)　正解率：39.59%

問─46　遺言信託

遺言により設定される信託（遺言信託）の法律上の説明について，誤っているものは次のうちどれですか。ただし，遺言に別段の定めはないものとします。

(1)　遺言信託は，遺言者の死亡によってその効力が生じる。

(2)　遺言信託は，自筆証書遺言によって設定することができる。

(3) 遺言で受託者となるべき者として指定された者が，信託の引受をするかどうかの催告に対して委託者の相続人に確答しなかったときは，信託の引受をしなかったものとみなされる。

(4) 遺言信託の効力が生じたときに遺言において受益者として指定された者は，遺言信託の効力の発生を知り，受益権の取得の意思表示をした時点で受益権を取得する。

(5) 遺言によって信託が設定された場合に，委託者の相続人は，遺言に別段の定めがない限り委託者の地位を相続により承継しない。

解答ポイント＆正解

遺言により設定される信託（以下，本問において「遺言信託」とする）は，遺言の効力の発生によってその効力を生じ（信託法4条2項），遺言は遺言者の死亡の時からその効力が生じるため（民法985条1項），遺言信託も遺言者の死亡によってその効力が生じる。したがって，(1)は正しい。

遺言信託を設定するにあたって，遺言の方式について特段の定めはなく，民法に定める遺言の方式に従って信託を設定することができる。したがって，(2)は正しい。

遺言に受託者となるべき者を指定する定めがあるときは，利害関係人は，受託者となるべき者として指定された者に対し，相当の期間を定めて，その期間内に信託の引受をするかどうか確答すべき旨を催告することができる（信託法5条1項）。この催告があった場合において，受託者となるべき者として指定された者が，相当の期間内に委託者の相続人に対して確答しないときは，信託の引受をしなかったものとみなされる（同法5条2項）。したがって，(3)は正しい。

遺言信託の効力が生じたとき，遺言により受益者となるべき者として指定された者は，遺言に別段の定めがない限り，当然に受益権を取得する（信託法88条1項）。遺言信託の効力が生じたときも，遺言において受益者として指定された者は，信託行為に別段の定めがあるときを除き，当然に信託の利益を享受することとなる。したがって，(4)は誤りであり，これが本問の正解

である。

　遺言信託が設定された場合に，委託者の相続人は，遺言に別段の定めがない限り，委託者の地位を相続により承継しない（信託法147条）。したがって，(5)は正しい。

正解：(4)　**正解率：64.31％**

 問—47　**特定贈与信託**　

特定贈与信託（特定障害者扶養信託）について，正しいものは次のうちどれですか。

(1)　信託設定後３年以内に委託者が死亡すると，信託受益権の価額の全額が相続税の課税価格に算入される。

(2)　株式や債券は価格変動リスクがあるため，これらを信託財産とすることはできない。

(3)　信託財産から生じる収益に対しては，受益者に所得税が課される。

(4)　委託者以外の者が，同一の受益者のために新たな信託を設定することはできない。

(5)　複数の信託銀行で，同時に同一の特定障害者を受益者として信託を設定することができる。

> **解答ポイント＆正解**

　特定贈与信託によって特別障害者のために信託された6,000万円（特別障害者を除く特定障害者については，3,000万円）までの財産は，相続開始前３年以内の贈与財産には含まれないこととなっているため，委託者が死亡しても，信託受益権の価額が相続税の課税価格に算入されることはない（相続税法19条）。したがって，(1)は誤りである。

　特定贈与信託の当初信託財産とすることができる財産は，①金銭，②有価証券，③金銭債権，④立木およびその生立する土地（立木とともに信託され

るものに限る）、⑤継続的に相当の対価を得て他人に使用させる不動産、⑥受益者である特定障害者の居住の用に供する不動産（①～⑤までのいずれかとともに信託されるものに限る）とされている（相続税法21条の4第2項、相続税法施行令4条の11）。したがって、(2)は誤りである。

特定贈与信託の信託財産から生じる収益に対しては、非課税の特例措置は設けられておらず、受益者が信託財産を有するものとみなされ、かつ、その信託財産から生じる収益は、受益者の収益とみなされて所得税が課される（所得税法13条1項）。したがって、(3)は正しく、これが本問の正解である。

信託受益権の価額のうち、非課税の適用を受けた部分の価額が、非課税限度に満たない場合には、他の委託者によって同一の受益者のために新たな特定贈与信託を設定することができる（相続税法施行令4条の13）。したがって、(4)は誤りである。

障害者非課税信託申告書には、受託者の営業所等のうちいずれか1つに限り記載することができ、すでに障害者非課税信託申告書を提出している場合には、同一の営業所等で新たに特定障害者扶養信託を設定する場合等を除き、他の障害者非課税信託申告書は提出することができないとされている（相続税法21条の4第3項）。したがって、複数の信託銀行で、同時に同一の特定障害者を受益者として信託を設定することはできず、(5)は誤りである。

正解：(3)　正解率：48.21％

 問—48　遺言執行業務　

信託銀行が営む**遺言執行業務**について、**誤っているもの**は次のうちどれですか。

(1)　信託銀行は、公正証書による遺言を保管している場合、相続の開始を知った後、家庭裁判所に対してその検認を請求する義務は負わない。

(2)　遺言執行者がその権限内において遺言執行者であることを示してし

た行為は，相続人に対して直接にその効力を生ずる。

(3)　遺言執行者がその任務を怠ったときその他正当な事由があるとき
　　は，相続人およびその遺言執行者による遺言執行の対象となる遺贈に
　　かかる受遺者の全員の合意により，遺言執行者を解任することができ
　　る。

(4)　遺言執行者は，やむを得ない事由があって第三者にその任務を行わ
　　せた場合，相続人に対して第三者の選任および監督についての責任の
　　みを負う。

(5)　信託銀行は，自筆証書遺言でその信託銀行が遺言執行者に指定され
　　ていた場合，当該遺言にもとづき遺言執行者に就任することができ
　　る。

解答ポイント＆正解

遺言書の保管者は，相続の開始を知った後，遅滞なく，これを家庭裁判所
に提出して，その検認を請求しなければならないが（民法1004条1項），公
正証書による遺言については，家庭裁判所による検認は求められていない
（同法1004条2項）。したがって，(1)は正しい。

遺言執行者がその権限内において遺言執行者であることを示してした行為
は，相続人に対して直接にその効力を生ずる（民法1015条）。したがって，
(2)は正しい。

遺言執行者がその任務を怠ったときその他正当な事由があるときは，利害
関係人は，その解任を家庭裁判所に請求することができる（民法1019条1
項）。したがって，相続人らの合意による解任はできず，(3)は誤りであり，
これが本問の正解である。

遺言執行者は，自己の責任で第三者にその任務を行わせることができる
（民法1016条1項）。この場合，第三者に任務を行わせることについてやむを
得ない事由があるときは，遺言執行者は，相続人に対してその選任および監
督についての責任のみを負う（同法1016条2項）。したがって，(4)は正しい。

信託銀行は，兼営法にもとづき財産に関する遺言の執行を行うことが可能

であるが（兼営法1条1項4号），対象となる遺言について特段法的な制限はない。よって，信託銀行は，自筆証書遺言でその信託銀行が遺言執行者に指定されていた場合，当該遺言にもとづき遺言執行者に就任することができる。したがって，(5)は正しい。なお，実務上，自筆証書遺言にもとづく遺言執行を行うことが少ないのは，信託銀行や公証人が遺言の作成に関与しない遺言については，その解釈に疑義が生じ，相続人や受遺者の関係も不明であって，その間で紛争が起きる懸念が類型的に低くないことが理由として挙げられる。

正解：(3) **正解率：50.41%**

 不動産業務

信託銀行が営む不動産業務について，正しいものは次のうちどれですか。

(1) 信託銀行は，宅地建物取引業法を根拠として，不動産コンサルティング業務を営んでいる。

(2) 不動産の仲介業務において，信託銀行は，その事務所ごとに国土交通大臣が定めた報酬の額を掲示しなければならない。

(3) 信託銀行は，兼営法上の認可とは別で宅地建物取引業法上の免許を受けて，不動産の仲介業務を営んでいる。

(4) 不動産の仲介業務において，信託銀行は，売買等の契約の相手方に対して，契約が成立するまでの間または成立後ただちに，宅地建物取引士をして，一定の重要事項を記載した書面を交付して説明をさせなければならない。

(5) 信託銀行であれば，不動産の鑑定評価業務に関し，不動産鑑定士でない者に鑑定評価業務を行わせることができる。

　信託銀行は，不動産の仲介業務，鑑定評価業務，不動産信託など多岐にわたる不動産業務に取り組んでいるが，これらの業務に関するノウハウを活用して不動産のコンサルティング業務も営んでいる。不動産コンサルティング業務は，兼営法上の「財産の管理」に関する代理事務に該当する（同法１条１項７号イ）。したがって，(1)は誤りである。

　宅地建物取引業者が宅地または建物の売買，交換または貸借の代理または媒介に関して受けることのできる報酬の額は，国土交通大臣によって定められており（宅建業法46条１項），宅地建物取引業者は，その事務所ごとに，国土交通大臣が定めた報酬の額を掲示しなければならない（同法46条４項）。したがって，(2)は正しく，これが本問の正解である。

　信託銀行は，兼営法上の「財産の取得，処分または貸借に関する代理または媒介」を根拠として，不動産の仲介業務を営むことが認められている（同法１条１項６号）。なお，不動産の仲介業務を営むためには宅地建物取引業法上の免許が必要であるが，従前より旧兼営法にもとづきすでに仲介業務を営んでいる信託銀行については，国土交通大臣への届出により免許を受けた宅地建物取引業者とみなされる（旧宅建業法77条，銀行法等の一部を改正する法律（平成13年法律第117号）附則11条）。したがって，(3)は誤りである。

　宅地建物取引業者は，宅地もしくは建物の売買，交換もしくは貸借の相手方等に対して，その売買，交換または貸借の契約が成立するまでの間に，宅地建物取引士（旧宅地建物取引主任者）をして，一定の重要事項を記載した書面を交付して説明をさせなければならない（宅建業法35条１項）。したがって，契約の成立後ただちに書面を交付して説明するのでは不十分であり，(4)は誤りである。

　不動産鑑定士でない者は，不動産鑑定業者の業務に関し，不動産の鑑定評価を行うことが禁止されている（不動産の鑑定評価に関する法律36条１項）。また，不動産鑑定業者は，その業務に関し，不動産鑑定士でない者に鑑定評価業務を行わせることが禁止されている（同法36条２項）。したがって，(5)は誤りである。

正解：(2)　正解率：53.21%

問-50　**証券代行業務**

信託銀行が営む証券代行業務について，誤っているものは次の
うちどれですか。

(1)　会社がその発行する株式を金融商品取引所（証券取引所）に上場す
るためには，株主名簿管理人を設置しなければならない。

(2)　会社は，株主の承諾があれば，電子メールによって株主総会招集通
知を発信することができる。

(3)　会社が株主名簿管理人を設置するためには，定款にその旨の定めを
おくことは不要である。

(4)　振替株式について，株主名簿管理人は，振替機関（証券保管振替機
構）から総株主通知によって通知された事項を株主名簿に記録する。

(5)　振替株式についての権利の帰属は，振替口座簿の記載または記録に
よって定まる。

解答ポイント＆正解

会社が，その発行する株式を新規に金融商品取引所（証券取引所）に上場
するためには，証券取引所の上場規則にもとづき，株式事務を金融商品取引
所の承認する株式事務代行機関に委託しているか，または，株式事務代行機
関から受託する旨の内諾を得ていることが要件となっている（東京証券取引
所：有価証券上場規程205条8号）。したがって，(1)は正しい。

株主総会の招集に際しては，総会の日の2週間前までに株主の届出住所に
あてて招集通知を発送しなければならない（会社法299条）。この招集通知
は，書面によるほか，株主の承諾があれば，電磁的方法すなわち電子メール
によっても発することができる（同法299条2項・3項）。したがって，(2)は
正しい。

株主名簿管理人とは，会社に代わって株主名簿の作成および備置きその他の株主名簿に関する事務を行う者をいい，会社が株主名簿管理人を設置する場合は，定款にその旨の定めが必要である（会社法123条）。したがって，(3)は誤りであり，これが本問の正解である。

　会社が議決権や配当請求権の基準日を定めた場合などには，振替機関（証券保管振替機構）は，会社（株主名簿管理人）に対して，振替口座簿に記録されたその日の株主の氏名または名称，住所，株式の種類および数などをすみやかに通知しなければならず，この通知を総株主通知という（社債，株式等振替法151条1項・7項）。総株主通知を受けた会社（株主名簿管理人）は，振替機関（証券保管振替機構）から通知された事項を株主名簿に記録しなければならない（同法152条1項）。したがって，(4)は正しい。

　会社法上，株主名簿への記載または記録が発行会社への対抗要件であると同時に，第三者への対抗要件となっている（同法130条1項）。しかしながら，株券を発行する旨の定款の定めがない会社の株式（譲渡制限株式を除く）で振替機関（証券保管振替機構）が取り扱うもの（いわゆる「振替株式」）についての権利の帰属は，振替口座簿の記載または記録によって定まるものとされている（社債，株式等振替法128条1項）。したがって，(5)は正しい。

正解：(3)　**正解率：76.37%**

☆ **本書の内容等に関する訂正等について** ☆
本書の内容等につき発行後に誤記の訂正等の必要が生じた場合には，当社ホームページに掲載いたします。
（ホームページ 書籍・DVD・定期刊行誌 メニュー下部の 追補・正誤表）

銀行業務検定試験　信託実務3級問題解説集　2024年6月受験用

2024年3月31日　第1刷発行

編　者　銀行業務検定協会
発行者　志　茂　満　仁
発行所　㈱経済法令研究会
〒162-8421　東京都新宿区市谷本村町3-21
電話 03-3267-4811㈹
https://www.khk.co.jp/

営業所／東京03(3267)4812　大阪06(6261)2911　名古屋052(332)3511　福岡092(411)0805

印刷／日本ハイコム㈱　製本／㈱島崎製本

©Ginkoh-gyohmu Kentei-kyohkai 2024　　　　　ISBN978-4-7668-7307-8
定価は表紙に表示してあります。無断複製・転用等を禁じます。落丁・乱丁本はお取替えします。

2024年6月実施

第158回 銀行業務検定試験
第62回 コンプライアンス・オフィサー認定試験

	種 目 名	出 題 形 式	試験時間	受験料（税込）
実施日 2024年 **6月2日（日）** **願書受付期間** 2024年 **4月1日（月）** 〜 **4月17日（水）** 【必着】 午前実施種目	財務3級	五答択一マークシート式 50問	120分	5,500円
	財務4級	三答択一マークシート式 50問	90分	4,950円
	信託実務3級	五答択一マークシート式 50問	120分	5,500円
	デリバティブ3級	五答択一マークシート式 50問	120分	5,500円
	窓口セールス3級	五答択一マークシート式〈一部事例付〉 50問	120分	5,500円
	金融商品取引3級	四答択一マークシート式〈一部事例付〉 50問	120分	5,500円
	事業性評価3級	四答択一マークシート式〈一部事例付〉 50問	120分	5,500円
	金融コンプライアンス・オフィサー2級	四答択一マークシート式 50問	120分	5,500円
	金融個人情報保護オフィサー2級	四答択一マークシート式 50問	120分	5,500円
	※特別実施 金融AMLオフィサー［実践］	三答択一マークシート式 50問	90分	5,500円
	※特別実施 金融AMLオフィサー［基本］	三答択一マークシート式 50問	90分	4,950円
	金融AMLオフィサー［取引時確認］	三答択一マークシート式 50問	90分	4,950円
午後実施種目	法務2級	三答択一付記述式 10題	180分	8,250円
	法務3級	五答択一マークシート式 50問	120分	5,500円
	財務2級	記述式 10題	180分	8,250円
	金融経済3級	五答択一マークシート式 50問	120分	5,500円
	法人融資渉外2級	記述式 10題	180分	8,250円
	法人融資渉外3級	五答択一マークシート式〈一部事例付〉 50問	120分	5,500円
	営業店マネジメントⅠ	記述式 10題	180分	9,900円
	営業店マネジメントⅡ	四答択一式 40問、記述式 6題	180分	8,800円
	個人融資渉外3級	五答択一マークシート式〈一部事例付〉 50問	120分	5,500円
	※新規・特別実施 DXビジネスデザイン	四答択一式 35問、記述式 2題	120分	7,150円
	金融コンプライアンス・オフィサー1級	記述式 10題	180分	8,250円

※金融AMLオフィサー［実践］・［基本］は、本来は10月実施の試験ですが、2024年度は6月にも特別に実施いたします。
※新規実施のDXビジネスデザインは、本来は3月実施の試験ですが、2024年度は6月にも特別に実施いたします。

── ▶▶お知らせ◀◀ ──
※実施日、願書受付期間、種目につきましては状況によって変更する場合がございます。
※各種目の受験料は、消費税10％込にて表示しております。消費税率変更の場合は変更税率に準じます。
　検定試験運営センターでは、日本コンプライアンス・オフィサー協会が主催する認定試験および日本ホスピタリティ検定協会が主催する検定試験を銀行業務検定試験と併行して実施しております。

第158回銀行業務検定試験
WEB動画教材による受験対策講座

　2024年６月２日（日）実施の銀行業務検定試験「法務２級」および「財務２級」の受験対策講座をストリーミング配信いたします。インターネットに接続できる環境があれば、PC、タブレットやスマートフォン等でいつでもどこでも学習いただけます。また、期間内であれば、何回でも視聴が可能です。

　出題頻度の高い重要な項目から過去問題10問をセレクトし、わかりやすく解説します。

　詳細につきましては、弊社ホームページをご参照ください。

WEB動画 受験対策講座

種　　目	担当講師 （予定）	視聴可能期間 （予定）
法務２級	福田　秀喜	2024年４月下旬 ～６月２日（日）
財務２級	柏木　大吾	

【お問合せ先】

本社営業部	Tel：03-3267-4812
大阪支社営業部	Tel：06-6261-2911
名古屋営業所	Tel：052-332-3511
福岡営業所	Tel：092-411-0805

 経済法令研究会　https://www.khk.co.jp/　　●経済法令ブログ
https://khk-blog.jp/）

2024年度 CBT試験実施のご案内

5月開始

実施日程：2024年5月1日（水）〜2025年3月31日（月）
申込日程：2024年4月28日（日）〜2025年3月28日（金）

試験種目	出題形式	試験時間	受験料（税込）
CBT法務3級	五答択一式50問	120分	5,500円
CBT法務4級	三答択一式50問	90分	4,950円
CBT財務3級	五答択一式50問	120分	5,500円
CBT財務4級	三答択一式50問	90分	4,950円
CBT事業承継アドバイザー3級	四答択一式50問	120分	5,500円
CBT事業性評価3級	四答択一式50問	120分	5,500円
CBT相続アドバイザー3級	四答択一式50問	120分	5,500円
CBT信託実務3級	五答択一式50問	120分	5,500円
CBT DXサポート	三答択一式50問	60分	4,950円
CBTサステナブル経営サポート （環境省認定制度 脱炭素アドバイザー ベーシックに認定）	三答択一式50問	60分	4,950円
CBT金融コンプライアンス・オフィサー2級	四答択一式50問	120分	5,500円
CBT金融個人情報保護オフィサー2級	四答択一式50問	120分	5,500円
CBT金融AMLオフィサー［実践］	三答択一式50問	90分	5,500円
CBT金融AMLオフィサー［基本］	三答択一式50問	90分	4,950円
CBT金融AMLオフィサー［取引時確認］	三答択一式50問	90分	4,950円
CBT社会人コンプライアンス	三答択一式50問	60分	4,950円
CBT社会人ホスピタリティ［実践］	四答択一式50問	120分	6,600円
CBT社会人ホスピタリティ［基本］	三答択一式50問	90分	4,950円
CBT共生社会コミュニケーション	三答択一式50問	60分	4,950円

6月開始

実施日程：2024年6月1日（土）〜2025年3月31日（月）
申込日程：2024年4月28日（日）〜2025年3月28日（金）

試験種目	出題形式	試験時間	受験料（税込）
CBT税務3級	五答択一式50問	120分	5,500円
CBT税務4級	三答択一式50問	90分	4,950円
CBT年金アドバイザー3級	五答択一式50問	120分	5,500円
CBT年金アドバイザー4級	三答択一式50問	90分	4,950円

申込方法

個人申込：株式会社CBT-Solutions のウェブサイトにある CBT試験申込ページ（下記URL）
からお申込みください。
https://cbt-s.com/examinee/

団体申込：団体申込をご希望の団体様には、団体様専用の申込・成績管理ウェブサイトのURL
を発行いたします。
団体様専用申込サイトからお申込みされた受験者様の情報や成績について、管理画面
で確認することができます。

〔試験に関するお問合せ先〕
検定試験運営センター
〒162-8464 東京都新宿区市谷本村町 3-21 TEL 03-3267-4821

銀行業務検定協会
https://www.kenteishiken.gr.jp/